成大事者说话101法则

李 博 ◎ 著

广东旅游出版社
中国·广州

图书在版编目（CIP）数据

成大事者说话101法则 / 李博著. — 广州：广东旅游出版社，2017.9（2024.8重印）

ISBN 978-7-5570-1082-9

Ⅰ.①成… Ⅱ.①李… Ⅲ.①口才学 - 通俗读物 Ⅳ.①H019-49

中国版本图书馆CIP数据核字（2017）第188634号

成大事者说话101法则
CHENG DA SHI ZHE SHUO HUA 101 FANG FA

出 版 人	刘志松
责任编辑	陈晓芬
责任技编	冼志良
责任校对	李瑞苑

广东旅游出版社出版发行

地 址	广东省广州市荔湾区沙面北街71号首、二层
邮 编	510130
电 话	020-87347732（总编室） 020-87348887（销售热线）
投稿邮箱	2026542779@qq.com
印 刷	三河市腾飞印务有限公司
	（地址：三河市黄土庄镇小石庄村）
开 本	710毫米×1000毫米 1/16
印 张	15
字 数	176千
版 次	2017年9月第1版
印 次	2024年8月第2次印刷
定 价	65.00元

本书若有倒装、缺页影响阅读，请与承印厂联系调换，联系电话 0316-3153358

序言

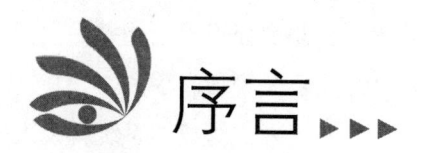

话，人人都会说。其实，也是人人都不会说。当一个人认为自己很会说话的时候，或许只不过是小聪明在作怪。这种聪明机灵还不算是会说话的范畴。

成大事者认为，一个人要想把话说好，就需要遵循一些法则。在这些法则的指导下，你自然能够在人群中游刃有余。具体来说这些法则主要涵盖了六个方面：谨慎、时机、底气、氛围、换位和自制。这六个方面也是说话艺术的六个点。

谨慎意味着重要性。不懂得谨慎原则，轻率武断、信口开河的人不仅不会得到别人的信任，还容易给自己招致祸患。谨慎不仅是一种原则，还是一种习惯。说话谨慎是人们在日积月累中沉淀下来的习惯，是很多经验和教训的总结。

好的时机，意味着事半功倍。说话必须选择时机。时机就是形势，就是机会，时机选对了，话说出来就容易被人接受。时机选错了，再怎么解释都越描越黑。

底气十足，谈话就容易产生热情。如果一个人谈话总是畏首畏尾，生怕自己说错了话，或者生怕别人会反驳的话，那么他肯定无法表达清楚自己的意思。说话一定要有自信，当然也应该谦虚，在自信和谦虚中求得平衡。

好的氛围，容易产生好的谈话效果。与人交谈时，一个轻松的氛围是十分重要的。在轻松的氛围里人们容易坦诚相见。当谈话氛围不够时，要学会运用幽默和自嘲等手段来增强谈话氛围。在遇到十分尴尬的局面时，一定要学会大度，否则氛围只会更加糟糕。

换位不仅是站在别人角度思考，还从另外一个角度来看自己。每一个人都喜欢得到赞美，为此要想与人交谈愉快，就要适当地给予别人赞美。要想谈话顺畅进行下去，就要巧妙地站在别人的角度考虑问题。

自制在于严格自律。我们虽然要学会变通，但始终是有原则和立场的。当然，严格自律不等于严肃，真正自律做得好的人往往脸上会挂满笑容，因为他们相信自己是说话高手。

以上六点组成的系统就是人生不可不知道的成大事者说话法则。学会说话是受益终身的事情，可以通过这些法则不断加强学习，培养自己的表达能力和说话技巧。在日常生活中，要善于运用这些法则，要善于和别人交流。其实任何法则都蕴藏着人生的智慧。通晓人生智慧的人对这些法则自然能够会心一笑。

成大事者不是在教你诈，而是教你如何更好地适应社会，适应生存，不断地提升自己的说话能力和水准，同时寻找到发挥的舞台。希望本书对所有致力提高说话技巧的读者有所帮助。

目录

第一章 成大事者说话谨慎小心 // 1

1. 祸从口出，不要口无遮拦 / 3
2. 见事不说，问事不知 / 5
3. 越是急话，越是慢说 / 7
4. 话一出口，覆水难收 / 9
5. 承诺易做，实践很难 / 12
6. 夸夸其谈，误人误己 / 14
7. 克制情绪，谨慎言行 / 16
8. 背后说人，自降水准 / 18
9. 来说是非者，必是是非人 / 20
10. 对事不对人，批评不批判 / 22
11. 挑拨离间，易招灾祸 / 25
12. 与人争论，是非漩涡 / 27
13. 流言止于智者 / 29
14. 公平调解，不煽风点火 / 32

第二章　成大事者说话总能找对时机 // 35

　　15. 讲究时机，事半功倍 / 37
　　16. 适当话题，细心切入 / 40
　　17. 不要太亲密，过密易疏 / 42
　　18. 相信别人，不要反复提醒 / 44
　　19. 别人愤怒，切勿浇油 / 46
　　20. 欣赏他人成就，不要扫人兴致 / 48
　　21. 良言也要学会多放糖 / 50
　　22. 话不投机，就要少说 / 52
　　23. 万言万当，不如一默 / 54
　　24. 行动往往是最好的语言 / 56
　　25. 忧愁烦恼，找知己诉说 / 59
　　26. 真心以待，少说违心话 / 61
　　27. 面对错误与责备保持平常心 / 63
　　28. 良好的印象就是有力的说服 / 65

第三章　成大事者说话善用底气 // 67

　　29. 说话自信，同时谦虚 / 69
　　30. 不了解情况，不随意表态 / 71
　　31. 故事说话，情理更浓 / 73
　　32. 思维和口才同样重要 / 75
　　33. 说话水准在于学识 / 77
　　34. 表达清楚，不要含糊其词 / 79
　　35. 搞阴谋的人总是底气不足 / 81
　　36. 体贴别人，善于施惠 / 83
　　37. 给人面子，不要咄咄逼人 / 85
　　38. 用情理服人，不要以话压人 / 87
　　39. 巧装糊涂，给人台阶下 / 89

40. 人人平等，不要有优越感 / 91

41. 不轻视，诚意动人 / 93

42. 言语伤人比刀子还锋利 / 95

第四章　成大事者说话讲究氛围 // 97

43. 与人聊天，自我轻松 / 99

44. 话中不时添加幽默 / 100

45. 适当自嘲活跃气氛 / 102

46. 遇到窘境要大度 / 104

47. 严肃脸孔，让人紧张 / 106

48. 平等轻松，融洽关系 / 108

49. 切中话题，提高效率 / 110

50. 表扬自己的话要别人说 / 112

51. 说话要给别人留个缺口 / 115

52. 简单说话，别让意思太复杂 / 117

53. 言语中要透露真诚 / 119

54. 有些话要先说明 / 121

55. 不要恣意打断别人的说话 / 124

56. 让别人感觉到自己占主导地位 / 127

57. 不要自我炫耀 / 129

58. 不要让人抓住小辫子 / 131

59. 不要自我吹嘘 / 133

60. 不要泄露秘密 / 135

61. 不要自我感觉良好 / 137

62. 不喜欢的人不要当场伤害 / 139

63. 不要试图阻止别人说什么 / 141

第五章 成大事者说话善于换位思考 // 143

64. 好言难得，恶语不施 / 145
65. 常用赞美，善用比较 / 148
66. 谈话时，微笑代表真诚 / 151
67. 恭维的话，适可而止 / 153
68. 不缺少优点，只缺少发现 / 155
69. 针对具体事情，不要泛泛而谈 / 157
70. 不要教别人如何做人 / 159
71. 巧妙站在别人的角度说话 / 161
72. 说服别人有技巧 / 164
73. 一两句话，足以动人 / 166
74. 对不同的人，说不同的话 / 169
75. 别人的意思，要听完全 / 171
76. 理解的心，倾听别人 / 173
77. 鼓励别人，做有用的听众 / 175
78. 嘴巴快，思维更快 / 177
79. 要让对方感觉到自己的坦诚 / 179
80. 愿意倾听，不要只等着说 / 181
81. 善于倾听，自我尊重 / 183

第六章 成大事者说话懂得自制 // 185

82. 说话之前，一定三思 / 187
83. 很会说话，也不要多说话 / 189
84. 人非万能，善于拒绝别人 / 191
85. 善于表达，不要让人误会 / 194
86. 开口请人帮忙有学问 / 196
87. 光阴宝贵，切勿浪费 / 198
88. 不平等的谈话，尽量少开展 / 200

89. 人不可太滑，话不可太圆 / 202

90. 冲撞了别人，要表达歉意 / 205

91. 要团结大多数，不要自我孤立 / 207

92. 不唯唯诺诺，不战战兢兢 / 209

93. 适当唱些反调，话语才有意义 / 211

94. 人有观点，所以存在 / 213

95. 有时，真话说出来别人也不会信的 / 216

96. 事以密成，语以泄败 / 218

97. 话不宜多，点到为止 / 220

98. 实话也有巧方法 / 222

99. 不要认死理，不要较死劲 / 224

100. 有些谎言是必须的 / 226

101. 不说比说需要更大勇气 / 228

第一章　成大事者说话谨慎小心

谨慎是一个人的素质和修养。说话中的谨慎更是一个人的保护力量。谨慎并非打磨一个人的锐气，而是在增强一个人涵养的同时，让其得到更好的发挥。嘴巴是祸福之门，一句话足以丧身，也足以兴邦，这是关系到一个人，一个家庭乃至一个国家的要素，因此不能不小心翼翼地对待。在说话的诸多要素中，谨慎是最重要的，是放在最首要的。

1 祸从口出，不要口无遮拦

成大事者认为嘴巴是祸福之门，要想趋福避祸，最好的办法就是不要口无遮拦，毕竟祸从口出。

春秋战国时期，宋国有个猛将叫南宫长万，他在和鲁国交战的时候不幸被俘，后来鲁国和宋国交好，于是把他放了回来。此时宋国的国君是宋闵公，闵公跟南宫长万说："我以前很敬重你，但是现在你不过是鲁国的囚犯，我以后再也不会敬你了。"南宫长万一听，十分惭愧。宋国大夫仇牧对闵公说："君臣之间，应该以礼相待，而不应该如此戏弄。戏弄容易产生不敬重，不敬重就容易轻慢，一轻慢就会无礼，就很容易产生叛逆，还请大王三思，以后千万不要这样。"闵公听了，不以为意，对大夫说："我跟他不过是开玩笑而已，不会有你说的那么严重。"

后来有一次，闵公和南宫长万赌酒，结果南宫长万连输了五局，被罚酒五斗，喝得有八九分醉，但他不服，要求和闵公再赌一把。闵公嘲笑他说："囚徒，你不过是常败的东西，你怎么敢和寡人再来一盘？"南宫长万一听，心中惭愧顿生，沉默不语。就在这个时候，有侍卫来报告说："周天子有使命到。"原来周庄王驾崩，周朝立了新王。宋国理应派人前往吊丧和庆贺新王。长万一听，主动请缨说："我还没有见过王都的繁盛，愿意前往出使。"闵公又嘲笑说："宋国难道没有人了吗，要让你这个鲁国的囚徒当使者？"在场的所有人都大笑，长万脸霎时就红了起来，恼羞成怒，乘着酒兴，也顾不上君臣之礼，对着闵公大骂道："无道昏君，你知道囚徒也能杀人吗？"闵公一听，也愤怒了，吼道："无耻的囚徒，你怎么敢这么无礼？"说完，便要去打长万，南宫长万二话没说，就把闵公打倒，然后补了一拳，把闵公打死了。

其实闵公并不是有心羞辱南宫长万的，只不过他觉得自己和南宫长万太熟悉，可以随便开玩笑，于是口无遮拦，恣意乱说。如果长万没有将闵公打死，两个人酒醒了以后，或许还会和好如初，因为像闵公这种完全没有心机的人，在很多时候往往是宽容大度的，根本不会睚眦必报。

这个悲剧也说明，无论你是否有心，都应该管理好自己的嘴巴，不要口无遮拦。其实阂公敢口无遮拦，那么在他心中必然有颗轻慢的心，毕竟他是大王，而南宫长万是臣子。然而他忘记了，人如果逼到某个份上，任何君臣之礼都不会约束他。南宫长万就是被阂公的玩笑给逼到了这个份上。

历史上还有个名人，也是心直口快，口无遮拦。他就是苏东坡。他一生不如意，屡屡被贬，和他口无遮拦不无关系。

苏东坡容易冲动，而且从来不愿意向别人低头，凡事都要争强好胜。每每谈古论今，总是滔滔不绝。他还有个致命的弱点，就是大事聪明，小事糊涂，而且满眼都是好人，缺少防备别人的心。

众所周知，他和王安石政见不合。王安石主持变法，后来被罢免，然而没过多久，又被皇帝重新起用。苏东坡听到这个消息，怒不可遏。他心中有满腔的话不吐不快，于是不顾自己只是史馆小官的身份，两上奏折，向皇上言明王安石变法的弊端，矛头直指青苗法，重锤击向了王安石的软肋。皇帝没有听他的，同时王安石对苏东坡也有所偏爱，并不太计较，于是请命让苏东坡任杭州太守。

这件事情并没有让苏东坡汲取教训，他还是和以前一样，喜欢批评和主张，总是爱向客人谈论自己的心思，在诗词文章上发表自己的见解，后来因为直言诗词的缘故，再次得罪了王安石，又被调到了黄州。

苏东坡也意识到自己口无遮拦的毛病，他自己也说："我知道我一向说话不谨慎，然而我一发现什么事情不对，就像看到饭菜里有只苍蝇一样，不吐不快，这就是我的短处。也许是我天生太容易相信别人，所以不管和谁说话，我都是畅所欲言，毫无忌讳。"正是这个原因，才华横溢的苏东坡一生都在过着被贬谪的生活。

其实苏东坡如果变通一点，出言谨慎一点，能够和别人融合一点，以他的才华，以皇帝对他的喜爱，以大臣们，甚至政敌们对他的欣赏，他完全可以在那个朝代如鱼得水，做出更大的政绩。

或许，人们会认为现在已经不像以前那么凶险，现在言论自由。但言论自由并不代表可以口无遮拦，也并不代表你说的任何话别人都会原谅你。事实上，无论在什么时候口无遮拦都是惹祸的，至少会引起别人的误会和不满。

所以在生活中，我们一定要控制住自己的言语，不要在言语上给人造成误会，给自己招灾惹祸。

2 见事不说，问事不知

成大事者认为，很多事情知道不如不知道，知道以后也不一定要说出来。当别人问起的时候，很多时候也要装糊涂，而不要随意传播消息。

某国来了个使者，进贡了三个一模一样的金人，金碧辉煌，把国王给乐坏了。但是使者有个条件，希望国王能够判断出哪个金人最有价值。皇帝想了许多的办法，请来珠宝匠检查，称重量，看做工，都是一模一样的。国王十分焦急，认为有损于国家的威信。这个时候有一位老臣说他有办法。老臣胸有成竹地拿着三根稻草，插入第一个金人的耳朵里，结果稻草从另一边耳朵出来了；第二个金人的稻草从嘴巴里掉出来；第三根稻草进去到第三个金人的肚子里再也没有什么响动。老臣说："第三个金人最有价值！"使者十分钦佩。

最有价值的人是那种见事不说的人，因为很多时候，你不知道说出来的话会造成什么样的影响。话语传播次数多了，一定会和原来的意思不一样，甚至完全相反。有这么个笑话，说的是有一个人看到了七只白天鹅从山谷中飞出来，其中有一只白天鹅身上有个黑点，他告诉了自己的朋友，朋友告诉了更多的人。这样传着传着，有一天，有人告诉他说："你知道吗？有一天，有一个人看到山谷中飞出了七十只黑天鹅，其中有一只黑天鹅身上有个白点。"

话语居然传播出了完全相反的意思，确实可怕！按照这种传播方法，事实很可能被传播成谬误，而好话也可能变成恶言。要想制止这样的行为，我们唯一可以做的，也是最实际的事情，就是见事不说。

很多事情你知道，但并不代表你一定要说出来，并不代表所有的人一定要知道。你不说更显得你有深度和内涵，更容易取得别人的信任。一般来说，有以下四类事情，一定要做到见事不说：

一是恩怨纠葛。别人的恩怨纠葛是很忌讳的话题，而且和自己毫无关系。自己偶然看到了，或者别人告诉了你，你都应该注意保守秘密，而不应该去广为传播。否则，恩怨纠葛被别有用心的人利用，会产生自己不愿意看到的后果。

二是家长里短。东家长，李家短，谁人背后不说人，谁人人前无人说。家长里短说多了，容易造成家庭矛盾，甚至是悲剧。兄弟阋于墙，外御其侮。家长里短最容易让兄弟阋于墙，但是如果家庭遭到外侮，他们一定会联合起来，家长里短容易让自己和他们对立起来。

三是潜在规则。现在很多人喜欢揭露潜在规则，确实很有勇气。事实上，很多潜规则并不是他们首先发现的，其他人也知道，只是没有勇气说出来。潜在规则之所以存在，一定有它的理由和利益团体。揭露潜在规则就容易得罪这些利益团体。成大事者处世讲究先确保自身安全，为此并不赞同揭示潜在规则。

四是作风人品。每一个人有自己的性格，有自己的处事方式，有自己的作风和人品，在别人看来很不值得一提的事情，对于他们来说，或许觉得理所当然。如果因为看不惯别人的作风而去横加指责，很容易遭到别人的反感。当然你传播别人的作风人品问题，也容易将自己卷入是非漩涡。很少有人有教育别人做人的权利，为此，当你看到有人不贤不孝的时候，最应该做的事情是反躬自省，自己是不是跟他一样？

做到以上四类见事不说，还远远不够，还应该做到问事不知。很多时候并不是你想不说，你就能不说的。很多人会问起你，这时，你千万要小心谨慎，对于一些是非原则问题，一定要做到问事不知。

某国的一位总统，他有一个非常要好的记者朋友。该国当时正在进行卫星项目，这个记者朋友向他打探消息。这让总统很是为难。记者朋友说："我们这么好的朋友，你告诉我吧！"总统问他："你确定你能保守秘密吗？"这个记者朋友信誓旦旦地说："我向你保证，一定保守秘密！"总统说："那我也能。"记者朋友只能笑了笑。

古时候有很多交情很好的人，就是因为共同保守着一个秘密，后来秘密泄露了，两个人因此而互相猜忌，反目成仇。这些覆辙和低级错误不要再重蹈了。

生活中，还有这样一种人，他们总是喜欢说一些新鲜的事情，一些秘密的事情。这些人是很危险的，他们往往很少有朋友，也很少有人愿意和他们交心，原因在于跟他们说话，自己实在是不放心，都不知道什么时候自己的秘密就被泄露了。这就是人们觉得沉默的人更可信的原因之一。因为沉默的人很少开口，所以他们能保守秘密。成大事者告诫人们，要保守秘密的最好办法就是从来不把它说出来。正如兔子遇到狐狸最好的逃生办法就是从来不要遇到它们。

成大事者的见事不说和问事不知的处世风格需要很强的自律。大多数人都希望自己比较重要，都希望别人问起自己，寻求帮助的时候，自己能助一臂之力。很多时候，我们说话应该有个尺度，而不应该一味地好为人师。

3 越是急话，越是慢说

成大事者认为越是着急的话，越要慢慢说。说话的目的在于表达清楚自己的意思。着急不但不利于意思的清楚表达，还容易让别人产生误会。屠格涅夫说："在开口之前，先把舌头在嘴里转个十圈。"人一旦急于说话，往往上句还未说清楚，下句就冒了出来，人家根本就没有办法听清楚，自己还得重复说一遍。越是着急，人越是容易说错、说漏，容易伤害到别人。

有这么一个故事，宋朝时，王安石有一天向苏东坡夸赞自己的儿子聪明，王安石说："我的儿子天资比较好，读书从来不用看两遍。"苏东坡一听，立即接上了一句："谁家孩子读书要看两遍。"说得王安石灰头土脸，苏东坡当时一说觉得很解气，但是事后想想，后悔不迭。苏东坡就是犯了着急说话的毛病，太着急了以致他根本就没有考虑到王安石的感受。

急着说话显得自己没底气。在演讲的时候，这种表现最为明显。成功的演讲家绝对不是在最短的时间表达最多的意思，而是注意抑扬顿挫，在长时间只表达一个意思。其实演讲和一般的说话本质是一样的，都是为了让听众理解自己的意思。因此在说话的时候，应该考虑到听众的感受，从听众的角度出发来组织语言，以调动听众的情绪。着急说话完全是从自己的主观意识出发，完全不照顾听众的感受，显然是不会有任何效果的。听众往往会认为这个人没有多少底气，只想快快结束演讲或者说话。

着急说话显得自己性子特别急。性子急就容易犯错。从前有个人性子特别急，有一次他让仆人去给他买双鞋子，花了1400文。后来他的朋友来造访，他看到他的朋友穿着同样的鞋，于是问他花了多少钱，朋友抬起一只脚说："700文。"主人一听，立即火冒三丈，让人把仆人拉出去痛打了一顿。朋友很是疑惑，主人解释说仆人给他买了双鞋子居然用了1400文，这还了得？朋友赶忙解释说："我这边这只也是700文。"主人哭笑不得。事实上，说话急的人很多时候都是性子急的表现。性子急的人往往会犯大错误。有一个人买了一栋房子，房子还带着花园。因为是秋天，花园里显得有些荒芜，他实在看不过眼，于是三下五除二将花园中看不过眼的花花草草收拾得干干净净。后来原来房子的主人登门拜访，特意看了一下花园，一看就有些悲伤，这人问原来的房子主人说为什么这么难过，原来房子主人回答："我那些名贵的花草都被你给铲掉了，只剩下些杂草还保留着，我怎么能不难过？"果然，等到第二年的春天，这个花园里长满了茂密的杂草。性子急的人一定要学会汲取这个教训，一定要学会忍耐和等待，否则容易犯更大的错误。

着急说话往往不能取得别人的信任。当别人向你征询意见的时候，如果你不假思索，立即就给别人意见和想法，甚至给了最具体的做法，这样你没有办法取信于他人。因为他会觉得你没有思考。着急说话显示不出一个人思考的深度，即使这个人脑子确实转得特别快，也需要表现出自己有思考。如果我们着急地表达自己的想法，然而马上又有一个不同的想法，那就没有表达的机会了。如果你两个意思都表达的话，只会让别人不信任你。就好像去买东西时，如果店员告诉你这双鞋 50 元，过了一会儿他改口说这双鞋 60 元，你会相信这个人吗？

如果一个猎人正在上坡，突然坡上出现了一匹狼，对于这个猎人来说，最好的办法是什么？答案就是平静地端起枪，然后瞄准狼扣动扳机。这对我们说话来说，也是一种启发，当我们很着急的时候，我们一定要学会冷静，要平静心情。

在具体的语言表达上，为了确保自己的头脑转得比嘴巴快，为了保证不着急说话，你可以用一些常用的话来拖延时间，比如：我认为、我个人看法是……这样，一表明自己的谦虚态度，二能够为自己争取更多的思考时间。你还可以先重复一下对方的话，以此来延长自己的思考时间，比如"你刚才的意思是……"或者"如果我没有理解错的话，你现在面临的问题在于……"通过这种方式，让对方感觉到自己的诚意的同时，还为自己争取了思考时间。

其实，我们不难发现，说话绝对不是要在最短的时间表达所有的意思。说话的时间是不能这样节省的。事实上，这样根本就节省不了时间，只会浪费更多的时间来进一步解释。为此，我们不要犯着急说话的毛病，一定要在一段时间只表达一个意思，将意思表达清楚明白，再考虑别的话题。

4 话一出口，覆水难收

成大事者认为，话一说出口，就像泼出去的水一样，根本没有办法收回来。

从前有个孩子，脾气很不好，总喜欢朝家人朋友胡乱发脾气，说一些伤害他们的话。他自己也知道这个习惯不好，但是始终改不了。有一天，孩子的父亲把孩子叫到身边，对孩子说："每回你想生气的时候，就往后院的篱笆上钉一个钉子。只要你这样坚持，你一定能改掉你身上的毛病。"孩子脾气虽坏，但很听话。每当他生气的时候，他就在篱笆上钉一个钉子，篱笆上布满了钉子。没过多久，孩子渐渐控制住了自己的情绪，钉子越钉越少。这个时候他的父亲告诉他："如果一天能够不生气，就拔掉一颗钉子。"几个月后，篱笆上的钉子没有了，孩子已经完全能控制自己的情绪。父亲指着那些钉眼对孩子说："孩子，虽然钉子没有了，可是钉眼还在，这些永远都不能磨灭。"

用言语伤人给别人造成的伤害也是永远无法磨灭的，即使和别人和好如初，即使和别人关系更加紧密，但那些伤痕依然存在。最好的办法就是永远不要伤害别人，伤人的话永远不要说出口。话一出口，覆水难收。

商朝末年，武王伐纣，伯夷认为武王此举不该，于是跑去向武王请命。武王没有听他的，伯夷很伤心地离开。后来武王灭了商朝，伯夷就带着自己的弟弟叔齐去了首阳山隐居，而且发誓不吃周朝的粟米。有一天，他们在首阳山挖野菜吃，遇到了一个妇人。妇人问他们为什么不吃粟米，伯夷讲了自己的原因。妇人一听，脱口而出就是一句话："可这野菜不也是周朝的吗？"伯夷叔齐听了以后默然，放下野菜篮子，回到山中，没几天就饿死了。

妇人肯定是无心的。但是这种话说出来直接导致了伯夷叔齐的绝食而亡。妇人即使懊悔不迭，想收回所说的话都很难。

同时代还有一个故事。纣王听信谗言，挖了比干的心，但比干没有立即死掉。他行尸走肉般地走在路上，突然听到一个妇人在叫卖青菜。他问妇人："你卖的是什么菜？"妇人回答说："空心菜！"比干追问了一句："菜无心可活，人无心怎么办？"妇人随口就答："人无心当死。"

以上两个例子虽然看起来很极端，但是充分地说明了话一出口，覆水难收的道理。其实我们每天说话，每天都要跟不同的人打交道，难免有脑袋转不过嘴巴的时刻，难免有说错话的时候。但这种时候不应该经常有，因为你说错话很容易说到别人的伤心处，很容易伤害到别人。

　　为此，我们一定要给自己提一个醒，不要随意开口，不要恣意开口，不要觉得自己这样说话舒服就乱开口。很多时候，我们说话的时候感觉良好，但是事后往往后悔不迭。

　　比如娱人自娱的话，我们玩笑似的嘲笑别人的缺陷或者行为，觉得很好笑，但是事实上，当事人并不这样认为，甚至因为你的无心玩笑，勾起了他的伤心往事，他会当场跟你翻脸。所以最好的开玩笑方式就是开自己的玩笑，不要去开别人的玩笑。然而很多人太自信了，认为自己能够把握玩笑的火候，认为自己不会因为玩笑而得罪人，认为别人是君子，不会计较这种玩笑。事实上，即使自己火候把握得很好，别人是君子不去计较，在他心中也形成了自己很轻浮的印象，而且他容易把自己的不计较当成自己的恩德。其实你本来就是无心的，但是还给了别人一个施加恩德的机会。有没有想过，这样做很不值得？

　　我们要牢牢记住话一出口，覆水难收，就要督促自己对自己所说的话负责。如果一个人不能自己说的话负责，那么这个人也毫无信义可言。我们对自己所说的话负责，就要保证我们所说的话是真话，保证我们所说的话充满善意。不要随意拿别人开心，也不要恣意去挖苦别人，即使和别人关系再熟，可他毕竟是别人，他根本无法想象到你是怎么想的，他根本就不能站在你的角度来体谅你当时的心情。

　　话一出口，覆水难收，这就要求我们永远不要说伤害别人的话，哪怕是玩笑。人在气头上，什么难听的话都说得出来，其实这只不过反映了我们自己的浅陋。事实上我们能伤害的人往往是关心和爱着我们的人，只有他们才会把我们的话放到心里面，也只有他们才不会跟我们斤斤计较。那么人为什么一定要伤害关心和爱着自己的人呢？这是很矛盾的事情。

　　话一出口，覆水难收，就要求我们不要信口开河，不要什么话都说，不要乱说大话。人要有一颗敬畏的心，敬畏自己的处境，敬畏这个社会，敬畏自然。只有保持这样一颗心，才不会口无遮拦，不会胡编乱造，也才能避免给自己招惹更多的麻烦。人不能因为虚荣而去说话，那是很虚无缥缈的事情，任何虚荣不过是自己的一种感受，只要自己每天感受良好，那就足够了，要这种虚荣干什么？

　　话一出口，覆水难收，就要求我们学会给自己所说的话做个分类，哪些话是该说的，哪些话是不该说的，以后坚决不要说那些自己不该说的话。还要分出哪些话是承诺，哪些话不过是玩笑。承诺少开，玩笑最好不要开，即使开也要开自己的玩笑，而不要去开别人的。

　　做大事的人和懂得人生道理的人在说话上有个共通之处，这就是不妄言。不乱说话，他们很注意控制自己说话的频率和内容，从来都不会随意开口，因为对于他们来说，不需要通过说话来证明自己的价值。然而现实生活中有太多的人比较自卑，他们需要通过说话来证明自己，需要通过承诺来说明自己的能力，需要通过玩笑来证明自己开朗，需要通过炫耀来证明自己知识渊博，这些都是可怜人！

5 承诺易做，实践很难

成大事者认为，一个人做承诺是再容易不过的事情，但要真正实践起来很难。因此，对于我们来说，做承诺必须谨慎，不要随意承诺。

不能实现承诺是最忌讳的事情，一个人有了信用，自然会得到很多人的支持和拥护。古代有些人为了达到强国的目的，首先会建立人们的普遍信任。商鞅是秦国由弱到强的关键人物。商鞅在秦国推行变法之前，首先解决的就是信任问题和忠诚问题。商鞅刚开始变法的时候，起草了一个改革的法令，但是由于他还没有建立威信，担心老百姓不相信他。如果第一次没有成功，那么以后要想成功就很难了。于是商鞅叫人在都城的南门竖了一根很高的木头，然后他向老百姓悬赏说如果谁能把木头搬到北门，就赏赐给他十两金子。当时，秦国国都的人都认为这只是在开玩笑，根本没有把它当真。商鞅并不着急，他知道老百姓不相信他，在这个时候，他果断地宣布将赏金提高到五十两金子。重赏之下，必有勇夫。都城的人围绕在木头旁边议论纷纷，有一个人心一横，觉得即使没有封赏，把木头抬到北门也无所谓，于是他立即将木头扛起来，一直扛到了北门。出乎所有人的意料，商鞅给了这个人五十两黄金。这件事就是著名的南门立木，它在秦国当时引起了轰动。老百姓没有想到商鞅能够说到做到，于是大家都很信服他。不久商鞅就开始公布新的法令，大家也十分遵从。商鞅有令必行，言而有信的作风是赢得信任的关键，同时也为秦国国君赢得了百姓的忠诚。

承诺是不能马虎过去的。一天早上，曾子的妻子准备去集市买些东西。她还未出门，儿子就吵吵嚷嚷要跟着去。曾子的妻子考虑到孩子不大，集市离家又很远，带着他还要处处照顾，很不方便。于是就让他留在家里，但是儿子不同意。她便哄儿子说："只要你在家乖乖等着，我一买完东西就立刻回来，一回来就杀猪给你吃。"儿子一听立即安静下来，乖乖地在家里等着妈妈回来。

不久，曾子的妻子从集市回来，远远地就听到自己院子里的猪在叫。她慌忙赶到家，推门一看，发现曾子正在准备杀猪。她问曾子为什么要杀猪，曾子说你不是答应过孩子吗？她急忙上前拦住丈夫，对丈夫说道："我说那话只是为了哄孩子，你怎么这么迂腐，把它当真呢？"曾子很严肃地说："对孩子千万不能撒谎。他现在还这么小，所有学到的东西都是从父母那来的，他们也十分相信父母的做法。如果我们说谎话骗他，就等于教他今后去骗别人，这样孩子还怎么在这个社会生存啊？"妻子听后，只好不再阻拦。

不要将承诺当成一种说话的方式。周朝时，周成王和弟弟开玩笑，他拿一片桐叶对弟弟说："我拿这个来封你。"然而说过这话后，就一直没有兑现。周公听说了这件事，于是去拜见周成王。周成王说当初不过是和弟弟胡乱开的一个玩笑。周公说天子怎么能随便开玩笑呢，既然答应分封就应该做到。于是周成王就把弟弟封到了唐。

在与人交往的过程中，要谨慎使用承诺这种方式和别人增进关系。因为你承诺过的事情做不到，你们的关系只会恶化，而不会有所发展。即使承诺能做到，也要考虑到各种不可控制的因素，很多事情并不是我们说能做到就一定能做到的，更何况很多时候我们都倾向于高估自己的实力。最好的办法是少承诺，多做事，等事情做好了以后，再给别人一个惊喜，效果会更好，而且能够给别人留下十分稳重的形象。

既然答应别人的事情就必须言而有信，否则就不要答应。有的人喜欢空口许诺，最后失信于人。在答应别人之前，先要确定自己是否能够做到，如果确实做不到，就不要轻易承诺。在社会中生存，一定要掌握信任的利器，不要随便破坏别人对自己的信任。说话一是一、二是二，言出必行。

在与人交往过程中，不要经常使用"这没问题"或者"都包在我身上"，这种话当时说出来的时候豪爽，别人听起来也很舒服，但是事后执行起来很困难。倒不如说："我试试吧！"或者"我尽力吧，但不能保证。"这样并不算对结果的完全承诺，而是对过程的一种承诺，即使没有做到，对方都不会对自己有意见。相反，倒是那些信誓旦旦的人，容易让别人产生一些想法，毕竟他是答应过的，而自己也是满心期待他能实现的。

6 夸夸其谈，误人误己

成大事者认为，浮夸的作风要不得。真正有德才的人往往对这些容易招惹是非的东西避之不及，只有那些心气高傲又没有真才实学的人才喜欢夸夸其谈，弄一些虚假的东西来装点自己。

虚浮的人往往会做表面文章，他们很喜欢用一些标志性东西来装点自己。但实际上这种人才德两缺，是应该提防的。不要上了这种人的当，也最好不要和这种人交朋友，否则自己容易受伤。

古时，庄子去见鲁哀公，哀公跟庄子说鲁国的儒士很多，满大街都在谈论儒学，但唯独缺少像庄子这样精通道术的人。庄子听了以后很不以为意。对哀公说不但从事道术的人才少，而且儒士也相当缺。哀公很疑惑，于是反问庄子难道他没有看到鲁国的臣民几乎都穿戴着儒者的服装吗，怎么能说鲁国少儒士呢？

庄子解释说，穿儒服的人并不代表一定有真才实学。不妨做一个实验，只要大王下令凡是没有真才实学的儒士如果穿儒服就一律问斩，那么就可以知道到底鲁国有多少儒士了。

于是庄子向鲁王建议说："您可以发布一道命令，宣布旨意，凡没有真才实学的冒牌儒士而穿儒服的一律问斩！"

鲁哀公对这个建议特别感兴趣，于是在全国张贴了命令。五天后，鲁国上下很难再看见穿儒服的儒士。只有一个人穿戴着儒装在宫门前求见。鲁哀公听到以后立即召见，果然是位饱学之士。这个时候，哀公才彻底相信了庄子所说的话。

那些缺少大智慧而又希望得到别人看重的人往往会在小聪明上下功夫。他们会想尽办法做一些表面文章以表明自己有大智慧。这种过于虚浮的人常常擅长侃侃而谈，将别人的一些想法，自己知道的一鳞半爪，不经过加工和思考就作为谈资以期获得别人的赞誉。

春秋战国时期的赵括是个典型的夸夸其谈的人。他熟读兵书典籍，经常和别人谈论兵法。每每都引经据典，让他的父亲赵国名将赵奢都自叹不如。但是赵奢看到了儿子身上的毛病，只不过是一些兵法上的舞文弄墨，而没有真才实学。同时他也意识到儿子将来可能会有很高的虚名，容易被拜为大将。于是他反复告诫妻子，以后无论如何都不能让赵括去当将领，否则会耽误赵国。后来秦国进攻，赵国派大将廉颇前往抵抗。廉颇采用拖延战术，以此来消磨秦军的士气和消耗其给养。秦军很着急，于是派人到赵国都城去散布谣言，说秦军只怕赵国任用赵括为将。赵王信以为真，正为廉颇毫无进展而十分恼怒，于是立即任命赵括取代廉颇为将。赵括的母亲求见赵王，请求其收回任命。但赵王一意孤行，还是任用了赵括。

只会纸上谈兵、夸夸其谈的赵括根本就不会打仗。一当上大将，就中了秦军的圈套，赵国四十万人投降，被坑杀。自己也葬身在军中。从此，赵国一蹶不振。

夸夸其谈的人往往有虚名，这让他们更加危险。像赵王就是因为赵括名声很好，才将全国的军队交给了他。然而赵括本身对实战一窍不通，最后导致惨败，也在情理之中。

与人谈话，千万不要夸夸其谈，千万不要认为自己谈不出内容来，别人就会看不起自己。千万不要认为自己谈的内容不够大，别人就认为自己不过是井底之蛙。人谈严肃话题，永远都应该只谈自己最熟悉的领域，对于其他领域，如果不知道，就不要随意开口，否则容易陷入夸夸其谈之中，给人以浅薄的印象。

有这么个故事：有一个和尚坐夜航船和一个秀才同舱，出于对读书人的尊重，和尚缩手缩脚地躺着。秀才高谈阔论了很久，和尚更是觉得浑身是汗。听完秀才谈论后，和尚想试探秀才的才学是真是假，于是他问秀才："尧舜是几个人？"秀才回答说："当然是一个。"和尚松了一口气，又问道："那么澹台灭明是几个人？"秀才不假思索地说："当然是两个。"和尚一听，明白了这个秀才不过是夸夸其谈，于是叹了口气说："还是容老僧伸伸腿吧！"

夸夸其谈的人很容易被别人发现。因此一个人如果在谈论的时候，不讲自己的专业领域，被别人问几个问题，就容易陷入到混乱之中。别人也会因此而对自己不尊重。即使在自己的专业领域，也不要夸夸其谈，因为人外有人，天外有天，在那个领域也许有更高明的人，如果碰到了，会彻底丧失自己的尊严。

正如古时的智者所说，真正知道的人是不会乱说的，因为他知道自己永远不会知道太多，知道还有很多东西自己还不知道。真正夸夸其谈的人往往是不知道的，因为他们接触的面窄，根本就没有考虑更深层次的问题，所以他们觉得自己什么都知道。

7 克制情绪，谨慎言行

人在愤怒的时候，一定不要随意开口说话。因为人愤怒时，情绪往往是失控的，这个时候开口说话难免会伤人。

我们今天的社会中，发生了很多悲剧，往往是由一些鸡毛蒜皮的小事情引起的。究竟是什么导致这些鸡毛蒜皮的小事情演变成悲剧的呢？就是情绪和言语。

本来是很小的事情，简直可以忽略的事情，导致某个人有点不愉快，当时他的情绪或许很糟糕，便将这种小事情上纲上线，甚至上升到原则的高度来对待。别人对他的一点不敬，他把它当成侮辱；别人随口说出的话，他当成是挑拨离间，恶意中伤。其实这些并不是事情本身有问题，而是这个人当时的情绪出了大问题，他只不过想借这件事情来发挥。然而被他的情绪所侵犯的人也不是省油的灯，于是双方将鸡毛蒜皮的小事发展成为了不可调和的矛盾，甚至酿成惨剧，确实是一件很可悲的事情。

在古时候，这种事情也存在，现在看来他们特别滑稽可笑，特别不值得。

宋国都城住着两个武士，一个住在城东，一个住在城西。这两个武士都自恃武功高强，是血性男儿，谁也不服谁。有一天他们在城中遇见了，于是相约去喝酒。不巧的是当时酒店没有肉，有个武士就说去买点肉来，另一个武士随便嘲弄一句说："你我都有肉，何必再买肉？"提议买肉的武士一听就来气，于是说："正好，那要不这样，你割你的肉，我割我的肉，大家凑一凑。"于是两个武士都拔出了刀，割自己大腿上的肉，还生怕割得比对方少，让对方耻笑。最后的结果是可想而知的，两个武士都因失血过多而死。

真不知道这两个武士在争什么？两个人的言语和情绪发生了冲突，最后将一件鸡毛蒜皮的小事上升到你死我活的地步，这是真的勇敢吗？

当我们遇到不如意的时候，一定要学会克制自己的悲观情绪，不要通过话语将这种情绪蔓延开来，也不要朝别人随便发脾气，因为我们的悲观和失望，只不过是一时的情绪。人无千日好，难免会有情绪上的波动。人在悲观失望的时候，往往容不得别人的玩笑，对别人善意的玩笑，或者纯粹是想逗自己开心的玩笑，会十分反感，甚至会反唇相讥，其实你是完全误会了别人的好心了。

　　人在得意的时候，也要学会控制自己的情绪。你的得意并不是别人的得意。你将你的喜悦表现得过于夸张，很容易被别人所不理解。就好像自己在某本杂志上刊登了豆腐块大的文章，自己感觉很好，恨不得所有人都知道。这种得意很容易被别人认为是骄傲和浅薄。越是在自己得意的时候，越要学会谦虚，有成就，就当没有任何成就一样。真正有成就的人，他们不论是行为，还是言语都是比较谦虚的。

　　人在情绪波动的时候，更要注意谨言慎行。人无完人，难免会发生情绪波动，比如受到批评或者指责。在这个时候人要学会克制自己的情绪，能不开口尽量不要开口。有个人在公司里对人很和善，人缘很好；而另外一个人则刚好相反，人际关系相当糟糕。于是这个人到和善的人家里去请教他如何做到这一步的。到他家楼下，只看到那个和善的人站在天台上朝着飞过去的飞机大声吵嚷。来请教的人很是奇怪，于是问他："你也有发脾气的时候？"和善的人笑着说："谁没有烦心的事情，难免会发脾气的。""那你在公司为什么不发脾气呢？"和善的人更是笑了："在公司发脾气，你情绪波动太大，难免会伤害到人。因此我每回都在没有人的地方发脾气，脾气发过了，什么都没有了。"正如人身上的静电一样，人的情绪的累积也会形成静电，这种静电如果不及时消除，迟早会危及到自己。但是消除的方法我们一定要注意，千万不要朝着别人发火来消除静电，而应该自我消除。

　　生活中，我们要学会驾驭自己的情绪，做情绪的主人，而不要做情绪的奴隶。很多时候，我们都因为自己的情绪波动而说了一些不该说的话，做了一些不该做的事。这些事情也许成为了我们人生的转折。虽然我们也意识到自己的情绪波动对于自己来说是致命的，但是实在是控制不住自己，不知道自己该做怎样的选择。火一上来，什么都忘得一干二净，最后往往得罪或者伤害了很多人。

　　成大事者认为，一个人如果控制不了自己的情绪，最好的办法就是在情绪来的时候一定不要说话，一定不要主动去做一些自认为可以解气的事情。人情绪一上来，就很少有理性，很少有客观的分析。这个时候如果对对方有意见，有情绪，无论对方说什么，做什么，自己都会认为是一种挖苦，自然也容易上纲上线。不妨当时你控制一下自己的嘴巴和行动，什么都不说，什么都不做，相信过不了多久，你会叹服于自己的忍耐力。显然，忍耐力是一个成功人士必备的素质。

8 背后说人，自降水准

成大事者的哲学虽然不是君子之学，但是也不是小人之学，成大事者的哲学是生存的哲学，是生活的哲学。成大事者从来不主张背后说人，那是自降水准的表现。

虽然这里所说的背后说人是指说人坏话，但是即使是说人好话，也不适宜在背后说，而应该光明磊落地对别人说出来，这样别人感觉高兴，感受到你的真诚，你自己也会感觉很好。

成大事者认为人要看得起自己，不要自轻自贱，不要自降水准。不要想着自己说的就是真理，别人一定会认同。事实上，背后说人的人说的从来都是偏见，如果是真理从来都用不着背后去说。

背后说人是一个人世俗的表现。很多人年轻的时候光明磊落，从来不在背后议论任何人，但是慢慢地适应了生活的琐碎，逐渐变得啰啰嗦嗦，总是有说不完的话，总是有理不完的是非。人生哪有那么多时间用在这些是非之中？

在成大事者看来，背后说人是道德品行低下的表现，是被人看不起的行为。一个人如果真的想让别人看得起自己，就要改掉背后说人的毛病。这种毛病粘在一个人的身上，就让他永远摆脱不了低劣的嫌疑。

当然，我们不仅不要背后说人，即使对别人的背后说法，最好也不要去听，因为你容易卷入这样的是非之中。你并不赞同他的观点，但是你还是出于礼貌去倾听他的话，这个时候你要想想自己究竟处在什么样的位置，自己的头脑中究竟需不需要塞入这些并非事实的东西。即使你赞同那些话，那些话听来也会影响你对别人的判断，影响你和别人之间的交往，很多时候话都是被放大了许多倍。说话的人唯恐说出来的话不吸引人，不夸张，不能让你记忆犹新，于是他们往往添油加醋、添枝加叶，对里面进行了很大的发挥，这个时候如果你听进了他的话，你甚至认为世界上怎么有那种人存在，你自己心中的正确判断就会被掩盖掉。相反，你就会用一种情绪来代替思考，事实并非你情绪所表现的那样。

背后说人是没有气度的表现。真正大成功的人往往是有大气度的，背后说人的人也很少有大成功，原因不仅在于他们将大把的时间用在琐碎的事情上，还在于他们居然对这些琐碎的事情感兴趣，正说明了他们的思维空间狭窄和人生的无聊。

人不能因为无所事事而到处背后说人，你要知道没有事情可以做的时候，那是上天留给你思考和学习的时间。现在的人有些时候显得过于无聊和郁闷，所找到的话题也不过是别人的短处，于是成了背后说人的开始。

我们要想想，真正伟大的、有成就的人，是那些背后经常说人的人吗？绝对不是。既然如此，我们追求成就，追求价值，追求我们的人格完美，还能做背后说人的人吗？肯定不能。

当我们想要去背后说人的时候，先想想自己究竟要说别人什么方面？人品肯定是一定要提及的事情，背后说人的人往往会把所有问题归结为人品有问题。但是人品真的能说吗？一个人人品如何，我们有资格评论吗？我们背后去说他，难道我们的人品就高尚到什么地方去了吗？既然自己的人品都没有保障，为什么还谈别人的人品？还不抓紧时间去反省和自责？

背后说人的人还应该考虑一下自己的倾诉对象。很多人话是说出去了，麻烦从此就找上了门。因为你不能保证你说话的对象不给你传播出去。你说话的对象如果认同你的话，他自然会跟张三、李四、王五都说，而且还会加上一句："不是我一个人这么说，他也是这么说的。"如果说话对象不认同你的话，问题就更大了，他很可能会跟你说的人说起，这样你就无端地树了一个敌人，只图一时的口快，而招惹了很大的麻烦。

成大事者认为，一个人不一定要当正人君子，但在很多方面一定要做到光明磊落，你的光明磊落不是给别人当道德标榜，而是保全自己的一种方式。平时不做亏心事，半夜不怕鬼敲门，如果你什么事情都没有做过，什么坏话都没有说过，那别人质问起来，你根本就用不着担任何心。从这个意义上讲，光明磊落是人的一种保全方式，这种保全方式决定了你在这个社会中有多安全。

成大事者认为，任何时候都不要仗着自己的聪明，或者对别人的信任，而向别人恣意谈论第三人的是非，这种谈论很危险，不但容易让你陷入被怀疑被瞧不起的境地，而且还会破坏你和这个听众的关系，原因是你们谁也保证不了今天的话不泄露出去，世上没有不透风的墙。

古时的智者不会去谈论别人的是非，一来这些是小得不能再小的事情，二来这是谈不出结果的事情，三来这种是非谈论显得他们品位大失。

9 来说是非者，必是是非人

成大事者认为是非对错不过是人们看问题的立场和角度不同，是非对错很大程度上是人的偏见，每个人都抱着自己的偏见不放，于是产生了是非对错。因此，在与人交往的过程中，一定要提防来说是非的人。来说是非者，必是是非人。

对于是非人，我们唯一的办法就是学会远离。即使无法远离，也要学会有意疏远。这样自己的立场和观点才不会被搅动，被世风吹得东倒西歪。人必须有自己的原则和立场，必须有自己坚守和相信的东西。要学会去相信别人，甚至要学会永远不要怀疑。只有这样的人才是有原则和立场的人，才不会受到别人的挑拨离间。

古时的将领外出打仗，往往在即将打败敌人的时候，功亏一篑。并非将领不知道该如何打仗，力量不济，而是国君听信谗言，在最关键时刻除掉了他们的兵权。

燕国在战国七雄中一直是个小国，但是它确实一度强大，以至于它的军队攻打到了齐国，而燕军的统帅就是历史上十分著名的乐毅。

乐毅出兵半年，接连攻下齐国七十多座城池，最后只剩了莒城和即墨两个地方。莒城的齐国大夫立齐王儿子为新王，这就是齐襄王。乐毅派兵进攻即墨，即墨的守城大夫战死。

即墨城中没有守将，几乎要乱了起来。就在这个时候，即墨城里有一个齐王远房亲戚，他叫田单，带过兵，打过仗，于是大家就公推他做将军，带领大家守城。

田单跟兵士们同甘共苦，还把本族人和自己的家属都编在队伍里，抵抗燕兵。即墨人都很钦佩他，守城士兵的士气旺盛起来了。

乐毅把莒城和即墨围困了整整三年，都没有攻下来。燕国有人十分嫉妒乐毅，于是在燕昭王面前说："乐毅能在半年之内打下七十多座城，为什么费了三年还攻不下这两座城呢？并不是因为他没有那个能耐，而是他想收服齐国人的心，等齐国人都归顺了他，他就自立为齐王。"

燕昭王十分信任乐毅。他说："乐毅的功劳太大了，就算他真的做了齐王，也是完全应该的。"于是燕昭王打发使者到临淄去见乐毅，封乐毅为齐王。

乐毅十分感激燕昭王，但宁死也不肯接受封王的命令。这样一来，乐毅的威信反而更高了。

又过了两年，燕昭王死，太子即位，他就是燕惠王。田单认为这是个很好的机会，于是暗中派人到燕国去散布流言，说乐毅本来早就当上齐王了。为了讨燕昭王的好，才没接受称号。如今新王即位，乐毅就要在齐国做王了。其实燕国只要另派一个大将来，就一定能攻下莒城和即墨，毕竟齐国只剩下这两座城了。

燕惠王在即位之前，就和乐毅有些疙瘩，听了这个谣言，就决定派大将骑劫到齐国去代替乐毅。乐毅害怕回国受到迫害，于是就跑到赵国去了。

骑劫当了大将，接管了乐毅的军队。但燕军的将士都很不服气。很快骑劫就上了田单的当，一会挖了即墨城里百姓的祖坟，一会又削去俘虏的鼻子，使得即墨城里的兵民更加众志成城。同时田单还诱骗骑劫说会来投降，结果骑劫信以为真。后来的结果是众所周知的，田单使出了火牛阵，燕军大败，所攻占的70多座城池全部被田单收复了。

燕昭王和燕惠王的区别就在于，一个有自己的立场，绝对不听信谗言；一个毫无立场，一有风吹草动，就左右摇摆。这也是圣君和昏君的重大区别之一。

来说是非者，必是是非人。在是非面前，我们不但要学会抵制，还要学会培养自己的立场。我们一个最基本的立场就是不要恣意去怀疑别人，不要恣意去猜忌别人。只要一种下怀疑的种子，这个种子就由不得你控制，就会生根发芽，它会疯长。

从前有一个人，他在自家的地窖中储存种子的时候，将一把斧头忘了从地窖中带出来。几天后，他要用斧头的时候才发现自家的斧头已经丢失。他四处找都没有找到，于是他开始怀疑是别人偷去了，而有最大嫌疑的就是他的邻居。于是，他仔细地观察他的邻居，觉得是他偷了斧头。看他那走路的样子，很像是偷了斧头的，不仅如此，连他的神态、动作、表情也像，甚至他说话时的声调，都像是偷了斧头一样。总之，越看越像，几乎可以肯定，就是他偷了斧头！又过了几天，这个人又跑去地窖储存物品。当他打开地窖门时，突然发现那把斧头正躺在地上。到了第二天，这个人再去看邻居的时候，他的一举一动、一言一行，就连笑的神态，一点儿也不像是偷斧头的样子了。

成大事者认为，人确实存在着这样的弱点，当你开始怀疑一个人的时候，你的怀疑如果不能顿时消除，就一定会扩散开来，最后自己成为是非者愚弄的对象。

10 对事不对人，批评不批判

成大事者认为人说话的时候一定要做到对事不对人，批评不评判。事就是事，人就是人，人和事一定要分开，只有这样，才能够做到不随意上纲上线，才能够做到公允，也不会因此而让人结怨。

当别人事情做错了，你指责别人的事情做得不对的地方，千万不要上升到做人的高度。在职场中说话，尤其应该注意这一点。

在职场中，要学会将做人和做事分开。做人有做人的原则，做事有做事的原则，不要将做人和做事混为一谈。无论是领导还是员工，做人做事一定要学会分开。我们从领导和员工两个角度来谈如何将做人做事分开。

首先是领导方面。现实中，最容易犯人和事不分毛病的往往是领导。

属下的工作出了错，领导往往不会针对事情本身进行批评，而是一个劲地说这个属下真是猪脑袋，以此来发泄自己心中的愤怒。其实属下做错了事情，很多时候都是做事方法有问题，而不是属下人品或者能力有问题。这个时候即使要批评也应该针对做事方法，而不应该侮辱属下的人格。况且属下做错了事情，心中已经是很惶恐了，在这个时候还对属下毫不客气地批评，属下心中的惶恐自然会加深，以后做事会异常紧张，那样错误会更多。

不仅批评员工要针对具体的事情，表扬员工也应该以具体的事情为依据，而不要随便上升到做人的高度。比如员工做的事情很不错，你可以表扬他这件事情做得漂亮，但是你最好不要说他的办事能力很强，因为一件事情的好坏不能说明一个员工的办事能力的强弱，而只能说明这个员工在这件事情上有比较突出的表现。如果领导说这个员工办事能力很强，潜台词就是别人的办事能力不行，自然其他员工会有些不服气，往往会愤愤不平地说，他曾经做什么事情的时候犯了很多错。这样的话，自己不但会被怀疑看人不准，而且自己表扬的员工也容易被同事给孤立起来。"不是说你的办事能力很强吗？那你自己去办好了。"同时领导也不要随意把对员工的表扬上升到人格的高度，不要因为某一件事情的好坏而公开说这个员工是个能人，因为你这样评价，别人自然会认为自己比他差一些。这对于企业来说并不是件好事。

对事不对人，批评不批判，要求领导不要以人品来判断能力。在企业中最忌讳以个人的喜好来安排工作。很多人的能力很强，但是由于他的人品有一些瑕疵，所以领导不愿意用他，这对企业来说并不是明察秋毫。刘邦建立汉朝的功臣中有韩信和陈平。刘邦很不喜欢这两个人，他认为韩信居然从别人的胯下钻过去，受那种屈辱，一点骨气都没有。而陈平生活作风有问题，他很不喜欢。但是韩信当时如果不从那个人的胯下钻过去，他所做的就是杀了那个侮辱他的人，或者被那个侮辱他的人杀。如果他杀了那个人，自己就成为了杀人犯，根本就不可能有后来的大将韩信；如果当时被那个人所杀，自然这世界上也就没有了韩信。因此韩信当年的选择毫无疑问是明智的，他并不是迂腐的人，他看得比较长远。至于陈平的生活作风，当时和项羽的争霸战争又不是谁的生活作风好，谁就能成为胜利者。生活作风和当时的战争形势一点关系都没有。相反当时他正处在用人的阶段，确实需要陈平这样的人才。因此作为领导，不能随便以员工的人品作为衡量其能力的标准，这是风马牛不相及的事情，而要学会以员工的能力作为根本的标准来用人唯才。

其次是员工方面，也必须做到对事不对人。

员工不要随便非议领导。不要将领导的作风问题作为领导能力的衡量标准。任何领导都有自己的领导风格，都有自己的个人生活，这些和员工没有任何关系。其实，员工在背后非议领导，十有八九会被领导知道。这种话传到领导耳朵里，绝对对自己是个致命伤。自己可以是君子，不去领导那里打小报告，但是你能保证你周围的人都是君子吗？你知道他们心中是如何想的吗？况且自己是君子，就不应该随便去非议别人。

其实从根本上讲，任何一个人都没有教导别人做人的权利，因为每一个人都有自己的价值观，每一个人都有自己的处世观念，教导别人如何做的人往往自己做人就很不成功。如果自己做人成功，也就不会在做人开口？天地滋生万物，日月星辰都按照规律运行，但天地有开口吗？没有。其实做人比较成功的人也是不会随意开口的，因为每一个人都是独立的，别人要尊重他们的独立人格。他们做人确实不应该横加指责，但是在做事上，完全不同。虽然条条大路通罗马，不同的道路和方法都能够达到最后的目标，但是最近的道路毕竟只有一条。对于领导来说，要学会指导员工找到最近的一条路；对于员工来说，要接受领导在做事方法上的指导。

员工不要将对领导工作上的不满而上纲上线到做人上来。比如不受领导重用，就认为领导有眼无珠；受到领导批评，就认为领导是非不明。对领导一产生厌恶，领导说的每一句话都认为是讽刺和挖苦，一个很小的举动就认为领导在暗示什么。这样的员工已经完全将做事上升到了做人的高度，而且自己为人过于敏感。事实上，很多时候都是员工想得太多，想错了领导的心思。领导是人，总有情绪发作的时候，领导不会始终心平气和。有些领导说话往往过于严厉或者刻薄，这个时候，员工应该趋利避害，尽量不往坏的方面去想。如果领导真的有侮辱的意思，他无非是想伤害到你，你根本就不认为是侮辱，不受他的那种伤害，侮辱自然也就不成立了。

　　成大事者认为，不仅在职场中，而且在我们平时的交往中，一定要学会对事不对人，批评不批判，把人和事严格地区分开来。这样说话才不会让人感受到屈辱，才会创造和谐融洽的气氛。

11 挑拨离间，易招灾祸

成大事者认为，挑拨离间的人容易招致灾祸。不仅因为挑拨离间的人往往有颗狭隘的心，也因为他们的挑拨离间容易招致别人的怨恨。

这种怨恨将给自己带来无尽的灾祸。

在说话的时候，人们一定要注意自己的口气和说话的内容。口气不能像挑拨的口气，不能有意装作无心出口。而说话的内容更要谨慎选择，即使自己是个心直口快的人，也要学会有些话可以说，有些话万万不能说。说者无心，听者有意。很多话当你说出来之后，才会发现那些话特别刺耳，甚至有可能让听者勃然大怒，去找其他人算账，在这个时候，你是去煽风点火呢，还是任其发展？这些都是让人不齿的行为。

事实上，世上没有不透风的墙。只要你话说出口，它如何传播就已经不在你控制的范围之内。试想一下，如果挑拨别人的关系，被当事人知道的话，在他心目中会认为你是什么人？显然是小人，是进谗言的人。有了这种判断，那么他觉得无论他对你做什么，都是正义的，因此他也不会吝惜使用各种手段来对付你，你无形中就树立了一个敌人。

鸿门宴中讲述了这样一个故事。刘邦有个属下叫曹无伤，这个人想挑拨项羽和刘邦的关系。于是他对项羽说，刘邦有称帝的迹象，以前刘邦爱财贪色，但是自从进了关中以后，他就完全变了一个人。项羽听了曹无伤的话于是摆出了鸿门宴，请刘邦来赴宴，要在宴会上结果了刘邦的性命。刘邦得到邀请后，知道有人在挑拨离间。不去解释的话，自己只有死路一条，于是带了大批礼物去见项羽。项羽一看礼物，觉得刘邦还是很恭敬，不像是要谋反。刘邦看项羽语气有所缓和，于是对项羽说不知道是谁在挑拨将军和我的关系。项羽想都没想，就脱口而出，说是曹无伤。

刘邦从鸿门宴脱险回来后，找了个理由就把曹无伤给杀了。

事实上，没有任何人喜欢挑拨离间的人，都将他当作小人。然而在我们每天的说话中，可能经常做着挑拨离间的事情。或许出于嫉妒，或许出于愤怒，或许出于其他种种不可告人的想法，或许仅仅出于无心。在这个时候，我们一要提高自己的修养和智慧。不挑拨离间，不仅是修养，也是智慧。挑拨离间不仅是败德行为，而且也是十分愚蠢的。另外我们要注意改变我们说话的语气和句式。谨慎使用这样的句式"有些话我本不想说的，但是……"，这种句式在挑拨别人关系的时候经常使用。

在与人谈话的过程中，不要总是成为秘密的宣扬者，不要总是跟别人说"有件事，不知道你知不知道……"或者"我原来也以为他不是那样，但是……"。这种话的影响很坏，很容易让人相信，也难免成为了挑拨离间的用语。

在与人交往过程中，千万不要挑拨离间别人的亲朋好友关系。即使他们有矛盾，也千万不要认为自己有机可乘。对于亲朋好友，即使再大的矛盾，也难免有"历经劫波兄弟在，相逢一笑泯恩仇"的一天。试想，这一天到来的时候，他们自然将矛头全部指向自己。

光明磊落、正大坦荡的人能够赢得别人的尊重，鬼鬼祟祟、挑拨离间的人只会让人唾弃，被人看不起。成大事者认为，人说话做事，心中都应该有个尺度，这个尺度是道德底线，显然挑拨离间是在道德底线之下的。

12 与人争论，是非漩涡

成大事者认为，与人争论容易产生是非漩涡。从某种意义上讲，争论永远解决不了任何问题，也永远不会把人说服。

公交车上两个人争论起来，他们会反复强调自己这一方面有理，自己那样做是应该的。但是事实上，人们根本就看不到另外一方被这方的理由说服，只有嗓门越来越大的争吵，甚至发展到动手动脚的地步。

原因是什么？原因就是争论的双方早有立场和观点，他们所有的证据都是为了证明自己的立场和观点，无法证明立场和观点的证据他们有意忽略。到最后的结果是，双方都在比较谁说话的声音大和争取更多的人同情。事实上，谁会同情他们？

这种争论是无谓的，是毫无意义的。这种争论只会浪费人的时间和精力，同时还将人们转入到是非之中。这样的争论，到最后难免会上升到做人的高度，上纲上线，最后都变成了胡搅蛮缠。

有的人认为自己掌握着真理，自己就是正确的，所以他们经常要和别人辩解，要让别人也承认自己正确。事实上，很多时候，自己的真理，对于别人来说，不是真理。我们不妨来看看下面一则寓言。

有一个盲人，对他来说，最大的不幸是眼睛看不见了；对全村人来说，最大的不幸是他居然成了一个大哲学家。整个村子都被他搅乱了，因为他逻辑地证明了世界上并没有光这东西。

他说："我有手，我能触摸和感觉，所以给我显示一下光在哪里。如果东西存在，它就一定能被触摸到；如果东西存在，它就一定能被感觉到；如果东西存在，你敲打它时，我就一定能听见声音。"村民们被他搅得很心烦，因为他们不能收集到任何证据。

他说："我有4个感官。你把光带到我面前，我能通过我的4个感官看见它是不是在这里。"村民说："因为你是瞎子，你没有眼睛，所以你不能看见。"

他大笑说道："这些都是你们的梦呓。眼睛是什么？你怎么能证明你有眼睛而我却没有？请你们告诉我你们的光，它是什么东西，请解释给我听。"

村民们不能那么做，因为这是不可能的。他们觉得十分沮丧，这个人是瞎的，而他们有眼睛，他们知道光是什么，但是他们想不到办法跟一个瞎子解释光是什么。

后来，佛陀来到了这个镇子。他们把这个哲学家带到佛陀那儿，请求佛陀说："你试着给他解释吧，我们已经失败了。这个人理由十分充足地证明了光是不存在的，因为它不能被摸到、不能被闻到、不能被尝到，同样也不能被听到，所以它怎么可能存在呢？你是有智慧的，你能给他解释吧！"

佛陀说："你们都是群大傻瓜！光是不能被解释给一个盲人听的。这个努力本身就十分荒唐。我认识一个人，他是一个了不起的医生，你们把盲人带到他那儿，他会治好盲人的眼睛。"

于是哲学家被带到了医生那儿，他的眼睛得到了治疗。6个月后，他开始看得见东西。然后他跑到佛陀那儿，跪下来对佛陀说："现在我知道了，光是存在的；现在我知道了为什么那些村民们不能证明它；现在我也知道了，你做得很对，送我到一个医生那儿去，我需要治疗——而不是哲学。"

在很多时候，争论和辩解会陷入盲人逻辑之中。

如果没有裁判，任何辩论都不会有胜负，因为辩论双方早就已经把自己的观点变成了现实，他不需要别人来说服他，别人也不可能来说服他，不可能让他心服口服，仅可能在言语上占点便宜。同样的道理，如果别人已经有了先入为主的观念，那么他也不会听你的任何辩解，你也没有办法让他心服口服。不要幻想像苏秦一样靠游说来让国君任他为相。国君之所以任他为相，是因为他确实指出了国家的根本利益所在。国君担心的是国家利益得不到保障，而不是因为佩服苏秦的口才。

人要学会把自己看高一眼，不要陷入争论之中，也不要幻想通过争论来说服任何人。极少有人在争论中接受别人的观点，接受别人的影响。

成大事者始终认为，与人争论，最后难免陷入是非漩涡，因此要想摆脱这种困局，最好的办法就是尽量避免与别人争论，尽量站在别人的角度考虑问题，而不要总想着自己。

13 流言止于智者

成大事者认为流言虽然极其容易传播，但是止于智者。真正有智慧的人不会去传播流言，也根本不会去相信流言。

在电视剧《康熙王朝》中有句经典的台词："最不能相信的就是奏折。"对于那些听来的千万不要太相信，很多东西都是假的。

公元前210年，秦始皇到东南一带去巡视。随他一起去的有丞相李斯、宦官赵高，还有他的小儿子胡亥。

秦始皇渡过钱塘江，到了会稽郡，再向北到了琅琊。从冬季出发，一直到夏天才往回走。回来的路上，他突然感到身子不舒服，很快就在平原津病倒了。随从的医官给他看病、进药，都不见效。到了沙丘的时候，秦始皇病势越来越重。他知道病好不了，于是吩咐赵高说："快写信给扶苏，叫他赶快回咸阳去。万一我好不了，让他主办丧事。"信写好了，还没来得及交给使者送出，秦始皇就已经咽了气。

丞相李斯跟赵高商量说："这儿离咸阳还很远，不是一两天能赶到。万一皇上去世的消息传了开去，恐怕会发生混乱；倒不如暂时保密，不要发丧，赶回咸阳再做打算。"

于是他们把秦始皇的尸体安放在车里，关上车门，放下窗帷子，外面什么人也看不见。随从的人除了胡亥、李斯、赵高和五六个内侍外，别的大臣全都不知道秦始皇已经死了。车队照常向咸阳进发。

李斯叫赵高派人把信送出去，叫公子扶苏赶回咸阳。但赵高是胡亥的心腹，跟蒙恬家有仇恨，于是他偷偷地跟胡亥商量，准备假传秦始皇的遗嘱，杀掉扶苏，让胡亥继承皇位。胡亥自然是求之不得。

赵高知道要这样做，非跟李斯商量不可，于是他跟李斯："现在皇上的遗诏和玉玺都在胡亥手里，要决定哪个王子接替皇位，全凭我们两人一句话。您看怎么办？"

李斯大吃一惊说："这种亡国的话不是我们做臣子该议论的！"

赵高反问李斯:"我先问您,您的才能比得上蒙恬吗?您的功劳比得上蒙恬吗?您跟扶苏的关系比得上蒙恬吗?"

李斯愣了一会儿,便说:"我比不上他。"

赵高说:"如果扶苏当了皇帝,他一定拜蒙恬做丞相,到那时候,您只好回老家,这是再明显不过的事情了。公子胡亥心眼好,待人厚道,如果他当了皇帝,您我就一辈子受用不尽,您觉得怎么样?"经过赵高连哄带吓地说了一通,李斯也有些怕让扶苏继承皇位以后,自己保不住丞相位置,于是就和赵高、胡亥合谋,假造了一份诏书给扶苏,说他在外不能立功,反而对父皇百般怨恨,而将军蒙恬和扶苏同谋,应该自杀,同时要把兵权交给副将王离。

扶苏接到假诏书后,嚎啕大哭,于是一心想自杀,但蒙恬怀疑这封诏书是伪造的,要扶苏向秦始皇申诉。如果实在不行,他率领大军陪公子扶苏一起到咸阳城去问个明白,因为蒙恬明显感觉到这份诏书有假。扶苏过于老实,说:"既然父皇要我死,哪里还能再申诉?"于是很快就自杀了。而蒙恬看到公子扶苏已经死了,于是也自杀了。

赵高和李斯急着催赶人马回咸阳。当时正是夏末秋初,天气很炎热,没有多少日子,尸体已经腐烂,车子里散发出一阵阵臭味。赵高于是派人买了一大批咸鱼,叫大臣们在每辆车上放上一筐。车队的咸鱼气味把秦始皇尸体的臭味给掩盖了过去。他们一行回到咸阳,才宣布秦始皇死去的消息,举行丧葬,同时还假传秦始皇的遗诏,让胡亥继承皇位。赵高葬了秦始皇以后,还是做贼心虚,于是怂恿胡亥杀掉自己的兄弟和大臣,把十二个公子和十个公主都定了死罪,受株连的大臣更是不计其数。过了一年,赵高又唆使胡亥把李斯也逮捕起来杀掉。最后赵高自己当了丞相,独掌大权。

扶苏的悲剧在于他太相信诏书了,太相信自己的眼睛,而不相信蒙恬的分析。他也不想想,如果秦始皇真的要他死,能让他和掌握全国兵马的大将军在一起生活那么长时间吗?秦始皇如果真的不想把皇位传给他,能让他在战争中建立军功吗?如果秦始皇想把皇位传给他,又怎么可能下诏让他自杀呢?有这么一句话叫:死也死个明白。意思是说要死也要找到该死的理由,但扶苏因为太轻信,结果就这样不明不白地丢了性命。

流言止于智者,我们不但不要相信那些听来的东西,甚至有很多即使是亲眼看到的东西都不能相信,因为看到的未必是真实。有很多人为了算计别人往往会用一些障眼法来布置现场,如果一个人缺少智慧,过分地相信自己的眼睛,那么他很难不受别人欺骗。在社会中生存不是偏听或偏看就可以的,而要用心去思考，要好好想想为什么会出现这种情况。

成大事者认为很多时候人容易陷入到流言之中，在这个时候真正有智慧的人一定坚持心中认定的判断，而不会被群体其他人的狂热左右而失去了思考。我们不但不要去相信流言，而且不要去传播流言，流言传播出去的危害是惊人的，很多时候我们应该让流言在自己这里戛然而止。

对于比较流行的言论、判断，真正有智慧的人一定会保持一种省思。绝对不会因为有了这样公认的言论和判断而失去自己的思考。事实上，在大多数情况下，真理都是掌握在少数人手中，而其他的大部分人都是盲从的。人要掌握真理，就一定要有自己的独立思考，在任何时候都不要狂热，都不要不合实际，都不要异想天开，都不要放弃思考。

14 公平调解，不煽风点火

成大事者认为，与人交往的过程中，如果遇到了抉择问题时，一定要学会公平调解一些矛盾，不要煽风点火。煽风点火的人就是小人，遭人唾弃。历史上的钟会就是这样一个小人。

魏晋时期文学上有七个造诣很高的人物，他们相交为友，经常在竹林中相聚，因此被称为"竹林七贤"。"竹林七贤"的领袖是一个叫嵇康的人，他是三国时魏末著名的思想家、诗人与音乐家，是当时玄学家的代表人物之一，他为人耿直，幼年丧父，励志勤学，后娶曹操曾孙女为妻，在曹氏当权的时候，做过中散大夫的官职。嵇康人缘极好，"竹林七贤"之一的王戎说与他交往二十年，从来没有见过他有不好的脸色，因此嵇康便有了"意趣疏远，心性放达"的美名。但嵇康更有"刚肠疾恶，轻肆直言，遇事便发"的一面，由于他的友人同为"竹林七贤"之一的山涛（字巨源）推荐他出山当官，结果他写下了《与山巨源绝交书》与山涛公然绝交，引起当时朝野震动。然而让人更吃惊的不在这里，而在于嵇康后来遭人陷害，在临刑前居然将自己的孩子嵇绍托付给山涛，因为他相信山涛能够好好地照顾他的孩子，他相信山涛是个宽厚长者，是个君子，后来的事实证明确实如此。嵇康之所以获罪被杀，是因为他得罪了小人钟会，而不是得罪君子。这和他本身的性格有很大关系。

嵇康为人淡泊名利，常和向秀在树荫下打铁，以此作为谋生的手段。嵇康曾经在苏门山中遇见隐士孙登，希望能够跟随孙登去云游，从中得到指教，但孙登始终默然。嵇康在出山前问孙登："先生真的不想对我说些什么？"孙登这时才说："你的性格刚烈而且才华卓绝，将来可能无法幸免于难？"一语中的，嵇康不禁黯然伤神，其实隐逸也并非他所希望过的生活，于是云游三年之后，嵇康仍旧还归山阳，打铁自娱自乐。

在这个时候，钟会出现了。钟会是大书法家钟繇的儿子，钟繇做过魏国太傅，而钟会本身也博学多才。钟会对嵇康素来景仰，曾一度到敬畏的地步。在钟会还没有成名之前，曾写了一本书想让嵇康看，但他知道嵇康高傲，怕嵇康当面让他难堪，既跃跃欲试又犹豫不决，既卑怯又想卖弄，于是只得远远将自己的书抛进嵇康院内，赶紧离开，希望嵇康能够赏识，然而一直没有收到回音。在钟会成名之后，他觉得这个时候可以在大名士嵇康面前好好露露脸，于是就带着大批车马随从拜访嵇康。钟会把拜访的排场搞得这么大，可能是出于对嵇康的尊敬，也可能是为了向嵇康显示些什么，但嵇康对此却十分抵触。本来嵇康就为人低调，这种突如其来的喧闹，让他感觉到自己的舒适境界被侵占了。加上嵇康为人清高，如果这么大的排场就让他委屈自己去迎合，他做不到，因此他只是扫了一眼钟会，连招呼也不打，便与向秀一起埋头打铁了。他抡锤，向秀拉风箱，旁若无人。钟会在那里待了良久，后来觉得确实没有意思，于是要离开。就在这个时候，嵇康发话了："何所闻而来？何所见而去？"钟会没好气地答道："闻所闻而来，见所见而去。"说完便拂袖而去。因此钟会对嵇康十分怨恨，经常在司马昭面前说他的坏话。加上嵇康本身是曹操的曾孙女婿，司马昭要想夺得曹氏政权就需要一步步削弱曹氏家族的势力，嵇康自然在被消除之列。

公元263年，一件案子把嵇康无辜地牵扯了进来。嵇康的朋友吕安有个哥哥叫吕巽，是个人面兽心的东西。他看到吕安的妻子长得十分美丽，于是生了邪念，用酒把吕安的妻子灌醉后奸污。吕安的妻子羞愧难当，于是自缢身亡。吕安回家后，从仆妇口中得知真相后，虽然十分痛恨吕巽的禽兽行为，但碍于一母同胞的情面，于是隐忍不发，而仅将这件事情告诉了嵇康。谁知道吕巽做贼心虚，总觉得有把柄在吕安的手里，对自己不利。于是决定采取恶人先告状的手段，向司马昭诬告吕安，说吕安对母亲不孝。

而当时司马昭正在标榜"以孝治天下"，而吕巽又是他跟前的宠臣。于是他不分青红皂白就下令将吕安抓起来。吕安不服，于是把吕巽的丑事揭发出来，并引嵇康为证。嵇康义不容辞，对此愿意作证。但司马昭不听吕安的辩解，将他判处徒刑，流放到边远地区。嵇康对吕巽的做法十分愤恨，一气之下又写下了《与吕巽绝交书》。而吕安在流放途中写给嵇康的书信也被司马昭截获，司马昭以信中有不满之词为由，又将吕安收拘，同时下令逮捕嵇康。

此时钟会意识到报复嵇康的机会来了，于是力劝司马昭杀掉嵇康。他对司马昭说："嵇康是一条卧龙，千万不能让他起来。陛下统治天下已经没有什么可以担忧的地方了，我只是想提醒您稍稍提防像嵇康这样傲世的名士。您知道他为什么给他的好友山涛写下那样一封绝交信吗？据我所知，他原来是想帮助别人谋反，而山涛反对，因此没有成功，于是他恼羞成怒而与山涛绝交。陛下，过去姜太公、孔夫子都诛杀过那些危害时尚、扰乱礼教的所谓名人，现在嵇康、吕安这些人言论放荡，毁谤圣人经典，任何统治天下的君主都是容不了的。陛下如果太仁慈，不除掉嵇康，可能就没有办法淳正风俗、清洁王道。"

表面一看，钟会说的这番话很是义正严辞，很是为司马昭和王朝着想，但是他出于他的私心，唯恐天下不乱，唯恐嵇康不除，煽风点火，因此只能遭人唾弃。

第二章　成大事者说话总能找对时机

谈话很多时候是个时机的问题。人对了，时间不对；时间对了，地点不对；地点对了，人又变了。要在恰当的时机说恰当的话并不是很容易的事情，但是有些法则是可以遵循的。它们能够创造时机。

15 讲究时机，事半功倍

成大事者认为，说话如果能够讲究时机，往往能够起到事半功倍的效果。这个时机首先指的是形势，整体形势如何，直接决定了该如何说话。

我们说一个人不会说话，一般会用不合时宜来形容。历史上也有一些人说话，很合时宜，结果做出了让人赞叹的壮举。其中最为典型的就是一个叫缇萦的小姑娘。

公元前167年，临淄有个人叫淳于意，本来是个读书人，但因为喜欢医学，经常给人看病，结果因为看病而出了名。后来他做了太仓令，但他由于不善于和做官的来往，也不会拍上司的马屁，没有多久就辞职当起医生来了。

有一次，一个大商人的妻子生了病，请淳于意去看病。但那病人吃了药，病情并没有好转，没过几天就死了，大商人于是向官府告淳于意庸医误诊。当地的官吏判他"肉刑"，要脸上刺字，割去鼻子，砍去左足或右足等，要把他押解到长安去受刑。

淳于意有五个女儿，没有儿子。他被押解到长安离开家的时候，望着女儿们叹气，说："唉，可惜我没有儿子，遇到急难，一个有用的也没有。"几个女儿都低着头伤心得直哭，只有最小的女儿缇萦提出要陪父亲一起上长安去，家人再三劝阻她也没有用。

缇萦到了长安，托人写了一封信，到宫门口递给守门的人。汉文帝接到奏章，知道上书的是个小姑娘，相反很重视起来。那信中写道："我叫缇萦，是太仓令淳于意的小女儿。我父亲当官的时候，齐地的人都说他是个好官，这回他犯了罪，被判处肉刑。我不仅为父亲难过，而且也为那些所有受肉刑的人伤心。一个人如果砍去脚就成了残废；割去鼻子，就再也没有办法安上去，以后就是想改过自新，也一点办法也没有。我情愿给官府没收为奴婢，替父亲赎罪，好给他一个改过自新的机会。"

当时的汉文帝正在主张孝道治理国家，他看了信后，对这个小姑娘十分同情，觉得她说得很有道理，于是召集大臣共同商议，他对大臣说："犯了罪是应该受罚,这是天经地义的。可是受了罚,也应该让他重新做人才是。现在惩办一个犯人,动辄在他脸上刺字或者砍掉他的肢体,这样的刑罚又怎么能劝人为善呢?你们最好商量一个能代替肉刑的办法!"

大臣们一商议,便提议把肉刑改用打板子。原来判砍去脚的,改打五百板子;原来判割鼻的改打三百板子。汉文帝于是正式下令废除肉刑。

缇萦之所以能够成功救回父亲,和当时孝道治理国家的形势是一致的。一个很小的姑娘,就懂得上书救自己的父亲,哪怕她的父亲犯了天大的罪过,汉文帝看在这份孝心的份上,也会有所宽恕,事实也确实如此。

说话讲究时机还在于抓住准确的时间点说话,少说别人厌恶的话。鲁迅先生有这样一个寓言,说的是有一户人家生了小孩,很多客人来了。有的客人说这个孩子以后一定是个高官,有的客人说这个孩子一定会很有钱。主人听了都笑逐颜开,十分高兴。这个时候,有个人说这个孩子以后一定会死,主人一听脸色就沉了下来。

事实上,最后一个人说的是真话,但是确实不该说。

劝说别人的时候一定要讲究时机,提前说出来和以后说出来,很多话就起不到想要的效果。当然,我们不但要等待时机说话,也要创造说话的时机。

春秋战国时期,管仲为齐国的富强立了大功。有一天,齐桓公问大臣们说:"因为有了管相国,我们齐国才有现在民富国强,威震天下,寡人想封他为仲父,让他总管内政外交,你们想一想,看行不行?认为行的,就站到左边;认为不行的,就站到右边。"

听了国君的话,大臣们有的站在左边,有的站在右边,其中,站在左边的很多,站在右边的很少。然而直到最后,还有个叫东郭牙的大臣始终站在大门中间,既不往左,也不往右。桓公觉得很奇怪,于是问道:"东郭牙!难道你没有听清寡人的话吗?"

东郭牙并没有直接回答,相反,他问桓公:"大王,您说凭管仲的智慧,能不能谋取天下?"

"当然能。"桓公毫不犹豫地回答说。

"那您说,凭管仲的决断,敢不敢干一番大事?"东郭牙又问。

"那是显然的。"桓公有点生气,东郭牙居然问这样简单的问题。

"大王因为管仲的智慧能谋取天下,他的决断能干一番大事业,于是就决定把内政外交大权全部交给他。"东郭牙顿了顿,接着说,"管仲以智慧和决断,又凭借大王的威势,必然能将齐国治理得井井有条,但是这样一来,对于大王您，是不是也存在危险呢？"

桓公听了，恍然大悟。确实，如果全权委托给了管仲，那么用不了多久，齐国就只知道有管仲，而不知道有齐王了。于是，他让管仲管理外交，而把内政交给别人。

东郭牙之所以能够成功劝说国君，就在于他创造了一个说话的时机。他首先哪一边也不站，让国君关注到他；然后通过几句问话，让国君留意到他的意思；最后通过一句问话，说出了自己的担心所在。这种劝说的方式首先就解除了国君的戒备，进而就站在了国君的角度上考虑问题，自然能够得到国君的认可。

成大事者认为，很多时候，说话的时机比要说的内容重要得多，说话的时机不对，即使再正确的内容，也很难发挥说服别人的作用。因此，我们在与人交谈的过程中，不要总是想着将自己的意见表达完善，而应该想着在不同的时候应该说什么内容，这样才能赢得别人的赞同。

16 适当话题，细心切入

成大事者认为，与人交谈必须寻找合适的话题，然后细心切入，这样才能取得更好的谈话效果。

而且，这个话题一定是站在对方角度来考虑的，原因是只有站在对方的角度，对方才会愿意听，才会听得下去。很多时候，我们与人交谈的时候，总喜欢站在自己的角度，总是说自己遇到的问题，这不会引起别人的兴趣，也不会让别人关注，相反，只会让别人反感。

我们来看看父母们在一起交谈的时候，会是什么样的情形。如果某个父母总是夸耀自己的孩子如何厉害，显然这个谈话是进行不下去的，原因是孩子厉害是你的，又不是对方的。对方顶多迎合你两句，但是绝对不是内心的赞同。如果你谈论别人的孩子各种好的方面，别人自然会谈论你的孩子。把别人放到一定高度，别人一定会把你放到更高的高度，道理就是这么简单。

在与人交谈的时候，一定要寻找合适的话题。

春秋战国时期，赵国的国君去世了，他的儿子孝成王继承了王位，当时孝成王还很小，于是太后执政，国内有些动荡不安。秦国认为有机可乘，于是发兵进攻赵国，一举攻占了赵国的三座城池，赵国危在旦夕。这个时候，只得向强大的齐国求救。齐王答应出兵，但是要求赵国派太后的幼子长安君到齐国去作人质。

而长安君是赵太后最疼爱的儿子，她不顾大臣的一再恳求，断然拒绝了这个要求，而且下令谁如果再劝她将长安君作为质子送往齐国，她就要羞辱谁。这时，老臣触龙求见了太后。触龙没有劝赵太后把长安君送往齐国，而是从自己的儿子谈起，谈到自己对儿子的怜爱，真是可怜天下父母心。通过这一点，触龙很快和赵太后取得了感情上的认同。触龙开始谈怜爱之道，为孩子好就要想方设法让他建功立业，最后成功地说服了赵太后将长安君送往齐国。

即使是我们责备别人的时候，也要学会寻找合适的话题，不要让责备十分尖锐，更不要让责备上升到做人的高度。其实，很多时候责备本身就不应该成为话题，责备应该转化为关心。当你用一种关心的态度去说服别人的时候，那么你选择的话题自然是关心别人的话题。比如劝说亲人不要抽烟，如果仅仅从容易让周围人产生厌恶的角度来劝说，还不如从容易让自己被孤立的角度；如果从吸烟浪费钱的角度，还不如从吸烟有害身体的角度。

事实上，如果责备别人是为了别人好，用一种关心的话题更容易让别人接受。如果责备仅仅是为了发泄怨气，那么这样的责备话题自然会破坏自己和别人的关系。

一个好的话题往往能起到事半功倍的效果，而一个糟糕的话题往往容易将事情弄得很糟糕。我们要选择好的话题，一定要从交谈对象方面寻找，而不要从自己的角度来寻找。找到交谈对象的兴趣所在，交谈对象现在忧虑的问题，交谈对象将来要做的事情，这些话题的寻找并不难。即使是和别人攀老乡关系，其本质也是从对方的角度上考虑问题。

那些只懂得在自己身上找话题，专门诉说自己忧愁和快乐的人，我们会发现并没有多少人愿意搭理他们。事实上，所有的情绪都是很个人的事情。个人的事情别人是很难体会到的，基于这种考虑，我们在日常交谈的过程中一定要学会找好的话题。

好的话题，还要尽量避谈负面的东西，不要谈那些容易引起人消极情绪的东西。如果一个人老是传播负面消息，久而久之，人们会对他避而远之，原因是跟他一交谈，尽是坏消息。坏消息总是比好消息传播得要快，原因是人们都倾向于传播坏消息。为此，我们要学会尽量克制自己传播坏消息的冲动，尽量说些正面的、阳光的内容。

17 不要太亲密，过密易疏

成大事者认为人和人之间应该保持一种距离，这种距离不仅是空间上的距离，还是心理上的距离。在与人交谈的时候，这种距离对于别人来说，是一种尊重；对于自己来说，也是一种保护。

人太亲密，就容易不在意，会忽略了很多细节，甚至有些人专门用一些轻慢的话来显示自己和别人的亲密程度。事实上，并不是所有人都不会生气。即使是最好的朋友，你挖苦他太多，嘲讽他太多，他也会觉得跟你在一起很受打击，于是会主动疏远你。

为此，我们在与人交谈中，要学会保持一种敬畏的心。不要自认为和对方很熟悉，不要总以为别人不会生气，很多时候别人都是会生气的，即使不生气，心中也有所想法。即使是很亲密的朋友，他没有想法，也不会生气，但是他容易将对你随意当成他对你的一种宽容。

即使是最亲密的朋友，在说话的时候也应该有所注意，要学会站在对方的角度考虑问题，要学会照顾对方的感受。比如要请求朋友帮忙，或许就不会说："我要这个，你帮我拿。"而会说："你好，我拿不了那个东西，你能不能帮我拿一下？"

在言语上不要过于随意，要学会不要将自己的喜好当成别人的喜好。自己的美食对于别人来说，可能就是毒药。魏晋时期，山涛和嵇康是很好的朋友。后来，山涛当了大官，他向朝廷极力推举嵇康做官。嵇康听说后，十分生气，因为自己从来就不想做官，更不想在这个朝廷做官。他最好的朋友山涛居然不了解他，把自己的美食认为是所有人的美食，却不知对嵇康来说那只不过是毒药。于是嵇康一怒之下写了绝交书，当时引起很大的轰动。山涛之所以失去这个朋友，就是因为他没有真正站在嵇康的角度考虑问题。然而嵇康却十分了解山涛。后来，因为得罪了钟会，嵇康被拉去杀头，他嘱咐孩子说他死后，可以去投奔山涛，因为山涛是个难得的长者。山涛果然对他的孩子很是关怀。

过密易疏，就要学会不要强人所难，尤其是对自己最好的朋友。中国人不大习惯拒绝别人，也不大习惯接受别人的拒绝。每一个人都希望别人能够答应自己的要求，然后兑现承诺。但是很多要求确实非人力能为，即使是最好的朋友，如果他没有办法帮你，就算他答应你了，也是没有办法帮，最后反而容易把关系弄僵。所以，不要强人所难，如果真正地把别人当成朋友，就不要老是麻烦别人，不要老是给别人出难题，而应站在对方的角度考虑一下。其实很多时候如果你换个位置，你也很难答应自己提出的要求。作为朋友，就不能让对方为难。

在言语上与人不要过密，就要学会尊重别人的意见。杰米扬煮得一手好汤，有一次他请朋友来喝汤，朋友欣然前往。刚喝第一碗的时候，朋友就啧啧称赞起来。杰米扬于是劝说朋友喝第二碗。朋友也欣然同意，毕竟他的汤做得确实好喝。但是杰米扬丝毫没有考虑到朋友的感受，一个劲地劝说他继续喝，直到朋友喝了很多汤以后，杰米扬还是那样热情地劝喝。朋友后来十分狼狈地走了，从此再也不和杰米扬来往了。汤确实好喝，但也要站在别人的角度考虑一下他是否愿意继续喝下去。如果一味地强求，不但汤会变味，朋友关系也会变得很糟糕。

很多时候，我们都不应该有过密的言行举止。

一个好心人曾提醒过自己的朋友一句话，结果朋友发现这句话真的很管用。朋友于是有什么事情就来咨询他，他也知无不言言无不尽，而且总是告诉朋友很多别的意见。久而久之，他发现自己的朋友不大愿意和他交往。他不明白其中的原委。后来问朋友为什么，朋友说你提的意见和建议太多了，确实听不过来，而且总感觉你说的道理很多，但是你自己真正做到吗？这是人的一种常态，即使是最要好的朋友也要保持适当的距离，偶尔提提建议，朋友会很欣然，如果你反复提建议和意见，朋友就不大爱听了，而且他可能会觉得厌烦。对于一个人来说，在交往的过程中，要站在别人的角度考虑问题，给自己的朋友，给自己的同学，给自己的亲人留出一些距离来，这种距离是可以使关系更加融洽。就像如果你一味地对一个女孩好，她会觉得你可以不在乎的。这也是站在别人的角度考虑问题。其实人越是对别人重要，就要越显得低调，越容易在别人心目中树立一种完美的形象。

成大事者认为，人在交谈的时候一定要留下充分的空间，不要和别人表现得过于亲密，不要对别人过于随意，不要随便开玩笑，不要去挖苦别人。永远给人一个阳光正面的印象。当然，并不是让自己和朋友主动疏远，正常的交往，融洽的关系总是需要的，只不过，我们一定要把握度。不要把别人当成自己，不要总想了解别人更多。事实上，你了解别人超过一定的度，不但无助于你们关系的加强，反而只会破坏你们的关系。事实上，别人都未必完全了解自己，更何况他的朋友呢？

18 相信别人，不要反复提醒

成大事者认为，与人交往的时候，要学会相信别人，尤其是在委托别人办事的时候，一定要给予充分的信任，而不要反复提醒。

某个妻子在她丈夫开车的时候，总是提醒自己的丈夫注意红绿灯和行人，丈夫不好直接反驳。等到妻子炒菜的时候，他就在旁边反复提醒她注意别让菜炒糊了。妻子很生气，说自己知道该怎么炒菜。丈夫回答说："你该体会开车时候我的感受了吧？我也知道怎么去开车。"

在委托别人办事的时候，一定要对别人完全信任。而表达信任的最好办法就是不要反复提醒。没有人愿意听太多的啰嗦。如果别人真的有心办好事情，那么不需要提醒，他也会做。如果他真的没有把事情放在心上，那么即使你反复提醒，他也很容易忘掉，而且反复提醒容易造成别人的记忆错误。有这么个故事：办公室缺少彩笔，主管叫一个员工去买十二支，而且反复提醒不要买黑色的。结果半小时后，这个员工回来了，买了12支黑色的彩笔。

在古代，真正高明的将领不会反复提醒士兵。像孙武在吴宫训练宫女练习一样，他只是说明了一遍纪律，结果宫女不服从，还嘻嘻哈哈。这个时候他重申了一遍，宫女还是照常，根本没有把这个人放在眼里。到这个时候，孙武将为首的两个人杀了，毫不留情，也丝毫不给吴王面子。这个时候，宫女才认真听话起来，就像一支正规军队一样令行禁止。孙武知道，这个时候再进行反复提醒，不但毫无意义，而且容易让他的军令成为笑话。

古人作战有"一鼓作气，再而衰，三而竭"的说法。进攻命令第一次发布是最有力的，因为大家都充满着斗志。军队如果要通过多次击鼓才愿意前行，那么这支军队肯定毫无战斗力。将在外，军令有所不受，不仅是因为君主未必了解战场的情况，而且还因为如果君主命令成为了惯常接受的命令，那么君主很容易进行反复提醒。军队的将领就很难因地制宜，制定作战策略。

在与人交谈的过程中，无论是规劝也好，意见也罢，都不要对人反复提醒。好鼓不用重敲，如果他真的愿意改正的话，只要说一遍就够了。事实上，反复提醒的效果很可能没有只提醒一次的效果强。因为提醒多次，别人心中就缺少了一种震撼，而形成了一种习惯，甚至是反感。

与朋友交往的时候，如果看到朋友有什么事情做得不对，告诉他一两遍就够了。如果他意识到了，而且也信任你的话，定然会立即改正。如果他根本没有这个意识，就算你告诉他一千遍一万遍，他都会当作耳旁风的。有人认为，与朋友相处，如果看到他有什么错误的时候，一定要劝说他直到改正为止。如果是这种心态，朋友关系是很难维持的。事实上，当朋友有错误的时候，提醒他一次就已经尽到了朋友的职责，如果提醒多了，很容易给自己招致羞辱。

一个人饿的时候，吃第一个馒头的效应是最大的，第二个其次，以后的递减。等到这个人吃不下馒头的时候，如果再给他塞一个，那就只会产生负效应。因此当你的朋友听不进劝告的时候，一定要学会适当地保持沉默。如果你不能沉默，还是反复提醒的话，那么你很可能失去这个朋友。

在电影《大话西游》中，唐僧之所以不被孙悟空所喜爱。很大一个原因就是唐僧喜欢反复提醒，特别啰嗦。这一点孙悟空十分不喜欢，感觉每回都有很多只苍蝇在耳旁嗡嗡地叫，特别让人闹心。

我们要善于把握和别人第一次谈话的机会，争取在第一次就达到谈话的效果，把目的说明确。如果第一次不能讲清楚的话，以后要讲清楚恐怕更不容易。

人们对陌生人往往有一种天然的戒备，但是与此同时，对陌生人也有一种莫名的好感。如果一个陌生人能够给自己留下很好的印象，那么这个印象会持续很长时间。这种效应，也说明了反复提醒很多时候是不应该的。况且，在很多人看来，反复提醒本身就是不信任。

成大事者认为，就像机会只敲一次门一样，好话也往往只说一次。我们要善于抓住一次说话的机会，同时也注意听从别人提过的一次建议。千万不要因为自己的偏好，而忽略了别人的建议。如果是好的建议，别人是很难提醒的。

19 别人愤怒，切勿浇油

成大事者认为，在别人愤怒的时候，千万不要火上浇油，当然有特殊目的的除外。一个人在愤怒的时候，已经失去了理智，如果再继续浇油，就容易让事情到一发不可收拾的地步。

如果你真的将对方当朋友，就不应该在他愤怒的时候，再添加他的怒气，相反，你应该用话让他平息怒气。自古以来，火上浇油都被视为小人行径，而在别人愤怒的时候能够想办法让他平静下来，是君子的德行。

景公特别喜欢鸟，专门让烛邹管养鸟的事。但是有一次，烛邹一不小心让鸟飞走了。景公大发雷霆，命人立即杀掉烛邹。晏子听说了这件事情，前来求见烛邹。晏子说："烛邹确实该杀，因为他至少有三条罪状。不过还请大王您将烛邹带到这里来，我一一数他的罪状，然后再杀掉他。"景公答应。烛邹很快就被带到了晏子的面前，晏子开始数他的罪状："烛邹！你替大王管理养鸟的事情却让鸟飞了，这是第一条罪状；你使得我们大王因为鸟的缘故而杀人，这是第二条罪状；这件事让诸侯知道后，他们一定会说我们国君重视鸟，而轻视人才，这是第三条罪状。"晏子数完烛邹的罪状，就请景公将他推出去杀掉。景公说："不要杀了，寡人已经接受了你的劝告。"

晏子表面上是在火上浇油，实质上却是在帮助烛邹开脱。人在愤怒的时候，往往想去做些失去理智的事情。景公在这个时候，如果杀掉烛邹是完全可能的。晏子没有当面反驳景公，而是赞同景公的意见，然后通过数落烛邹的罪状，来说明这样做会造成多么不好的影响，让景公心悦诚服。

当别人愤怒的时候，我们最好不要强压别人的怒火。最好是通过一种表面的迎合，和对方暂时取得一致。同时将这样做的后果给一一摆明出来，这样往往能够劝说别人。如果直通通地说别人不应该愤怒，一个愤怒的人怎么听得下去啊？

唐朝的魏徵经常向唐太宗进谏，唐太宗对他很是器重。但是谁愿意始终听批评意见和反对意见？魏徵并没有注意到唐太宗的情绪变化，还是依旧提出批评，有些时候还很尖锐。有一次，唐太宗实在忍无可忍，拂袖而去。来到后宫，唐太宗就咆哮道："我一定要杀了那个乡巴佬。"长孙皇后听了以后，问唐太宗要杀谁。得知是魏徵后，长孙皇后很是默然，退了出去。过了一会，又进来了。唐太宗大吃一惊，原来长孙皇后已经穿上了最为正式的衣服。唐太宗问是什么原因。长孙皇后说："妾听说明君往往有直臣。现在魏徵如此耿直，必然是因为陛下是明君的缘故。妾又怎么敢不向陛下表示庆贺呢?"这样一番话，唐太宗立即转怒为喜。

长孙皇后通过这种方式不仅保住了魏徵，而且还保住了唐太宗的名声。如果唐太宗真的在一怒之下杀了魏徵，或者从此以后疏远魏徵，那么贞观之治的盛名就要大打折扣了。长孙皇后在唐太宗愤怒的时候并没有一味地迎合，而是对其规劝有加，不愧为一代名后。

与晏子、长孙皇后形成鲜明对比的是历史上那些唯恐天下不乱的小人。他们不是火上浇油，而是煽风点火。他们通过种种方式来激怒别人让对方来做出格的事情。历史上将他们定为谗人。这些人为了一己私利，不惜破坏整个国家和社会的安定，陷害忠良，为历史所唾弃。

成大事者认为，在别人愤怒的时候，一个人扮演什么角色就可以分出君子和小人。君子一般都会通过各种方式让愤怒的人平静下来，而小人则唯恐天下不乱，趁机火上浇油。

不火上浇油会提高君子的名声，而君子的名声是会不胫而走的。

20 欣赏他人成就，不要扫人兴致

成大事者认为，在与人交谈的时候，一定要学会欣赏别人的成就，不要扫别人的兴致。只有你欣赏别人成就的时候，才能增强亲和力。

在南齐高帝萧道成的辅佐大臣中，王俭是受宠最深的一位。靠军功起家的萧道成早年曾师从名儒受业，"治《礼》及《左传春秋》"，后来虽然辍学从戎，但仍然喜学好读，"博涉经史"，不仅文章写得好，书法也不俗，颇有儒将风度。

王俭出身于名门世族，少年时期就以"专心写学，手不释卷"而闻名，算是一个博通古今的饱读之士。刘宋末年他投靠萧道成后，很快就发现了萧道成有文墨之好的特点，便投其所好，答问谋议，引史据典。

萧道成称帝后，在宫中设私宴款待几位亲信大臣，席间他一时高兴，便吩咐每人表演一个节目以助酒兴。几位大臣不敢怠慢，纷纷使出拿手好戏来取悦皇上，有的弹琵琶，有的抚琴，有的唱歌，有的跳舞。萧道成的爱将王敬则是个粗俗武夫，也乘着酒兴脱光膀子，跳起了武人所擅长的"拍张"之舞。虽然雅俗俱有，热闹非凡，但萧道成却意有不满。善于揣摩主子心思的王俭一语惊人："臣无所能，唯知诵书。"说罢便跪倒在萧道成面前，高声朗诵起《封禅书》。

封禅是古代一种表示帝王受命而有天下的典礼，凡是认为自己功德无上、事业鼎盛的帝王，都要到泰山举行这种告祭天地的盛典。《封禅书》是一篇为汉武帝歌功颂德的谀世之作。王俭咏此，显然是借古颂今，称颂萧道成。既把萧齐的建立说成顺应天意之举，又把萧道成比为雄才大略的汉武帝，一石双鸟，可谓恰到好处。萧道成听了很高兴，夸赞说："儒者之言，可作万世之宝。"

历史上对王俭的看法不一，不管是献谄也好，还是迎合也罢，王俭都是善于欣赏别人成就的人。在与人交谈的过程中，如果能够欣赏别人的成就，往往能够取得更好的效果。

在劝谏别人的时候，如果能够先欣赏别人的成就和德行，对其大加赞扬，然后趁对方高兴的时候，再进行劝谏，往往能取得更好的效果。

战国时期，齐宣王野心勃勃，一心想在诸侯国中称霸。于是就去请教孟子：

第二章 成大事者说话总能找对时机

"怎样才能统一天下,像我这样的人能不能统一天下呢?""能。"孟轲想到当时所有的国君都是爱听颂扬的话,他略沉思了一下说,"我听说,你有一次因新钟铸成,准备杀头牛祭钟,您因为看见好端端的一头牛无罪而被杀,于心不忍,结果就没有杀那头牛,有这回事吗?"

齐宣王十分高兴,他想不到这个善举孟子也有所耳闻,赶紧回答说:"是有这回事。"孟子说:"大王,这就是恻隐之心啊!凭您这种恻隐之心,就可以行王道,统一天下。"齐宣王益发高兴起来,他眼前充满了希望和光明,急于听孟子下面的话。

孟子接着说:"现在的问题是您肯干不肯干罢了。比如有人说'我能举起千斤东西,但却举不起一根羽毛;眼睛能看得清毫毛,却看不见满车的木柴',您相信这话是真的吗?"齐宣王答道:"我当然不相信这种话。"

孟子继续说:"这就对了。如今您能用好心对待牛,却不能用这种好心去爱护老百姓,这也同样叫人不能相信,就和不肯举一根羽毛和看不见一车木柴一样。如今老百姓所以不能安居乐业,这是您根本不去关心的缘故,而不是能不能干的问题。所以我说,您能行王道,能统一天下,问题是您'不为也,非不能也'!"

孟子先抓住齐宣王不忍杀牛的慈善之心,对其大加欣赏,由此肯定齐宣王有统一天下的条件。这使得宣王自鸣得意,为接受批评创造了气氛,然后引申出严厉的批评。这批评尖锐深刻,几乎不留情面,但是由于先有奉承作陪衬,居然能使宣王欣然接受。孟子深知宣王心理,欲抑先扬,迂缓进谏,达到了目的。试想,如果孟子一上来就直陈己见,批评宣王不爱护老百姓,恐怕宣王早就对他下逐客令了。

成大事者认为,说话的目的是确定的,说话的方式却是可以变通的。要想让别人接受你的话,达到说话的目的,就不应该讲话直通通地说出来,而应该通过一种对方容易接受的方式进行。对对方的成就先进行赞美,创造一个对方乐于接受的氛围后,再进行劝谏,往往能取得更好的效果。这种赞美显然不是谄媚,谄媚的目的是不择手段地获得个人利益,而这种赞美确是为了齐国的百姓,为此是大义之举。如果迂腐的人以此来判断孟子说了假话,那么显然是吹毛求疵了。古代多少直臣,直通通地批评君主,结果被杀。并不是所有的君主都跟唐太宗一样能够包容魏徵的,更何况唐太宗对魏徵也起过杀心。

21 良言也要学会多放糖

成大事者认为，与人交谈的时候，一定要学会委婉地表达自己的意见，这是个修养的问题。我们从小受的教育是"良药苦口利于病，忠言逆耳利于行"。这确实是箴言，但这只是说有时候有些话虽然不好听，但是确实是利于行的，是忠言，并不代表忠言就一定逆耳。为什么忠言必须逆耳呢？历史上有很多大臣都因为忠言而为国君所杀，后世称赞他们是忠臣，而那些君王被称为昏君。其实忠言和逆耳并没有必然的联系，人们常常用良药苦口来形容忠言逆耳，但是良药完全可以不苦口，只要你多放一些糖。

其实几乎是所有人在某些时候可能会听得进逆耳的忠言，而不会一直喜欢听逆耳的忠言。几乎没有人喜欢听逆耳的忠言，其主要原因在以下四个方面：

首先，没有人喜欢听逆耳的话，试想如果一个陌生人对你说了逆耳的话，你会怎么反应，肯定是认为他要么在挖苦讥讽，要么在寻衅滋事。也许人家是一片好心，但是你对陌生人有防范心理，觉得陌生人不可能没有任何企图就献好心。倘若这个陌生人成了你的朋友，你比较信赖他，一两次忠言你也许听得进去，但是忠言如果过多，而且都是同样逆耳的话，你会觉得他看不起你，自然会慢慢疏远你。

其次，人最需要的是鼓励，而不是忠言。如果你想保持和朋友之间亲密关系，最好不要多说忠言，也不要看不起那些经常说你朋友好话的人。忠言只能在关键时刻说。有些人有说忠言的癖好，认为自己确实是为朋友好，才这么说话，但是他们忽略了一个事实。这个世界上很多人都很自卑，即使那些十分成功的人，你所说的忠言可能让他们的自卑情结进一步加深。他们需要鼓励，而不是打击。很多逆耳的忠言就是一种十分无情的打击，这样做你不失去你的朋友才怪。

再次，别人往往有自己的主张。看待一个事情，从不同的角度来看，会有不同的结果。别人做出一个决定，自然是他认为这个决定能够得到最大的效益，于是才做出。在这个时候如果你给他提意见，公开反对这个决定，别人往往会很不开心，虽然他明白你是为了他好，但他同样很可能会生气。高明的人也许会做个样子，会对他的建议和主张表示感谢，在这个时候你要见好就收，而不要反复提忠言，忠言太多，别人会觉得你在干扰他的决策。毕竟别人觉得自己做出了这个决定是经过十分谨慎和细致思考的，而不是拍脑袋想出来的。

最后，能出主意的人太多，自诩自己能出主意的人更多。这些话如果别人都听的话，那么这个人也就成了处理信息的机器，而没有自己的主张，而每一个人都应该有自己的主张，必须有自己的想法，而且会利用自己手中掌握的权力来贯彻自己的想法。过多地干涉别人的决策，别人会十分不高兴的。有些人看到别人偶尔采纳了他的一条建议，就老是给别人提建议，殊不知别人偶尔采纳只是意思意思而已，是不想让你失望罢了。如果你反复提的话，总有一天别人会不耐烦的。

忠言如果是杯苦药，那么千万要记得多加点糖。只要目的达到，多加点糖并不是损失。千万不要用迂腐的道德束缚自己做事，那样做很容易得罪人。说真话固然重要，但是要注意表达方式，表达方式错了，真话也没有人听。

"无才无德痴顽老子"是一个古人对契丹国君说的话，他这句话把契丹国君给逗乐了，结果契丹国君下令自己的士兵不再屠杀中原百姓。因为这句话，拯救了几十万中原百姓的性命！

也许会有人说高估了这句话的分量，然后拿出什么外因通过内因起作用之类的理论来证明不是这句话有分量，而是契丹国君有仁慈的心，或者说什么这是直接原因，还有根本原因之类的道理。

其实这句话就是最直接和最根本的原因。对于手握天下百姓生杀大权的国君来说，他的一念完全可以改变历史，而他的一念往往又会因为别人的话而改变。这个人说了个很自我贬低的笑话，结果把国君逗乐了，下令不杀中原百姓是完全有可能的。

然而这句话可以一分为五，它描述了说话人的五种特征，其中前四种特征是假的，是故意自我贬低的，他有德有才，不痴呆也不顽固，而且可以这样形容：他非常有德，德被天下；非常有才，才华横溢；从不痴呆，是天下少有的聪明人；也不顽固，他做人做事泾渭分明。而最后一个特征确实是真的，当年他确实是拄着拐杖去见契丹国君耶律德光的。

成大事者认为，忠言也可以不逆耳，只要你善于委婉表达。

22 话不投机，就要少说

成大事者认为，如果话不投机，就要少说。但人们经常忘记这条经验，越是话不投机，说得越多，生怕别人没有听清楚自己的意思。

人与人对话很多时候是凭借感觉的，感觉对了，话语自然就多。同种性格、有相同经历的人往往共同话题多，原因就在于同样的性格和共同的经历让他们产生了同样的感觉。

当感觉不对的时候，一定要学会少说话，因为你说的每一句话对于别人来说可能都不值得相信。人话一多，就容易失言，更不能取得别人的信任。有些时候，或许你是想活跃气氛，但是别人却容易认为你轻佻，所以在这种情况下，冷场就冷场，并不是你的责任，你没有必要通过自我贬低来让场面活跃起来。话不投机的时候就要少说。

其实，很多时候，我们要想交谈下去，就要找恰当的机会。话不投机很多时候还是因为机会不好。历史上，忠臣进谏有的容易被采纳，有的却始终无法被采纳，有部分原因是时机不对。其实谈话的最好时机在于别人对你有求的时候，尤其是问你问题的时候。这个时候你说的话是针对他的问题而来，容易受到别人的重视。

唐太宗到了晚年，由于天下太平已久，原先那种虚怀纳谏的气度已变得少有了，越来越听不进去反面的意见。魏徵看到这种情况忧心忡忡，一直想找个机会向太宗指出这个问题。

贞观年间的某一天，唐太宗心情十分舒畅，笑着问魏徵："你看近来政治怎么样？"魏徵巴不得皇上这么发问，便回答说："贞观初年，陛下主动引导人们进谏；几年之后，再遇到有人进谏也还能愉快地接受；而近一两年来，只能勉勉强强接受一半意见，而且心里总觉得不舒服。"

太宗听了有点吃惊，便向他问道："你凭什么这样说呢？"

听到皇上要他摆事实，魏徵顺势说道："陛下还记得在您刚即位的时候，要判元律师死罪，大臣孙伏伽进谏，认为按照法律不应该判死罪，陛下就把价值百

第二章 成大事者说话总能找对时机

万的兰陵公主的园子赏给了孙伏伽。大家都说皇上赏得太厚了。您说，'即位以来，还没有人向朕进谏过，所以赏得特别厚。'这是您主动引导人们进谏。后来，柳雄假冒在隋朝做官的资历，被主管部门发觉检举，要判他死罪。大理少卿戴胄说只应该判他有期徒刑，他再三申述自己的主张，您终于同意赦免了柳雄的死罪。当时您还对戴胄说，'只要像你这样坚持守法。就不愁滥用刑罚了。'这是您能够愉快地接受意见。"

说到这里，魏徵看见太宗听得非常认真，略微停顿了一会儿后，又摆出第三条根据。他说："近来皇甫德上书，说修洛阳宫是劳民伤财，收地租是严重地剥削老自姓，妇女流行高髻是宫中传出来的，陛下却恨恨地说，'这人要使国家不役使一个人，不收取一文钱，宫女都没有头发，才称心满意呢？'当时我说，'臣子上书，若不激烈直率，就引不起君主的注意，而激烈直率就近于毁谤。'当时陛下虽听从我的话，赏他绸缎了事，但是心里总不舒服，这就是陛下难于接受意见了。"

太宗明白了，说道："如果不是您，就没有人能说出这样的一番话。一个人苦于自己不知道自己啊！"

话不投机半句多，更何况是批评，而且是对圣上呢！同样的话，说于不同的地点、不同的时间、不同的气氛下，效果就会大不相同。而把握良机，选择最佳地点、最佳时间、最佳气氛、不失时机地利用外部环境进行说辩，则能达到最佳的效果。魏徵进谏批评太宗，就是趁太宗高兴和发问的时候，这时候是皇帝接受劝谏的最佳时机。于是魏徵抓住这个机会，大胆地向皇帝进谏，说服了皇帝，自己也免遭了责难。

在别人不需要话语的时候，给他一两句他都会觉得你啰嗦。当别人迫切需要指点的时候，你说上千句万句，他都嫌不够。为此，在与人交谈的时候，一定要把握对方的需求，他们想听什么样的话，他们现在的忧虑在哪里，什么样的话能让他们感觉更好，什么样的话能解决他们现在面临的问题，等等。这些点如果找到，然后针对这些点来组织语言，说话往往能够起到最大的效果。

成大事者认为，很多时候话本身没有任何错，但关键在于机会的把握和对谈话对象的把握。对所有人，在任何场合都说千篇一律的话，肯定反响是不同的。我们要善于根据不同的时机来组织语言，这就是说话的艺术。对于那些根本就不愿意听我们说话的人，那就千万不要说什么，否则他们会觉得我们过于聒噪，对于那些愿意听我们说话的人，也应该选择好的时机，说些应当时风景的话。

23 万言万当，不如一默

成大事者认为，万言万当，不如一默。有些人很会说话，说得很得体，但是很多时候都不如沉默的人。因为巧言乱德，宁可显得笨拙，宁可显得沉默，也不要让人对你有所防范。

殷纣王荒淫无道，不理朝政，不分昼夜地设宴饮酒作乐，连今天是什么日子都不知道了。他问左右大臣，结果没有一个人知道。于是，他就派人去问箕子。箕子是王族中十分贤能的人，他对身边的侍从说："作为一国之君，日期都不知道，看来世道是该变变了。既然如此，别人都说忘了日子，如果就我说知道的话，那么大王就会对我起戒心，我就很危险了。"这样，箕子就对来问日子的差使说："我也醉得忘了日子了。"箕子聪明人装糊涂，知佯装不知，众人皆醉我也未醒，消除了纣王的戒心，免遭杀身之祸。

在历史上，还有一个人是能够适时沉默的人，当他的兄长无端被杀的时候，他都没有争辩，隐忍生存，最后终于为他的兄长报了仇，他就是历史上大名鼎鼎的光武帝刘秀。

汉朝光武帝刘秀小时候，在家表现得十分勤快，愿干实事不尚虚夸，显得十分憨厚、性格平和。虽想出人头地，但从不露声色。为此，他的哥哥刘演自比刘邦（少时是一个浪荡公子），把刘秀比作刘邦的二哥刘喜（目光短浅，胸无大志）很瞧不起他，并常常以此嘲笑刘秀。刘秀去长安读书，当他读到《论语》中"子曰：'巧言乱德，小不忍则乱大谋'"一句时，简直是手舞足蹈地说："说得太好了，太好了，真是一杆见底！"从此，他便以这句至理名言规范自己的言行。

刘演、刘秀兄弟二人发动青陵起义，结果皇帝却没当上，致使刘演心中不快。刘玄也清楚刘演性情蛮横，又野心勃勃，再加上以他为首的青陵兵在与王莽的军队作战中，又节节胜利，战功卓著，无疑，这一切对自己的皇位宝座是个巨大的威胁。所以，总想找个借口除掉刘演。

刘稷是刘演的部将，听说刘玄当了皇帝，心中也十分不满，便大发牢骚说："今起兵图谋大事，全是刘演的功劳，他刘玄算个什么东西，有什么资格配称皇帝?"刘玄听后,想收买刘稷,封他为抗威将军,刘稷拒不接受。刘玄要杀刘稷,遭到刘演反对。刘玄一怒之下,便将刘演、刘稷一起杀掉。尔后,为了斩草除根,便伺机将刘秀杀掉。

刘玄为找借口,便派人去对刘秀宣布诏书说:"太常偏将军刘秀英勇善战,特封为破虏大将军,武信侯。"还没等刘演谢恩,接着又宣布说:"大司徒刘演,一向图谋不轨,常有抗帝之意,所以把他杀了。"以此来试探刘秀的反应,如稍有恨意,便就地将其正法。刘秀是何等聪明,对刘玄的这点用意怎能不知？小不忍则乱大谋。刘秀听完诏书后,极力克制住内心的杀兄之恨,慌忙磕头谢恩说:"陛下赏罚甚明。我建功微小,不值一提,皇上如此嘉奖,秀实在受之有愧。兄刘演素有反意。我也常劝他野心必毙,但他就是不听,发展到今天刑极其身,实在是罪有应得。"刘秀一席话语,表现得十分真诚,不要说报信宣诏之人深信不疑,就连他的部下也都信以为真,无不为刘秀的大义灭亲之举感动得流下眼泪。

宣旨人走后,刘秀回到帐内,关紧房门,便捶胸大哭,恨得咬牙切齿地说:"杀兄之仇不报,还配做人!"但在第二天,他又立即跑到刘玄住处,言必称陛下,口必言皇恩浩荡,绝不提昆阳大捷之功。刘秀既显得十分恭谨,又表现得粗犷大度,平时谈吐,不透半点哀痛意,也不为刘演服丧,饮食谈笑和平常一样。

刘秀"以小忍成大谋"的表演,终于使刘玄解除了猜忌,改变了对他的看法,以为刘秀真的忠于他。三个月以后,刘秀以破虏大将军行大司马事的身份被派往河北。从此,刘秀便摆脱了刘玄的监视和控制,迅速招兵买马,网罗人才,扩充实力。他在到任后不到一年的时间里,便发展到十余万人,有了一大批既能征善战,又对其忠心耿耿的战将,使其很快具备了和刘玄抗衡的力量,便公开和刘玄分道扬镳了。

刘演易于喜怒,专横跋扈,锋芒外露,成了皇帝的刀下之鬼。刘秀性格内向,事不外露,城府深沉,容忍一时而不乱大谋。当刘演被杀的消息传来时,刘秀为避免过早与刘玄发生正面冲突,极力克制自己。立即从出征的战场赶来当面向刘玄谢罪；他对自己所立战功只字不提,而且深深引以自责,也不为其兄服丧,饮食言笑如同平常,毫无丧兄之痛的表示。这番成功的韬晦表演,终于使刘秀转危为安、逢凶化吉,不仅没有受到牵连,反而加官晋爵,为其以后建立东汉王朝保存了实力,最终成就了东汉王朝的一统大业。孔子曰:"巧言乱德,小不忍则乱大谋。"意思是说小事情不肯忍耐,就会打乱整个计划。对于孔子这句至理名言,东汉开国皇帝刘秀算是学到了家。

成大事者认为,沉默不仅是语言上的,还是行动上的。沉默并不是懦弱,并不是不敢反抗,而是在积蓄力量。这也告诉我们千万不要因为语言和行动上的一时优势,就忘记了长远的发展。历史上的大量事实说明,很多时候,人需要沉默,这种沉默是最有力量的,尤其是在形势不利于自己的时候。

24 行动往往是最好的语言

成大事者认为行动往往是最好的语言。尤其是当我们有过失，有人专心诚意来批评我们的时候，我们更需要通过行动来表明自己的态度。

其实，人没有过失，无故受到别人批评的时候，应该学会用行动来表明自己的态度。这种态度不是反驳，不是矢口否认，而是对别人的一种感激，对别人提醒的一种肯定。

有人对赵简子说："您为什么不改正过错呢？"

赵简子说："好的！"

侍从说："您并没有过错，改正什么呢？"

赵简子说："我说好的，不一定真的有过错，我是希望有人来直言规劝我。如果我拒绝这个叫我改过的人，就是拒绝直言规劝我的人，那么，直言规劝的人就一定不会来了，我的过失很快就会有了。"

别人的批评不正确，并不能给我们带来什么影响；我们对待批评的态度和行动，却会对我们造成重大影响。

所以，听到别人谈论我们的缺点时，想办法不要急于辩护，因为这是愚人的习惯做法。让我们放聪明点也更谦虚一点，我们可以气度恢宏地说："先听听他说什么吧，趁我这个缺点没有造成灾难之前让它死在这次谈话中吧！"这种对待批评的态度，大有裨益于自己。

人们因为面子而坚持错误。事实上，改过的勇气能使人的形象一下子变得高大起来。

有一次，师经弹琴伴奏，魏文侯合着节拍跳舞，边跳边唱："听我的话，不要违背我。"师经一听，马上拿起琴去撞击魏文侯，却没有击中人，只击中了帽子上悬抹的珠串，珠串被打散了。

魏文侯恼怒地问左右的人："做臣子的竟敢打他的主子，该当何罪？"

左右的人说："应该活活煮死。"

于是，侍从们拖着师经走下堂。才下一级台阶，师经说："我可以说一句话再死吗？"

魏文侯说："可以！"

师经说："从前，尧舜做君王，只担心他们讲的话没有人敢反对；桀纣做君王，只担心他们讲的话有人反对；现在，我打的是暴君桀纣，并没有打您。"

魏文侯惭愧地说："放了他吧！这是我的过错。把琴悬挂到城门口，作为我改过的符信；不要修补珠串，作为我的警戒。"

魏文侯当众承认了自己的错误，这种果断的行动不但没有损害他的形象，反而更体现了他的伟人风范。

每个人都有自己的优点与优势，也都有自己的缺点与短处，扬长避短才算机智，拿自己最不擅长的柔弱之处去硬碰别人修炼得最拿手的看家本领，其结果便可想而知。人会有各种潜能与优势，但你不可能在所有地方都有机会发挥出来，你只能在两个地方用足你的力气。而在你没有用力气的地方，在你无暇顾及的地方，你必然不如那些在这地方用足力气的人。你的精力有限，机遇也有限，因此，你胜人的地方肯定很少很少，而不如人的地方绝对很多很多。只有对这一点看明白了，你才有从容的心态听取别人的批评并用心改正，也才能真正地胜于人了。

其实，在很多时候，必须有表现自己才华的行动，这样才能够得到更多的机会。这种行动往往比自己说自己多厉害要管用得多。

唐代的陈子昂被称为一代文学大师。他刚刚进京时，虽然饱学诗书，文采飞扬，但仍然是默默无闻的无名之辈。

这一天，陈子昂正为怀才不遇而郁闷，心中感叹没有伯乐认识自己这匹千里马。于是他走出门来到大街上逛荡、散心。突然，他在大街的拐角处，看到一个人，手中捧着一把古琴，对来来往往的路人吆喝兜售，要价一百万钱。

陈子昂仔细看那琴，没有看出什么特别之处。过路人看了，一个个摇头咋舌，都说太贵。

陈子昂见状，计上心头，慷慨解囊，买下了那把古琴。众人见他连价也不还就买下了，以为他是个书呆子，纷纷议论说他上当了，哪有一把琴值一百万钱的？

众说纷纭之际，陈子昂大声说："本人自幼从名师学琴，识得真假。这把琴是上等桐木所制，确是古琴，一百万并不贵。各位如有雅兴，明日请到寓所来听我弹琴，并欢迎此道中人前来切磋和指教，相信你们会不枉此行。"接着说明了自己的地址，就匆匆离去了。

一时间，京城大街小巷纷纷传递着这个消息，人们都期待着观看明天的盛会。

第二天早晨，大家蜂拥而至，想听听一百万的古琴到底有何神妙之处。谁知陈子昂捧着琴，却不弹奏，高高举在头顶，"啪"地摔在地上。众人齐声惊呼，愕然不已，这可是一百万钱啊！

趁大家惊愕之际，陈子昂自我介绍道："本人陈子昂，家居四川，早闻京城的父老好喜文弄墨，在下不才，有拙作几百篇，想与大家以文会友。至于弹琴之事，不过雕虫小技，绝非我陈子昂所关心，今天让大家失望，深感歉意！谨以拙文相送，以示补偿！"

说完深鞠一躬，把箱子里的文章散发给在场的众人，大家纷纷传阅。几百篇文章，篇篇文采飞扬，字字灵动飘逸，人们立刻为陈子昂的才华所叹服。许多人感叹说："如此风流才子却迟迟没有被发现，实在是一大遗憾啊！"

一天之内，陈子昂立刻名满京城，并由此确立了他在诗坛的地位。

陈子昂的行动立即让他获得了成功。成大事者认为，人很多时候就在成功的门前，但是很多人没有勇气去推开那一扇虚掩的门。因为他们的心态告诉他们说，一推开里面就会跑出来一条疯狗，自己一定会被咬到。多一事不如少一事，还是就这样的好。结果缺少行动的他们失去了一次次成功的机会。

25 忧愁烦恼，找知己诉说

成大事者认为，人难免有忧愁烦恼，这个时候大多数人选择说出来。你并不能向所有人都倾诉你的忧愁烦恼，真正能够听你忧愁烦恼的是你的知己，其他人听去了对你往往有害。

历史上有许多国君，在即位的时候很年轻，又很长寿，太子往往到了很大的年龄，这些太子们都难免有些着急。很多太子为了及早登基，往往通过不断蓄积自己的力量，来谋夺皇帝的宝座，而他们的父亲一旦发现这种情况就会立即废掉太子。至于这些情况，父亲们是怎么发现的呢？大多是太子向别人抱怨诉说泄露出来的。历史上这样的故事实在太多，太子们口风不紧往往给自己带来很大的麻烦。

宋孝宗赵慎有三个儿子。在他即位后，立长子邓王为太子，封次子为庆王，封三儿子为荣王。太子因病去世，孝帝便再未立太子。有一天，皇子赵惇外出，遇到一个蓬头垢面的人拦住去路，嚷道："三王得！三王得！"他听了以后，反复思考，认为："我是三王子，'三王得'究竟是什么意思？现在未立太子，这不正是说我将来要得帝位吗？哈哈，这真是天意呀！"从此，他高兴万分，雄心勃勃，加紧习文练武，为将来即位后治理天下做充分的准备。

一些大臣建议孝宗早立太子。按顺序，孝宗应立次子赵恺为太子，但孝宗却认为庆王赵恺性格懦弱、难以担当社稷大任。三子赵惇倒勤学苦练，英武过人，很像自己，但又担心越序立太子易生是非，故又暂时放了下来。

过了几年，主管天文的太史上奏道："根据天象，今年陛下应立太子。"宰相虞允文也劝册立。孝宗此时也觉条件成熟，便于立荣王为太子、进封为魏王。赵惇荣立太子，心中高兴，跃跃欲试，恨不能第二天便继位称帝。谁知一等，竟然16年过去了。他从24岁的年轻太子，变成了年已41岁的老太子，仍没有当上皇帝。孝宗仍然身体健康，毫无让位之意。太子心中如火烧火燎坐卧不宁，有心劝孝宗让位却又难于开口。久而久之，他精神有些失常，时而暴怒，时而大笑。

吴太后知道后，很担心，又不知什么原因，便将太子近侍召来问话。"太子病了吗？为何性情无常？"近侍道："太子当的时间太长了，心中着急所致。他盼望太后劝皇帝早日让位呢！"太后听了笑道："这有何难，何不早说。"过了几天，孝宗到太后宫中，太后说："官家年事已高，应该早图消闲，国事就让儿子去干嘛！"孝宗说："我早有此意，只是惇儿还小，未有经历，故暂时还不能放手。若不是为此，我早就快乐几年了。"太后听了，也觉有理，便如实转告太子，并让他再等几年。

谁知太子一听就火了，当即将头巾摘下，怒气冲冲地说："小小小！请您看看，我已40多岁了，胡子头发都白了，还以为我小，这都是翁翁的罪过造成的！"这里的翁翁，是指高宗。其意思是说，宋高宗真不该在孝宗到了盛年才禅位，使得40岁出头的赵惇还被孝宗认为小呢！接着，他以问安为名，来到孝宗宫中，对父皇说："最近有人送我一些染胡子的药，我未动用，不知父皇以为如何？"孝宗知道他的意思，脸上却故意装出一副严肃的表情说道："胡子白了怕什么？天下人见了，以为你老成，何必要染呢？"赵惇讨了个没趣，只好怏怏退出。

老子是皇帝，儿子不是太子就是王，没有当上太子时想得都发疯，当上了太子急得要发疯。这是为什么？这就是皇帝老子不让位，太子等得胡子白。赵惇虽然很急迫，但毕竟还心存仁厚，没有动起弑父之念，比起那些手足相残，父子相刃的谋权夺位者来说还是要好得多。

赵惇算是不幸中的万幸了。皇帝父亲只是责备了他一下。很多其他皇帝父亲都是直接废掉了太子，甚至杀了他们。因为在他们看来，那就是谋反。赵惇到处公开抱怨是做得极其不对的地方。像这种涉及谋反的事情，居然能够随便说出来，胆子也未免太大。幸亏他的父亲仁慈，而他自己也从来只是抱怨而已。

成大事者认为，人难免有忧愁烦恼，当有忧愁烦恼的时候，要学会找真正的知己诉说。只有他们才能体会到你的忧愁烦恼，才会为你排忧解难，因为他们关心你。至于其他人，他们根本就不关心你，对于你的忧愁烦恼，根本就不会放在心上。你跟他们倾诉，毫无疑问是对牛弹琴，而且显得个人特别轻浮。

26 真心以待，少说违心话

成大事者认为，人与人交往，只要不涉及秘密，都应该学会真心以待，少说违心的话。当你用真心跟别人说话的时候，自然能够体现出你的真性情，这种性情往往能够和别人产生共鸣。其实你是否是真心，别人是能感觉到的。当你说违心话的时候，你的表情表现都会给别人留下不自然的印象。即使是再高明的演员，当他说违心话的时候，还是会有破绽的。

当你真心以待，说出了你所想的话的时候，未尝不会碰到机遇。

一天，汉武帝微服私访，来到郎署，偶遇一郎官。何谓郎官？"郎"，是"廊"字引申出来的，指古代帝王宫殿的廊。所谓郎官，在战国时期是负责皇宫勤杂事务的一种地位很低的小官。到了秦汉时期，开始设郎署，作为郎官办公的地方，同时，郎官的职责也有所扩大，主要负责帝王的护卫、侍从工作，并有随时建议、备顾问及差遣责任。武帝所遇到的，就是这样的一个郎官。

这个郎官，不仅须发皆白，衣服也破旧不堪。汉武帝问他："你叫什么名字？从什么时候开始做郎官的？"只见这郎官从容不迫地回答道："小人姓颜名驷，江都人氏，在文帝的时候就开始做郎官了。"

武帝听后很惊讶，心想，这官虽不大，可已经是三朝元老了，不由肃然起敬。武帝又问："这么多年，为什么一直作郎官呢？"颜驷听后，不由淡然一笑，而又无所谓地答道："我是生不遇时，又有什么办法呢？文帝是个好皇帝，礼贤下士，十分爱惜人才，但他喜欢文，我却爱武；景帝也不错，也很珍惜人才。但他所喜欢用的是老成持重，深有城府的人，可我当时正年轻力壮，血气方刚；到了陛下即位后，又只喜欢年轻有为，勇于进取的人。而我呢，却又年纪太大了。就这样，我虽然历经三朝，却一次一次都赶不上机遇，也就只好甘做郎官了。"

武帝听后，既觉得这郎官的回答有趣，又觉得所言很有道理，不由产生一种同情之感。武帝回宫之后，经过了解，知道颜驷不仅人品老实，而且思路清晰，很有才学，就下旨将颜驷召上殿来，经过测问，果真不错。又因他一直好武，便把他提升为会稽的都尉，主管会稽的军事工作。

机会有时需要捕捉,有时需要去等,有时踏破铁鞋无觅处,有时得来全不费工夫。颜驷的情况属于后者。他虽人品不错,也很有才干,可偏生不逢时,又不善钻营,于是,一个小小的郎官,一干就是多年,成为三朝元老级的人物。好在郎官本人把官位看得很淡,倒也乐在其中。正是这种不经意的淡然态度和他那幽默风趣的回话,竟赢得皇帝的注意和赏识,结果郎官变成了都尉。生不遇时终逢时仅仅是一种碰巧吗?

一个人真心对待别人的时候,会在很多方面表现出自己的真诚来,这种真诚会被别人感受到。相反,一个人对别人有所隐瞒的话,与人交往的过程中,自然会透露不安和焦躁。有些时候,连眼光都是扑朔迷离的。

当然,内敛的人和虚伪的人眼光都有可能扑朔迷离。为此对于那些比较内敛的人来说,与人交谈的时候,一定要坚定自己的眼神。这种眼神在很多时候比你说的话更加重要。千万不要自己很真诚,但是却被别人当成虚伪的人,这太不值得了。

成大事者认为,在日常的生活和工作中,真诚地对待别人,你自然也能收获真诚。当你对别人没有隐瞒的时候,别人也愿意告诉你关于他的事情。但是人和人之间还是应该保持一定的距离,这种距离对双方都有好处。说到底,任何真诚都是有度的。如果你无度地真诚下去,那么显然你已经对对方形成了一种依赖心理。有些话不对别人说,不是没有把他当朋友,而是为了他更好。

真心以待也不意味着你要将自己的秘密和盘托出,秘密只要自己不说出口,那它就还是秘密。自己一说出口,那么秘密就不再是秘密。为此,我们要学会分清楚什么是该说的,什么是不该说的。对不同的人有不同的说法,交往深的人自然可以多说一些,交往少的人要学会少说一点。对于不同的人,选择不同的内容跟他们谈,他们不关心的话题就不要始终在他们耳边聒噪了。

成大事者认为,任何真心以待都是有度的,如果你想留住你的朋友,你就真心对待他,但是并不是要告诉他全部。

27 面对错误与责备保持平常心

成大事者认为，人不可能不做错事，做了错事，难免会有人责备。面对责备，我们一定要保持一颗平常心。但是，事实上，很多人都认为遭遇到责备，承认了错误，就意味着声誉的失去。

声誉就像一件华美的外衣，拥有它是一件非常幸福的事情。有了好的声誉更要注意维护，有的人因为爱惜自己的声誉，有了错误也不愿承认，这样做的结果只能是自毁声誉。当错误一旦发生时，解决的最好办法是及时认错，只有这样做才能挽回失去的名誉。

承认错误虽然是一件好事，但愿意承认错误的人终究很少。心理学家高伯特说，人们只在不关痛痒的旧事情上才"无伤大雅"地认错。这话虽然说来不胜幽默，但到底是事实。当然，那些在某种势力下被迫坦白认错是例外的，因为那是违反人类本性的事。

许多人不愿承认自己的过错，是避免麻烦心理的一种自然反应。有些人知道自己有错而不愿承认错误，认为承认错误是一件很丢脸的事情。然而事实上，能承认自己错误的人，往往会得到别人的谅解，并给人以谦恭有礼、勇于负责的良好印象。有趣的是，当你勇于承认错误时，别人为了减轻你的不安，反而会不自觉地为你辩护。

其实很多时候，即使没有别人的责备，我们也应该主动承认错误。

一位副经理曾经错误地批准发给一位请病假的员工全薪。他发现这个错误之后，主动地跑到经理那里承认。他回忆说："我走进他的办公室，告诉他我犯了一个错误，然后把整个情形告诉了他。他大发脾气，说这应该是人事部门的错误，但我重复地说这是我的错误。他又大声地指责会计部门的疏忽，我又解释说这是我的错误。他又责怪办公室另外两位同事，但是我一再地说这是我的错误。最后他看着我说：'好吧，这是你的错误，现在把这个问题解决掉吧。'这错误后来改正过来了，而没有给任何人带来麻烦。因为我有勇气不去寻找借口，从那以后经理更加看重我了。"

主动承认错误，本身就表现了你的勇气与责任感。对于自己的缺陷或做事的不足之处，往往会收到意想不到的效果，会更能赢得对方的好感与信任。

所以，当我们有理的时候，就要试着温和、有技巧地使对方同意我们的看法；当我们错了，就要迅速而热诚地承认。因为用争斗的方法，你绝不会得到满意的结果，但用让步的方法，收获会比预期的高出许多。

魏扶南大将军司马炎，命征南将军王昶、征东将军胡遵、镇南将军毋丘俭讨伐东吴，与东吴大将军诸葛恪对阵。毋丘俭和王昶听说东征军兵败，便各自逃走了。朝廷将惩罚诸将，司马炎说："我不听公休之言，以至于此，这是我的过错，诸将何罪之有？"

这一年雍州刺史陈泰请示与并州诸将合力征讨胡人，雁门和新兴两地的将士，听说要远离妻子去打胡人，都纷纷造反。司马炎又引咎自责说："这是我的过错，非玄伯之责。"

老百姓听说大将军司马炎能勇于承担责任，敢于承认错误，莫不叹服，都想报效朝廷。司马炎引二败为己过，不但没有降低他的威望，反而提高了他的声名。

如果司马炎讳败推过，将责任推到下边，必然上下离心，哪还会有日后的以晋代魏的局面呢？

人非圣贤，孰能无过？重要的是犯了错就坦率承认，记住有时候主动进比被动退要高明得多。

一位哲人说："这个世界上一半人在嘲笑另一半人，其实我们大家都是傻瓜。"事实的确如此，大多数人都愿意指出别人的错误而拒不承认自己的错误，所以大多数人都是庸人。我们何不反其道而行之，勇于承认自己的错误，与那些智者同列。

成大事者认为犯错在所难免，犯了错受到责备也在情理之中，因此必须保持一颗平常心。不要因为犯了错误，就拼命为自己找借口，去推脱责任。也不要因为受到别人的责备，就拼命给自己辩解，甚至因此而怨恨别人。事实上，坦率地承认自己的错误，坦诚地接受责备，不仅不会有损自己的形象和声誉，而且很多时候，让自己的形象和声誉更加光彩。历史上的商纣王是个特别能说的人，他的口才足以掩盖自己一切的过错，他犯的所有过错，他都能自圆其说，都能说这种过错本来和他没有任何关系。这种聪明，在现代社会是不需要的，在人和人的交往中如果使用这种聪明，也很容易将交往搞复杂。商纣王最后的结局也说明了这一点。

28 良好的印象就是有力的说服

成大事者认为，很多时候，良好的印象就是有力的说服。为此在与人交谈中，我们一定要学会在仪表、举止、谈吐等方面给人良好的第一印象，这样会提高你在别人心目中的位置，有助于你的事业。

心理学上讲"首因效应"，意思是说第一印象很重要，往往会形成印象的定格。赢得第一次，才会有第二次、第三次。虽说瞬间接触只能认识他人的表层而已，人最重要的还是要有内涵，可是当下这忙碌的时代，人与人会面的时间很短暂，一个人的内涵怎能充分展示呢？也许你只有一次表现的机会，失掉这次机会就输了。

三国时的张松留给曹操的第一印象就不好。当时曹操统一北方，声威比吴、蜀要大得多，此时的他志得意满。益州牧刘璋害怕张鲁讨伐自己，派张松到曹操那里陈述利害，希望曹操攻打张鲁，以解自己的危难。

张松这个人非常聪明，见识通达，就是模样惨了点儿，个头儿矮，前额像锄头，头尖，鼻塌，牙齿外露。这副尊容无论谁见了，都不会有什么好印象。而张松本人呢，因自恃才华高人一等，平时也很不注重自己的形象，就算见的是曹操那样的大人物，依旧拖拉邋遢，丝毫不介意自己的形象。因此，当张松求见曹操时，曹操一看见他就没有好感，态度很冷淡，而张松又是一个有个性的人，不但不反思原由，还把曹操抢白一番，结果曹操把他给轰了出来。

本来张松暗地里绘了益州各处的地图，准备献给曹操。这幅地图对曹操极有价值，若非张松形象不好，曹操肯定会重用他。虽说曹操以貌取人不值得效仿，但张松太不注意形象，更不值得效仿。

外表形象从古到今就被认为是一件大事，孔子还将它列为"礼"的一部分。他说："衣冠整齐，目光严肃，使人一望而感到敬畏，不是能达到威严却不凶猛的效果吗？"

外表形象以何者为佳？古人对此早有过详尽的论述。刘向在《说苑》中说："《尚书》说，'五件大事，第一是外貌。'外貌，是男人显得有涵养、女人显得姣好动人的原因。衣服容貌，可以悦目；声音语言，可以悦耳；举止习惯，可以悦心。君子衣着得体，容貌合宜，人们看在眼里就喜欢；言语谦逊，应对得当，人们听到耳里就高兴；结交好人，远离坏人，人们就对他心悦诚服。把这三件事记在心上，勤加训练，并运用到自己的一言一行中，即使不在朝廷做官，也能在群体中受到尊敬。"

董仲舒也在《春秋繁露》中说："衣服和容貌，应让人看了就感到高兴；言语和应对，应让人听了感到高兴；喜好或厌恶什么事物，疏远或接近什么，这种选择倾向也应让人感到高兴。衣服体面、容貌恭敬，人们看了就感到高兴；说话得体、应对谦逊，人们听了就感到高兴；喜好仁厚的人而厌恶浅薄的人，接近善人而疏远邪僻的人，人们见了就感到高兴。所以说'说话做事要使人感到愉快，仪容举止要使人乐于观瞻'就是这个意思。"

现代社会，人们追求更高的生活品质，赏心悦目的外表形象更受人欢迎。美国心理学家丹尼尔·麦克尼尔曾说过："对一个外表英俊或漂亮的人，人们很容易误认为他或她的其他方面也很不错。"

不过，外表形象并不等于相貌。相貌普通的人也可以从仪表、举止、谈吐方面给人一个良好的印象。

例如，与人接触时目光要平视对方，显出坚定和热情，目光不要游离不定。

说话声音不要太大，也不要太小，口齿要清楚；服装要整洁，不要奇装异服；发型必须和头型、脸型、体型相协调。

通过着装、服饰、发型、化妆等方式可以使自己形象大为改观，从而多一些自信。我们要时刻注意，也许我们精心掩饰了自己的缺陷，别人可能依然感觉很明显。如果别人有意或无意提及你的缺陷，就坦然面对，能用幽默的方式化解尴尬会更好，比如相声大师马三立曾说："模样长得惨了点，对不起老几位，还让您花钱买票。"他的幽默反而让人觉得他的缺陷也显得可爱。

和人打交道时，适度地把自己"包装"，等于强化了自己的"产品形象"。最重要的是，要用自己良好的品德美化自己，这是个人形象的一个最重要部分，而且作用力最持久。

成大事者认为，人要想有所成就，不仅在于他有没有宏伟的目标和踏实的努力，还在于他能否注意细节，能否在细节上不断提高自己的形象。只有在细节上不断提高自己的形象，才有可能有更多的机会。事实上，很少有人愿意跟邋遢的人一起交往，邋遢的人首先给别人的第一印象就十分不好。一个人连自己的生活都料理不好，就不用指望他能把事业料理好。

第三章 成大事者说话善用底气

说话没底气，话语就没有分量。说话的时候，一定要学会运用底气，不要让自己轻飘飘的。通过底气来震撼别人，来取得别人的认同。

29 说话自信，同时谦虚

成大事者认为，说话自信和谦虚，十分重要。一个自信的人容易取得别人的信任，一个谦虚的人容易取得别人的尊重。自信是人的底气，谦虚是底气的限度。底气过于足，就容易成为自傲。

历史上的郭隗劝说燕昭王重用自己毫无疑问是自信和谦虚的典型。

在战国七雄当中，燕国力量相对较弱，究其原因主要是内乱不停，人才匮乏。燕昭王即位之时，正是国家处于丧乱之余，百废待兴之际。为了报仇雪耻，振兴国家，他发愤要把当时各方面的优秀人才都网络过来。

究竟怎样才能得到天下贤士呢？燕昭王求贤若渴，决心躬亲下问，向智者郭隗请教，请教的第一个问题就是如何招徕贤才。郭隗见昭王心诚意笃，就放着胆量说："凡是成就帝业的君王，对待贤人都是以师长相待；成就王业的人，视贤者为知己；欲称霸的国君，就把贤者看成忠实的属下；那些连国家也保不住的国君对待贤者则如同奴仆。看来，越是贤明的国君，对待贤者的态度越尊重。"

燕昭王说："我的本意是广求贤才，向所有的人学习，可是哪里去找好的老师呢？"

郭隗对昭王讲了这样一则故事：

古代有一个国君想以千金的高价求购一匹千里马，三年也未能求到。这时他的一个侍从对他说："这事交给我去办吧！"国君打发他去了，过了三个月，他回来了，只带回一具马骨。对国君说："我见到千里马时，它已经死了，我花了五百金，将马骨头买了回来。"国君大怒，说："我所寻求的是活的千里马，要这匹死马什么用？而且还花费五百金！"那个侍从对他说："死马还肯花五百金的高价买下，何况活马呢？天下的人必定以为大王是真心要头好马的人，千里马很快就会来到的！"果然，不到一年，先后有三匹千里马被送到这里。

讲完了这个故事后，郭隗说："大王若想招纳贤士，请先从我开始。我这样的人都被重用了，更何况那些更贤于我的人呢！他们一定会不远千里而来！"

燕昭王听完郭隗一席话，觉得很有道理，于是专为郭隗修建了豪华的宫室，把他当老师看待，各方面都给予特殊优待。昭王爱才的美名远播国内外，四方能者智者、英雄豪杰都慕昭王尊贤礼士之名，汇集到燕国。不到三年，像乐毅、邹衍、剧辛等贤者、谋士从赵国、齐国远道而来。由于燕国群贤毕至，人才济济，终于能够使自己以弱抗强，以小敌大，加入到强者的行列。仅乐毅一人就带兵攻下齐国七十余城，一直打到齐国首都临淄，齐王逃走，缴获珠玉、财宝、车甲、珍器无数。昭王不但报仇雪耻，而且势力之大，令诸侯侧目。

郭槐没有夸耀自己有多能干，但也没有因此而说自己不能被重用。自己虽然不能干，但是还是希望被重用，原因是既然自己这样的人都能被如此重用，那么比我更能干的人自然会更得到器重。

历史上，有很多人都毛遂自荐。从后来发展来看，真正自荐成功的人，都是那些自信和谦虚的人。他们对国君说话不卑不亢，原因在于他们能够很清醒地认识到自己的能力和将来可以起的作用。

由于他们能够认识自己，所以绝对不会妄自菲薄，过于谦虚。他们相信自己的能力能够为国君做点实际的事情。同时，他们也知道如果国君不任用自己，如果自己过于孤傲，很多事情就无法完成，为此他们又比较谦虚。在推荐自己的同时，也保持着谦虚的作风。这种作风决定了他们一定比同时代的很多人都要风光很多。

在我们日常与人交谈的过程中，学会自信和谦虚是相当重要的。过于谦虚容易被人看不起，人们不愿意和自己交往，有事情也不会相信自己能够为他们完成得很好。过于自信人们往往觉得自己有些傲慢，傲慢的人大概都是嘴上尖利腹中空的，为此他们也不愿意和这种人交往。

成大事者认为，人要学会自信和谦虚，要善于在两者之间保持平衡。不要想着过于谦虚，就能够得到别人的认同，过于谦虚等于虚弱，虚弱代表没有真才实学，人们肯定不会认同自己。同时也不要想着过于自信就一定能够找到追随者，过于自信容易打击别人的积极性。当你觉得自己什么都能的时候，人们要么会对你产生依赖，要么会出很多难题来刁难你，这个时候你会惹上很多麻烦。

30 不了解情况，不随意表态

成大事者认为，如果一个人不了解情况，就不要随意表态。因为你的表态，不过是显示你的聪明和优越，除此之外毫无意义。而显示自己聪明和优越的人很少有很好的朋友。

有人说："如果你要得到仇人，就表现得比你的朋友优越吧；如果你要得到朋友，就要让你的朋友表现得比你优越。"

宋朝时，范尧夫任宰相期间，诸事办得都让皇帝满意，众朝臣无一指责过他的过失。他在为人方面更是游刃有余，从来不树任何政敌，总以中庸之道维系人际关系。

他被免去宰相之职后，大臣程颐有一次来见他。两人相谈多时，范尧夫便若有所思地说起当宰相的事来，神情口吻像是很怀念当宰相时的风光。

程颐责怪他道："您任宰相时，有许多地方做得不很好，难道您现在不觉得惭愧吗？"

范尧夫"哦"了一声，似有不信之意。

程颐便说："在您任宰相的第二年，苏州一带有乱民暴动，抢掠官府粮仓，有人告诉了您。您应当在皇上面前据理直言才对，可您当时什么也没说，这是为什么呢？由于您的闭口不言，致使许多无辜的人遭到了惩罚，这是您的罪过啊！"

范尧夫连忙道歉，显出愧疚之意，说道："是啊！当初真应该说一句话啊！这是我做宰相不爱民的过错，您批评得对！"

程颐又说道："您做宰相的第三年，吴中地区发生洪涝灾害，百姓们以草根树皮充饥，像这样的大事，地方官已报了很多次，您却置之不问，还是皇上提出要您去办理赈灾事宜，您才采取行动。您堂堂一朝宰相，居其位食其禄而不谋其事，太不应该了。"

范尧夫哑然，又连连称是自己的不是。

程颐又说了许多话，然后告辞走了。事后他经常在别人面前提起范尧夫的过失，说他并非当宰相的料。有人把这些告诉范尧夫，范尧夫只是笑着，不做任何辩解。

有一天，皇帝召见程颐问他几个问题。

皇帝听了程颐一席治国安邦之策，说："你大有当年范相国的风范啊！"

程颐不以为意地说："范尧夫曾向皇帝进谏过许多忠言良策吗？"

皇帝用手指着一个小箱子说："那些都是他进言的小札子啊！"

程颐似信非信地打开观看，见他当初指责的那两件事，范尧夫早已说过了，只是由于某种原因施行得不够好罢了。

程颐红了脸，第二天便上门给范尧夫道歉。

范尧夫却宽和地笑道："不知者无罪，您不必这样啊！"

在我们的日常工作中，我们经常需要对一件事情发表看法，当问到我们的时候，我们必须有所回答。最好的办法就是你对这件事情有所了解，只有在有所了解的基础上，你谈的意见和想法才是有意义的，否则很容易搅乱别人的思维。

其实，在我们的生活中，我们会发现很多人在没有任何调查，不了解任何情况时，就开始下结论，就觉得这个事情不该这样做，就觉得做事情的人确实没有尽到心。就算他们了解，很多时候，他们了解的只不过是表象。在一件事情上如此草率评价还可以，但是长久以后，在很多事情上都存在这样的草率心理，必然会养成妄下结论的习惯，这种习惯对个人成长并没有好处，对组织来说，破坏力更大。

在日常工作中，我们要牢牢记住这样一句话："没有调查没有发言权。"说话谁都会，下结论谁都会，批评别人谁都会，但是这种说话、这种结论、这种批评有没有意义？实践一定会检验出真理来。如果是建立在深入调查基础上的结论，自然是意义重大的。如果是草率的结论，不但没有任何意义，而且还会破坏工作的顺利开展。

其实，我们在与人交流的过程中，一定要学会提出建设性的意见，而不要仅仅是下个结论，甚至全部提的是破坏性意见。比如在论述一件事情是否可行的时候，不要总是提意见说这件事情绝对不可行。如果说不可行，那我们一定要说出为什么不可行？怎么样改进才能可行？如果确实全部都不可行的话，那么你觉得什么方案才可行？这些问题的回答绝对不是一个人的聪明才智所能解决的。很多时候，要把话说圆并不难，难的是你说的话如何让它变得有意义起来。

成大事者始终认为，没有调查没有发言权，在不了解情况的时候，任何人都不应该随意表态，否则就是不负责任的表现。

31 故事说话，情理更浓

成大事者认为，在与人交谈的时候，尤其是想说服别人的时候，如果过于直接表达出自己的意思，很容易遭到别人的抵触。事实上，一个人坚持他的观点和做法，肯定是有他的道理的。如果直接去向他说明这个观点是错的，那件事情不能做，毫无疑问，一定会遭到别人的抵触，而且很多时候容易把自己陷入到争论之中，事实上，我们也知道争论是永远说服不了对方的。

比如，你想说服别人，直截了当地表明意见，非但无效，反而让人厌憎。不如先讲个故事，让他听进去了，让他自己领悟其中的道理。

春秋战国时期的楚庄王是一位比较贤明的君主，他在识别人才上有自己独特的方法。楚庄王登基之初并不是一位值得称道的好皇帝，相反他一直纵情享乐不理朝政。其实，这只是楚庄王的一个策略而已，但他并没有告诉任何人，而是自己暗暗地按照自己的意志进行，并在暗中观察。

在三年的时间里，楚庄王将国家大事都置之不理，却整日纵情歌舞，沉溺于酒色。他不但不理会众多大臣的非议，反而在国内贴出告示，实行"谏者处以死刑"。这道命令一下，朝中的大臣们终日惶惶恐恐犹豫不决，都不知如何是好。这时一些奸诈之人就开始想尽办法，曲意逢迎。他们心想，只要哄得大王欢心就不愁升官发财了。

实际上每个朝代都有这样的奸臣，但也有敢于直言进谏的忠臣，楚庄王的身边也不例外。开始的时候，有些大臣觉得大王刚登基，难免有享乐之念，便没有提出什么意见。但随着时间推移，大臣中有些人就开始对楚庄王的行径表示担忧了。尽管楚庄王张贴了"谏者处以死刑"的告示，仍然有些忠心耿耿的大臣敢于冒死求见庄王，直言进谏。

大臣伍举就是一个忠心之臣，他一心辅佐庄王坐稳江山。谁知楚庄王登基三年，三年终日享乐不理朝政。由于楚庄王的举动很不得人心，伍举的担心日渐加重，因此他决心冒着生命危险直言相谏。于是伍举冒死求见楚庄王，对庄王说："大王，臣斗胆想请您猜一个谜。""哦，爱卿好兴致呀，快说来与寡人听听。"

楚庄王一听是要玩猜谜，开始表现得眉飞色舞兴奋不已。伍举说："大王，在山岗上有一只鸟，但有三年的时间它既不飞也不叫，请问大王，这还能算是鸟吗？"

楚庄王一听此话心中便已有数，但是表面仍不动声色。沉吟了一会儿，他才说道："三年不飞，但一飞冲天；三年不鸣，但一鸣惊人。寡人明白你的意思，你先回去吧。"

伍举心里顿时明白了，大王贪图享乐只是假象，心里却在思考宏图伟业。于是，他放心地回去了。

果然，不久后，楚庄王便不再纵情享乐了，迅速开始致力于政治革新。他首先对那些整天围绕在他身边、与他一起吃喝玩乐的谄媚之人给予处分，接着又任命曾经冒死进谏的伍举等人。经过一番治理，整个国家的面貌焕然一新。

从这段故事，我们可以看出楚庄王一开始的吃喝玩乐并不是单纯的享乐，而是以此为挡箭牌，暗中进行观察，从而分辨出哪些人是可用之才，而哪些是无用之才。伍举也不愧为贤臣，他没有直截了当地与楚庄王不得进谏的禁令作对，而是以一个故事试探楚庄王的心迹，终于得到了满意的回答。

故事，即过去发生的事。我们对过去发生的事都有一种了解的渴求，这是人的一种本性，知道过去发生了什么，是为了更好地看清楚自己目前的位置。我们在与人交谈的过程中，通过一个故事去打动别人，确实是一种十分高明的方法。

事实上，不仅在与人交谈的过程中可以通过故事去打动别人，还可以通过故事来活跃气氛。我们日常所说的道理理论，就像一篇文章里的论述文字，听多了，看多了，也就厌烦了。但是，如果是故事的话，只要自己没有听过，都会感觉到很新鲜，都会有一种比较浓的兴趣。即使自己听过了，再次听到这个故事的时候，也会因为自己曾经听过，自己熟悉这个故事而有一些感觉良好。因此在与人交谈的过程中，一定要善于运用故事的力量，通过故事来说事，往往更能服人。

总之，成大事者认为，人生是由一个个故事组成的，每一个人都想听到别人的故事，都想听过去的故事，在交谈的过程中，一定要学会运用故事去打动别人，尤其在不能激发别人谈话积极性的时候，要善于使用这种力量。我们观察到，真正杰出的演讲家一定是故事大王。正是他们懂得运用故事的力量，所以他们的演讲才那么感染人。

32 思维和口才同样重要

成大事者认为，在当今社会生存，一定要注重思维和口才的培养，思想是一个人的精神实质，是一个人的元神，而口才则是一个人的表达方式，一种让社会接受的手段。

刘备取得四川以后，诸葛亮开始治理蜀国。他制定了很多比较严厉的法律来约束老百姓。有一个大臣觉得这样做十分危险，于是他跟诸葛亮说，刚进入一个陌生的地方，治理应该从宽，不能从严，从严的话容易失掉民心。诸葛亮听了哈哈大笑说，四川和其他地方不一样，以前这里就是治理过于宽松，所以老百姓连一些基本的法律意识都没有。现在如果还像以前那样治理，这个国家肯定没有生机。后来果然在诸葛亮的治理下，四川变得更加富饶，而刘备的蜀国实力也日渐强大起来。

诸葛亮是一个善于思考的人，但这一切都源于他有独立的思维，他知道该做什么，不该做什么，绝对不会被一些已经有的东西束缚了手脚。

很多人都被称为思想的巨人，行动的侏儒。想法太多实际上是没有想法的表现。现在社会接触到的信息渠道不断变宽，人们接触到的知识也是多方面的。甚至现在已经逐渐提倡没有正确答案的说法，确实很多事情没有唯一正确的答案，但是如何做价值最大确是只有一条道路的。虽然条条大路通罗马，但是最近的只有一条。人们要主动清理脑中的一些不健康的思想，树立正确的思想。

不仅思维重要，口才也是相当重要的。

里根在竞选总统的时候，年纪偏大，这十分不利于他的竞选，很多人也因此而不看好里根。后来里根在发表演讲的时候说了这样一句话："我希望你们都能清楚，我绝对不会把年龄优势唯一一个资本来压迫竞争对手的。"一句很玩笑但是也很严肃的话让人们消除了成见，最后他赢得了总统竞选的胜利。

好的口才在关键时刻能够起到扭转全局的作用，应该培养好的口才。他不是夸夸其谈，也不是信口开河，而是有缜密思考后的表达。一旦表达出来就立即收到效果，就像里根一样。那些夸夸其谈、信口开河的表达无非是要小聪明或者比较谁的嘴巴比脑袋转得快的做法，不足以称道。

要想拥有好的口才，必须有十分深厚的底蕴，这种底蕴没有长年累月的积累是出不来的。苏秦是春秋战国时期十分出名的人物，他挂了六国的相印。他主要凭借自己的口才去说服六国君王。但是他达到这一天并不容易。以前他也出山过一次，试图去说服君王，但是当时自己的知识水平都不够，口才自然也不到火候，没有君王听。他回到家的时候，家里的人都不爱搭理他，给他吃的也是剩饭。从此以后他发愤好好读书，结果精通了当时的很多学问。过了几年，他学有所成，再出去游说君王的时候，发现一切都很轻松。他凭着自己三寸不烂之舌，将六国联合到了一起，一同去对付秦国。而苏秦的同学张仪同样如此，张仪听说苏秦已经功成名就，于是兴冲冲地跑来投奔苏秦。苏秦对他很冷淡，张仪很气愤，但也只能流落街头，后来有个富商接济了他，把他送到秦国，他凭借着自己的口才，说服了秦王采纳他的建议，攻击六国。两个同学在春秋战国时期出尽了风头。其实那个富商就是苏秦指使的，他知道他的这个同学不用悲愤是很难发奋图强的。好的口才能让人取得很好的机会，而口才笨拙的人甚至会让人觉得他的智力有问题。

好的口才还在于一种幽默。有一个将军训练军队十分有方，另一个将军很不服气。他跑来这个将军的训练营中要给个下马威。他看到一辆坦克开过来，于是便对这个将军说："听说你的士兵都十分勇猛，不知道如果你命令他去撞坦克，他会不会去？"这个将军于是立即叫了一个士兵上前，对他命令道："去撞那辆坦克。"那个士兵听到这话，想都没有想，就直接对着这个将军喊道："我想你是疯了。"说完就跑回队列中去了。那个不服气的将军看后，哈哈大笑，说原来也不过如此，名不副实。没想到将军很不以为意地回答说："你想我的士兵都敢骂我疯掉了，他还有什么不敢的？"那个不服气的将军被说得哑口无言。显然这个将军是通过自己的口才化解了这场尴尬。

成大事者认为在当今社会生存，人应该注重思维和口才的培养，用口才表现出自己的思维能力，用思维来完善自己的口才。

33 说话水准在于学识

成大事者认为，一个人说话水准在于他的学识。学识越高的人，说话水平就有可能越高。相反，没有学问和见识的人，说话往往欠缺水准。

与人交谈中，难免会遇到一些并不好回答的问题。对于这类问题，很多时候都是在考验一个人的学问和见识。学问和见识到位的人，自然对这类问题能够轻松化解。

在第48届纽约国际笔会年会上，我国作家陆文夫走上讲台侃侃而谈。突然，台下有人问："陆先生，您对性文学怎么看？"陆文夫镇定自若地清了清嗓子说："西方朋友接受一盒礼品时，往往当着别人的面就打开来看，而中国人恰恰相反，一般都要等客人离开以后才打开盒子。"陆在此并未正面回答问题，而是运用了一个幽默生动的比喻，以中国人和西方人不同的生活方式表明了文学作品应体现民族特性和伦理观差异的观点，既含蓄又简练。陆的巧答赢来了阵阵掌声，会场气氛之热烈，为这一届年会所罕见。

以问代答也能体现出一个人的说话水准。实验物理大师法拉第有一次在大庭广众中做电磁学的实验表演。实验刚结束，忽然有人站起来高声责问："这有什么用呢？"法拉第看了一下提问者反问说："请问，新生婴儿有什么用呢？"此例中，提问者暴露了他对科学的无知，而法拉第的以问代答则隐含着对提问者在科学上缺乏预见的嘲弄。

对于一些比较刁钻古怪的问题，不妨通过一些刁钻古怪的方式来回答。1935年在巴黎大学的博士论文答辩会上，主考人向年轻的中国留学生陆侃如提出了一个奇怪的问题："《孔雀东南飞》这首诗里，为什么不说'孔雀西北飞呢'？"陆应声而答："西北有高楼。"陆侃如引用了我国古诗十九首中的名句"西北有高楼，上与浮云齐"，孔雀自然飞不过去，只好向东南飞去了。真是问得怪，答得也怪，令人捧腹叫绝。

有一些问题可以委婉回答。英国作家王尔德在未成名时很贫穷，有一个贵族想聘请他当家庭教师，在谈到食住条件时，贵族问他是否愿意和他的家人共同进餐，王尔德回答说："那全看进餐时懂不懂礼貌了。"虽没正面做出回答，但实质上委婉地表明了王尔德的潜在顾虑——看贵族的家人是否尊重自己。

对于一些来得比较急迫的问题，不仅要求回答者有学识，而且要求具有大气度。1972年美国总统尼克松访问苏联。一次，在苏联机场上飞机准备起飞时，突然一个引擎发动不起来。此时，在场的勃列日涅夫又急又恼，指着民航部长问尼克松："我应该怎样处分他？"尼克松回答："提升他，因为在地面发生故障总要比在空中好。"尼克松的即兴智答含义深刻，饶有风趣，在"视点"上比勃列日涅夫高出一筹，且为东道主保全了面子。

成大事者认为，一个人说话水准的高低在于他的学识和修养。人要想善于说话，善于表达，就应该不断提高自己的学识和修养。

事实上，与人交谈的时候，如果能够给别人一种有学识的感觉，会增强自己说话的信任度。有一个演说家为了得到听众的认同，于是当场抑扬顿挫地背了一篇文章，十分流利，毫无瑕疵。听众听完后，对这个演说家深信不疑，认为这个演说家实在是了不起了。事实上，这个演说家就只懂得背这一篇文章。

因此在说话的时候，适当表现出自己的学识，会增强自己的信服力。当然，这种学识应该是真才实学，而不应该是表面文章，像上面提及的演说家，这样取得听众的信任是可以的，但是如果有一天，他的学识受到别人的质疑，那么他的信任度就会大打折扣。

为此，我们要不断地提高自己的说话水准，就要不断地提高自己的学识修养，通过学识修养来表现自己的说话水准。

34 表达清楚，不要含糊其词

成大事者认为，除了特定目的外，与人沟通的时候，一定要意思表达清楚，不要含糊其词。

要将意思表达清楚，就要学会用最为简洁的话来说明自己的意思。过于复杂的话表达的意思往往容易让人产生含糊。而且这种简洁的话，要让对方能够自己体会到。如果自己什么都说明白了的话，往往容易招来辩驳。

齐景公到了晋国，与晋平公饮酒，乐师师旷作陪。齐景公向师旷请教如何治理国家，说："太师将教诲寡人什么呢？"师旷说："君主必须施恩于民。"齐景公来到馆舍又向师旷请教如何治理国家，说："太师将教诲寡人什么呢？"师旷又说："君主一定要施恩于民。"齐景公出了馆舍，趁着师旷来送行，又问道。师旷还是说："君主一定要施恩于民。"齐景公回到住处，苦苦思索，酒还未醒，已经悟出了师旷的话的含意。

原来，齐景公有两个弟弟，一个叫公子尾，一个叫公子夏，都很得齐国民众的欢心。两个弟弟家都很富贵，民众争相依附，势力可以和公室相抗衡，这可是危及君主的迹象呀！

这么一想，齐景公豁然开朗，现在师旷一再劝我施恩于民，目的是要我同两个弟弟争夺民心。于是，齐景公火速返回了齐国，打开粮仓，把粮食分给饥饿的贫民；打开府库，把多余的钱财分给无依无靠的老人和孩子。使得粮仓里没有多余的粮食，府库中没有多余钱财。把没有临幸过的宫女嫁了出去。对七十岁以上的老人，国家按时供应衣服和粮食。

民心，固国之本，得民心者得天下，齐景公用施惠于民的方式，同两个弟弟争夺民心。最终，民心归顺，百姓依附。他的两个弟弟竞争不过他，只好逃到国外去了。

意思表达清楚，还要表明自己的态度和立场。古时候，将领领军在外，往往掌握着一个国家的存亡。如果将领自立为王，那么国家就要覆亡。为此国君十分担心将领反叛。因此，那些手握重兵的将领处于极其危险的境地，需要清楚准确地向国君表达自己毫无篡位的野心。

秦王嬴政想攻取楚国，问老将王翦需要多少军队前去。王翦认为至少要六十万大军不可。嬴政心里犯嘀咕，要这么多的军队干什么？真是一个胆小怕事的老头，于是，不听老将王翦的建议，命令血气方刚的少年将军李信率二十万大军去讨伐楚国，结果大败而归，方验了老将王翦的话。嬴政无奈，只得亲自代王翦的住所，命令他统兵挂帅，再次伐楚。王翦无法推辞，但仍然坚持原来的主张，非要六十万人马不可。嬴政别无选择，一口答应了他，并打算在王翦出征前，亲自去送行一段路程。

王翦临行前，向秦王索要许多田宅。嬴政此时面露惧色，不满地说："将军就要出征了，还愁什么穷困呢！"王翦答道："臣为大王将帅，即使有功，也不会封侯，故趁大王高兴之际，及时要些田产，留给子孙。"嬴政大笑而去。等率军到了潼关，王翦又接连五次派人索取良田。有人好心地劝道："将军这样做，未免太过分了，只怕会给秦王得罪了。"王翦微微一笑，答道，"不，你们有所不知。秦王生性好猜忌，对谁也不相信。如今将国令兵力都交托给我，我如果不多要些田地留给子孙，以向他表示决无背叛秦国之心，怎能让他不猜疑呢？"

与人交谈，要将意思表达清楚，就要学会复杂的意思简单化，简单的意思重复说，这样容易被对方接受。当然在这一过程中，必须学会归纳总结，话一说出就覆水难收，为此一定要三思，要谨慎，不要信口开河。当你自己想清楚了要表达的意思，然后准确无误地向对方表明，往往会得到对方的接受。

不要含糊其词，还在于双方不要猜心思。很多话还是必须说出来的，你不说出来，双方都在互相猜，最终很难成事的。有些话不好说，就可以写下来。古时候，几个将领不知道自己的想法是否和大家想法一致的时候，往往会将想法写下来，然后大家一起公布。像周瑜抗击曹操时用的火攻就采用的是这种方式。为此，有些话，如果说不出口，那么一定要写下来，让对方知道。只有对方知道，他才能明确自己该如何选择。

表达清楚，还在于少展开。一句话，如果从不同层面来理解往往有不同的意思。一旦展开，这句话的意思就变得无穷无尽。为此一定要缩小话语的想象空间，不要让人随意展开。在与人交谈的时候，很多话都应该斩钉截铁地说出来，最好不要说"可能"或者"也许"，这种表达，跟什么都没有说并没有太大的区别。

成大事者认为，一个人能不能清楚地表达自己的意思，其实是在考验一个人的思维和逻辑，当一个人的思维和逻辑到位的时候，他的意思表达是再清楚不过的。

35 搞阴谋的人总是底气不足

成大事者认为，那些搞阴谋的人，因为心里有鬼，总显得底气不足。

南宋时期，金朝统治者几度发兵南下，准备消灭南宋王朝。主战派岳飞、韩世忠等将领奋勇抗金，金兵图谋几次都未得逞，被迫退回北方。然而，以宋高宗为代表的特权官僚集团，为保存苟安一隅的既得利益，不惜向金朝屈膝求和。金朝统治者则采取"以和议佐攻战"的策略，把俘去的秦桧一家大小放回南宋。秦桧隐瞒真相，说是从金朝的虎口里逃出来的，得到了宋高宗的信任。宋高宗认为秦桧朴实过人，给他连连升官，几个月就由礼部尚书升任宰相。

公元 1139 年，秦桧代表宋高宗接受了金朝提出的和议的屈辱条件，南宋皇帝向金朝皇帝称臣。但仅隔一年，金朝就背信弃义，又率领金兵大举南侵，结果被"岳家军"和广大人民群众的抗金武装打得大败，抗金斗争的胜利使秦桧十分惊恐，竟在一天之内，用皇帝的名义连下 12 道金牌，勒令岳飞火速退兵。金兵并不善罢甘休，派人给秦桧送去书信说："你们宋朝口口要求和，而岳飞却在策划恢复河北，进取中原。要想议和，必须杀死岳飞。"这样，岳飞力主抗战，便成了议和的障碍。

秦桧也深知不杀死岳飞，议和终会受阻，这样势必危及自身的利益。然而岳飞威名远播，要杀他必须找个借口。普通的过失、错误，不足以杀岳飞，必须捏造出岳飞"谋反"的罪名才行。于是秦桧便与张俊开始策划杀害岳飞的阴谋。

他们首先在岳飞的部下中去找能够出面证明岳飞"谋反"的人，用加官赏赐的办法，诱使出来作伪证，但是没有人答应。秦桧一计不成，又生一计，找到了曾受岳飞责罚过的王贵。王贵起初认为自己有过失，受罚是应当的，不肯答应。秦桧又深入了解王贵家中的私事，抓辫要挟，逼王贵屈从。同时，他们又找了一个因告密起家，从战无功，得不到提拔而生有怨气的王俊。秦桧编造了张宪"谋反"的假故事情节，让王俊去投"首告状"，牵连到岳飞，尽管这状纸漏洞百出，但王俊一收到状纸，就把张宪逮捕起来。从张宪处得不到证据，又假造张宪的供状承认岳飞确实有谋反之实。宋高宗因本来就想除掉岳飞，对这些假状纸、假供词当然不会去追查其不实之处，立即下令逮捕岳飞。

岳飞被捕，震惊朝野。各军政大臣为岳飞鸣冤上书者很多，甚至连皇亲也愿以全家百口保释岳飞。韩世忠愤愤不平，忍不住亲自前去找秦桧，责问他凭什么证据说岳飞谋反。秦桧说："岳飞的儿子岳云与张宪之间的事虽然不明，其事莫须有，说不定有，也许有，万一有，大概有。"韩世忠大怒道："'莫须有'三字，何以服天下？"韩世忠虽反复力争，但没有结果。而秦桧的夫人王氏却在背后极力唆使秦桧早日杀死岳飞，说"缚虎容易放虎难"，不果断行事就会危及自身。宋高宗为与金国议和，于是，不顾冤枉好人，下令处死岳飞、岳云和张宪。直到很久以后，换了皇帝，岳飞才得以平反。

欲加之罪，何患无辞？阴谋家为了某种利益，决定要讨伐或加害对方时，但鉴于舆论与人心向背，则首先设计为对方加罪，使舆论认为对方被讨伐或受害是罪有应得。这样，对己方有激将之作用，激起同仇敌忾，在世人面前，则被认为此讨伐为兴师问罪，师出有名，以显得"得道多助"，使对方孤立无援。秦桧以"莫须有"之罪名加害岳飞，其歹毒用心昭然若揭。

阴谋家为一己之利所营造的政治阴谋损害的往往不仅仅是他的政治对手，他们损害的甚至是整个民族和国家。秦桧作为一个奸臣、民族败类已经是家喻户晓，妇孺皆知了。当人们在形容某某品质恶劣时常说"比秦桧还坏"，此时，秦桧已经成为这种奸险阴毒之人的符号了。

在岳飞的问题上，秦桧显然底气不足。用了"可能有"的罪名就将岳飞杀害，他面对不了质疑。为此，我们要不断增强自己的光明磊落。当你坦荡荡的时候，你就底气十足。对于那些底气不足的人，自己就需要多注意。这种人如果不是因为不自信的话，那么心中一定有鬼。

成大事者认为，一个人注重自身修养的提升，注重自己的光明磊落，注重自己的道德，并不是为了获得什么实在的利益，而是为了让自己在社会中活得坦然坦荡。平生不做亏心事，半夜敲门人不惊。当人们做亏心事的时候，要想着自己底气不足的一天。人要有一颗敬畏心，不要毫无畏惧，要相信举头三尺有神明。当你有了这种相信的时候，你的行为自然会磊落很多，而你的胸怀也会因此而坦荡很多。

36 体贴别人，善于施惠

成大事者认为与人交往中，要想不咄咄逼人，就要学会体贴别人，善于施惠。

一个人如果能够将心比心去体贴别人，尤其是言语上表现出对别人的体贴，往往容易得到很多人的亲和。

据说宋仁宗是一个关心百姓，自奉俭约的皇帝。有一天早晨醒来，他对身边的大臣说："昨天夜里睡不着，觉得很饿非常想吃烤羊肉。"侍臣说："干吗不传旨向御膳房索要？"

仁宗说："听说宫中偶尔索要点什么东西，外面便作为规矩定了下来，我担心我一要烧羊肉，御膳房从此每夜都杀羊，以备不时之需，这样天长日久，得白白地杀掉多少羊，我宁可忍一夕之饥，也不愿立下每夜杀羊的规矩。"大臣们一听，无不欢呼万岁，有的人甚至感动得流下泪来。能有像仁宗这样皇帝，心存善念，实属难得。他知道自己什么不说，也有许多人成天到晚都在揣摩他，从而百般地去迎合讨好。只要能讨主子的欢心，适合主子的口味，至于采取什么手段，会带来其他什么结果，这是他们从不考虑的，也不需要考虑，因为这是为了皇上的需要。

要想不咄咄逼人，就要善于施惠。对于那些曾经对不起自己的人，要用磊落的胸怀去对待他们。如果能够以德报怨，那么自然能够得到更多的拥护。

刘邦大胜项羽以后，凯旋洛阳，论功行赏。首先他封了吕后的两个兄长吕泽、吕释之，接着又封了萧何、张良、项伯、周勃、樊哙、灌婴等人，然后封了吕泽、吕释之的两个部将，为7800户和3000户。这样一来，刘邦的封赏就搞得不公平、不平衡了。因为吕泽、吕释之部将的功劳，怎么也比不上曹参、陈平、韩信的功劳大。而且萧何的封户不过8000户，而吕后兄长的部将却有了7800户，这显然不公平。

有一天，刘邦发现大臣们在下朝之后，三个一伙，五个一堆，交头接耳，议论纷纷。便问张良，他们在议论什么？张良告诉刘邦，他们打算造反。因为，皇上封赏不公，他们出生入死为陛下打江山，好不容易等到论功行赏的这一天，可是现在受封的却没有他们。刘邦听了此话，感到十分害怕，便问张良有什么办法没有？张良问："不知陛下平常最憎恨谁，大家都知道的。"刘邦说："有，这个人就是雍齿。他仗着是最早跟我出来的同乡，几次跟我过不去，还把我第一个立足点搞丢了。我几次想杀了他，因为他功多，所以一直不忍心下手。"张良笑着说："请下令马上先封雍齿，广示群臣，大家见到被你讨厌的雍齿也得列封赏，人人都放心了。"

刘邦为封雍齿作什邡侯，大摆酒宴，一时间，将领们鼓掌欢迎，众人都感到不会有什么后患降临了。

施惠、行赏本是为了用臣和诱臣的，倘若不能及时，便会使臣属沮丧失望，难以发挥激励和诱导臣属的作用。秦末楚汉相争，实力相对弱小的刘邦之所以能够最终战胜"力拔山兮气盖世"的西楚霸王项羽，一条很重要的原因就是项羽在施惠驭臣方面的失策。项羽在臣属有功当封爵时，却舍不得及时施惠，以致部将纷纷背离。相比之下，刘邦就要狡诈得多。当其部将韩信率兵平定齐国并自请立为"假齐王"时，刘邦克制内心的恼火，假意埋怨："大丈夫定诸侯，即为真王耳，何以假为？"迅速封韩信做了真齐王。这一招果然安抚稳定了韩信，驱使他为帮助刘邦夺取天下而拼死卖命。

选择施惠的对象对于施惠的效果也有着重要的影响。按理应是论功行赏，但由于刘邦封赏不均，以致众将要造反。在这危险时刻，刘邦采纳了张良的建议，首先封自己最讨厌的雍齿，大家见到刘邦最讨厌的雍齿也得到封赏，觉得自己也有了指望，于是人人都放心了，一场大乱就此消弭了。

成大事者认为，与人交谈中，对别人的关心是必须的，这是一种施惠行为。我们见面总是要寒暄几句，寒暄的内容不外是对方的身体如何，是否吃过饭，等等。不难看出这样的谈话内容就是关心别人，就是让别人体会到这种关心。人们在日常生活中已经不知不觉地在使用这种施惠的方式了。

当然，施惠不是以图回报为目的的。如果以图回报为目的的施惠，本身不会长久，而且这种施惠因为施惠者心中有想法，所以很容易被接受者看出破绽。在与人交往过程中，要学会真诚地去关心别人，只有做到这一点，你才会有意无意地表露出你的关心，让别人感动。

成大事者认为，施加恩惠，并不代表自己一定会失去什么。在日常谈话中，一两句关心的话，对于很多人来说就已经是莫大的恩惠了。为此，我们要注意在细节上关心别人，这样会让双方的关系更加融洽。而别人也会对你付出同样的关心。

37 给人面子，不要咄咄逼人

成大事者认为，任何人都是讲究面子的，很多时候面子和自尊是等义的。人性很奇妙，可以吃闷亏，也可以吃明亏，但就是不能吃"没面子"的亏，要在人性丛林里求生存，必须了解到这一点。那些老于世故的人，从不轻易在公开场合说一句批评别人的话，宁可高帽子一顶顶地送，设法保住别人的面子。别人也会如法炮制，给足你面子，彼此心照不宣，尽兴而散。

年轻人常犯的毛病是，自以为有见解，自以为有口才，逮到机会就大发宏论，把别人批评得脸一阵红一阵白，他自己则大呼痛快。其实这种举动正是为自己的祸端铺路，总有一天会吃到苦头。事实上，给人面子并不难，也无关乎道德，大家都是在人性丛林里讨生活，给人面子基本上就是一种互助。尤其是一些无关紧要的事，你更要给人面子。

这么做有什么好处呢？那就是别人保全了面子，你赢得了别人的尊重。

有智慧的人处理问题，会把别人的自尊、面子放在第一位，然后才设法将事情导向好的方面。

康熙皇帝即位后，着手感化汉族知识分子。他颁诏天下，令地方官员举荐有才学的明朝知识分子遗老遗少，到朝廷当官。但是，中国的知识分子素来讲气节，没有几个人愿意应召。

这时候，陕西总督推荐了关中著名的学者李颙，可是，这个李颙以有病为由，坚决不肯入京做官。康熙并不介意，对他表现出了极大的关注和恭敬，派官员们不断地看望他，吩咐等他病好后再请入京。

官员们天天来探视，可是李颙卧在床上，十分顽固。这些官员怕自己的乌纱帽不保，就让人把李颙从家里一直抬到西安，督抚大人亲自到床前劝他答应进京。谁知李颙竟以绝食相威胁，还趁人不注意要用佩刀自杀。官员们没办法，只好把这些事情上报康熙。康熙再一次吩咐官员们不要再逼他。

有一次，康熙西巡到西安，让督抚大人转达了自己的看法，说李颙是当代大儒，想要亲自前去拜访他。这个面子，康熙皇帝给得实在太足了，可是，李颙却仍声称有病无法接驾，康熙帝没有因此大发雷霆，反而和颜悦色地表示没有关系。

其实，李颙内心早已臣服于康熙了，只是为虚名所累，而且以前的姿态摆得太高，一时没办法下来。于是，李颙就让儿子带上自己写的几本书去见康熙，这实际上是向康熙表明态度：他是大明臣民，不能跪拜康熙，而他儿子是大清臣民，可以跪拜康熙。这样既保住了自己的脸面，又回应了康熙给他的面子。

康熙召见李颙的儿子，得知李颙确实有病，也就没有勉强，于是对李颙的儿子说："你的父亲读书守志可谓完节，朕有亲题'志操高洁'匾额并手书诗贴以表彰你父亲的志节。"并告诉地方官对李颙关照有加。

康熙此举，可谓深得读书人的心。那些表明誓不降清的人，早就没那么顽固了，而那些本已臣服的人，更是乐意为朝廷效力。康熙给足了别人面子，实际上也为自己捞足了面子。

在生活中，当我们头脑冷静时，一般还能注意到维护别人的面子。若是别人犯了错，或做了对自己不利的事，情绪一上来，就只顾自己发泄，而考虑不到别人的脸面了，这正是智者尽力戒免的事。无论遇到任何事，他们都能保持从容气度，而不会伤及他人面子。

在生活中，我们稍加留意，即可发现，越是地位崇高的人，越是谦虚待人，处处照顾别人的面子；越是地位低下的人，越是趾高气扬，不把别人的面子放在心上，甚至不惜践踏别人的尊严。并非地位高了自然会照顾别人的面子，恰恰相反，因为他们善于照顾别人的面子，才可能成就今天的地位。

成大事者认为，在与人交往的过程中，一定要学会照顾别人的情面，千万不要咄咄逼人。当你咄咄逼人的时候，只不过是在炫耀自己的口才有多好，这种炫耀本身就是让人厌恶的。咄咄逼人的人很多时候都会让人产生刻薄的印象，试问，又有几个人愿意跟刻薄的人交往？在与人交谈的过程中，要学会不说偏激的话，不多说批评的话，即使批评也要针对具体的事情，而不要针对过于泛泛的群体，因为这个泛泛的群体很容易就包括了你的谈话对象。其实在谈话的时候，不要过多地表现出自己的喜恶也是必须坚持的原则，因为你所厌恶的东西可能正是别人喜爱的东西，而你所喜爱的东西或许正是别人唯恐避之不及的东西，因此要想不在言语上有所缺憾，不但要学会少言，而且要学会说话的柔和。

38 用情理服人，不要以话压人

成大事者认为争论服不了人，但是情理可以服人。在日常生活中，我们要学会用情理去服人，而不要用话去压人。用情理服人往往需要一些时间，因此我们必须学会生活中很多事情的冷处理。

在我们的生活中，常有太多的矛盾。如夫妻不和、邻里不睦、同事不谐等，这时候，可以用"冷处理"的方法，把正在闪射的"火星"冷却。"冷处理"是避免人际冲突的良方。当对方情绪激动，或存心挑衅时，你与他针锋相对，只会使矛盾激化，造成难以收拾的局面。不如冷静以对，使对方的情绪降温，就能避免一场纠纷。

"冷处理"不是不处理。毋庸置疑，对各种不良倾向和错误行为，既不能姑息迁就、包庇护短，也不能大事化小、小事化了，而是在不违背原则的前提条件下，根据每个人在性格特点、承受能力等方面的个体差异和问题发生的严重程度，灵活地进行处理。

对一个良知未泯的人来说，做错事往往是一时糊涂。如果对他的错误抓住不放，求全责备，他可能就会自暴自弃。相反，给他一个改正错误的机会，他也可能痛改前非，下定做好人的决心。

三国时，有个北海读书人，名叫王烈。他处事公道、善于化解邻里乡亲们的矛盾。在当地享有很高的威望，人们遇到什么事情都愿意告诉他，有摩擦、矛盾，人们都去找他评理。每次王烈都能以理服人，使闹矛盾的双方都心服口服。

有一次。一个行为不端的人偷了邻居一头牛。当他拿到市场上正准备卖钱时，被牛的主人抓住了。偷牛人觉得自己做了不光彩的事情，就连连向失主赔罪，并要求惩罚他。失主原谅了他。偷牛人最后说："我一时糊涂，偷了你的牛，很是惭愧。我发誓今后决不再干这种事了，但我要求你不要将这事告诉王烈。"

偷牛的事情，传了出去，过了几天还是传到王烈那里。王烈听到偷牛人有悔改的决心，就买了一匹布，托邻居将布送给偷牛人。

有人不解地问王烈："那个偷牛人自己做了贼，很害怕让你知道，而你反而送一匹布给他，这是为什么呢？"

王烈回答说："这个偷牛人，不愿意让我知道这件事，说明他有羞耻之心。既然知道羞耻，就不难改邪归正。我送布给他，是想激励他痛下决心，真正重新做人。"

一年后的某一天，一位老人挑着沉重的担子赶路，累得满头大汗，停在路边歇息。这时走过来一个人，对老人说："你这么大年纪，挑这样重的担子，怎么得了呢？我来帮助你吧。"说完就挑起老人的担子，走了好几十里地，一直送到老人家门口才放下担子，没等进屋休息就要走。老人十分感动，问他的姓名。那人说："这点事情算不了什么。"转身就离开了。

过了几天，那位挑担老人出门探望朋友，并带了一把宝剑，准备送给朋友。走到半道上，不小心将宝剑失落。等到老人发现，才急急往回寻找。远远看见一人，站在路旁，东张西望，好像在找什么人。老人走到那人跟前，正要询问，一看竟是上次帮助他挑担的那个人，手中拿着老人失落的宝剑。还没等老人说话，那人就开口了："这宝剑是您失落的吗？我已在这里等候很久了。"

老人真是高兴，拉住那人的手说："我应该怎么谢你啊？上次你帮我挑担，连姓名也没告诉我。今天又拾到我的宝剑，又还给我，你真是个君子啊！这回你一定要告诉我你的姓名，否则，我会心中不安的。"

那人见老人如此恳求，只好把姓名告诉他。老人回到家中，一直在心中感激那个拾剑人。他想，地方上出了这样一个拾金不昧的好人，应当让王烈知道才好。于是老人找到王烈，将两件事都告诉了他。

王烈听了也很感动，说："世上竟然有这样品德高尚的人，我却没有与他见过面，真是惭愧！"于是，王烈按照老人告诉的姓名，四处打听这个做好事的人究竟是谁，住在哪里。一打听原来竟是那个偷过牛的人。王烈感到非常意外，那个偷牛人不但改正错误，还自觉地做了那么多好事。他非常激动地对人说："一个人受到了感化之后，改恶从善的力量真是难以估量啊！"

成大事者认为，如果真的想让一个人服气，就不用使用争论，而应该使用情理。这样才能让对方心服口服，主动接受感化。

39 巧装糊涂，给人台阶下

成大事者认为，人最好不要树敌。在与人交往的过程中，要学会运用巧妙的言语，甚至是看起来很糊涂的言语，给别人台阶下。

古时有一位国王，在领兵跟敌国作战时，遇到顽强抵抗。战争异常残酷，持续了几个月之久。

一次，敌方将领想出一个"擒贼先擒王"的计策——派一位武士行刺国王。这位武士骁勇机警、行动敏捷，他躲开岗哨，想从马棚偷进国王的卧室。不料，国王的马非常通灵，见有异客入侵，便嘶叫起来。这个情况是武士事先没想到的，他拿不准应该杀马灭口、继续冒进，还是脚底抹油、赶紧开溜？

国王听见马叫声有异，估计出了情况，手持宝剑出来察看，发现了刺客。他一声招呼，卫兵们便蜂拥而至，向刺客扑去。武士知道此番性命难保，想举刀自刎，却已经来不及了，被卫兵们捆得结结实实，扔在地上。

这时，侍卫长跑过来，一面向国王自责疏于防范之过，并请示如何处置这名刺客。

国王走到武士身边，厉声问："你是来偷马的吗？"

武士不明白是什么意思，含含糊糊答应一声，心里却想：我是来取你性命的，怎么说我偷马呢？

国王回头对侍卫长说："这家伙一定是来偷马的。现在是战争时期，老百姓都很穷，想偷马卖钱，情有可原，把他放了吧！"

侍卫长急忙说："不能放！他明明是来行刺的，不是来偷马的，应该将他就地正法。"

国王说："他明明是个偷马贼，为什么说他是刺客呢？我看他也是一条好汉，一定是迫不得已才干这种小偷小摸的事，把他放了吧！"

侍卫长无奈，只好把刺客给放了。

这件事传出去后，人们都称颂国王心胸宽广、爱惜人才。各地的勇士如潮水般涌来投奔他，他的军队实力大增，很快就取得了战争的胜利。后来，国王统一了北方各部，建立了一个强大的王国。这位国王就是清太祖努尔哈赤。

非常之人必有非常之量。圣经说："原谅你的仇敌。"这并非道德说教，而是经验之谈，因为原谅仇敌可能带来很大好处。但是，原谅仇敌并不是一件容易的事，一方面，很难克制自己的仇视心理；一方面，在操作上很难做得恰到好处——带着鄙视、不屑心理予以原谅，反而成为新的仇恨的苗头。只有带着尊重的心理予以原谅，才可能完全收缴对方心中的锐器。

总而言之，世界上没有永远的敌人，也没有永远的朋友，只有永远的利益。一般而言，双方依赖面大，两人就是朋友；对立面大了，两人就是敌人。

人在世界上，有一个敌人不算少，有一百个朋友不算多。所以，要尽量让别人对自己有所依赖，或者让自己对别人有所帮助。这样你就有很多朋友而少有敌人。万一非跟某个做对手不可，也要带着公平竞争心理去做事，而不要带着仇视心理，非消灭对手不可。

在现实生活中，需要人在言语上假装糊涂。假装糊涂是一种大度的表现，这种表现往往能感化别人。

从前，有两个国家打了一仗。打完后，胜利的那个国家的军队开始打扫战场。有一个士兵发现敌国的一个士兵躺在地上，嘴里一个劲地说要喝水。这个士兵发了善心，于是找了一壶水过来，递给了这个敌国士兵。突然，意想不到的事情发生了。这个敌国士兵拿起身边的一根长矛朝着这个递水给他的士兵刺了过去。手臂被刺中了，血流了出来，这个士兵很生气，十分愤怒地对着敌国士兵喊道："你这个家伙，本来是想给你一壶水的，现在你居然刺伤我，我只能给你半壶了。"说完，自己就喝了一半，把另一半递给了敌国士兵。敌国士兵顿时感动得眼泪都流了出来。

我们来看看这个过程，当敌国士兵刺伤他的时候，敌国士兵本身就抱着必死的心。但是没有想到这个人居然如此大度，不但不计较，反而还假装糊涂地生气了。这种大度让敌国士兵没有想到，因此十分感动。

我们在日常生活中，可能难免会树一些敌人。在这个时候，如果想化敌为友，最好的办法就是假装糊涂。如果你很明确地去化敌为友，别人一定会认为你有更大的企图。其实假装糊涂对于我们自己来说并不会损失什么，相反在这装糊涂的过程中，显示了我们的胸怀，也感动了我们的敌人。

在很多事情上，人到最后，很多时候都是在争一口气，而并不是争事情的是非结局。所以应该学会给别人情面，给别人台阶，让别人好顺利下台阶。

40 人人平等，不要有优越感

成大事者认为，在与人交谈的过程中，一定要秉承人人平等的原则，千万不要有任何优越感。

周公曾告诫他的儿子伯禽说："品德高尚又保持恭敬的人，能获荣耀；土地广大富庶又能保持节俭的人，能获平安；地位尊荣又保持谦卑的人，能够显贵；人多兵强又保持敬畏的人，能打胜仗；聪明能干又保持愚笨的人，能够获利；博学多才又保持几分浅薄的人，能够益智。这六条，都是谦逊之德。即使贵为天子，富有天下，如果不谦虚，也会失去天下，身遭灭亡，夏桀、商纣就是最好的例子。天子都会因为不谦逊而致败，其他的人怎么能不谨慎吗？所以《易经》说：'有一种方法，大足以守住天下，中足以守住国家，小足以守住自身。'说的就是谦逊啊！天道总是毁损自满的人而补益自谦的人；地道总是扰乱自满的人而顺应自谦的人；鬼神总是祸害自满的人而降福自谦的人；人们总是厌恶自满的人而喜欢自谦的人。《易经》说：'保持谦逊，万事亨通，君子善终，大吉！'你好自为之吧！"

周公的话确实道出了为人处世的秘诀。可是要在生活中做到谦和待人，却并不容易。大凡一个人有了一点成就，在官不如自己大、钱不如自己多、名气没有自己大的人面前，难免有几分优越感，洋洋得意之下，哪顾得上谦逊呢？他们却没有想到，正因为别人地位较低，他摔一跤倒不要紧；正因为你地位高，从高处掉下来，就痛多了。不掉下来的唯一方法是：谦虚谨慎，戒骄戒躁。

有一次，田子方乘车赶路，与太子击相遇。太子击急忙下车，迎上前去，恭恭敬敬行礼，田子方却端坐车上不动。太子击不高兴地说："不知道是贫贱的人有资格瞧不起人，还是富贵的人有资格瞧不起人？"

田子方说："当然是贫贱的人有资格瞧不起人。富贵的人怎么敢瞧不起人呢？国君瞧不起人，就要亡国；大夫瞧不起人，就要败家。至于贫贱的人，如果不得意，穿上鞋子就走，到什么地方得不到贫贱呢？所以，贫贱的人才有资格瞧不起人，富贵的人怎么敢瞧不起人呢？"

还有一次，太子击进来见魏文侯时，宾客和大臣们都站起身，只有田子方端坐不动。魏文侯脸上有不悦之意，太子击也很不高兴。

田子方看出父子俩的心思，不禁一笑，说："我为你站起来吗？不知是否合乎礼；我不为你站起来吗？不知是否犯了罪。请让我背诵一段书吧：楚恭王做太子时，想到云梦去，路上遇到大夫工尹，工尹忙躲进一户人家，避而不见。太子下车，来到这户人家门口说：'老先生，何必这样呢？我听说尊敬他的父亲，不等于还要尊敬他的儿子。如果还要尊敬他的儿子，这是非常不吉利的。老先生何必这样呢？'工尹说：'以前我只认识你的外表，从现在起，我了解你的内心了。果真这样，你准备到哪里去？'"

田子方背完书，魏文侯点头夸道："好！"

太子击上前背诵楚恭王的话，一连背了三遍，并表示一定要向楚恭王学习。

法国哲学家罗西法古说："如果你要得到仇人，就表现得比你的朋友优越吧；如果你要得到朋友，就要让你的朋友表现得比你优越。"这句话真是没错。因为当我们的朋友表现得比我们优越时，他们就有了一种重要人物的感觉，但是当我们表现得比他还优越，他们就会产生一种自卑感，造成羡慕和嫉妒。有时候，我们优越感，还会使自己处于尴尬的境地。

所以，19世纪英国政治家斐尔爵士告诫那些向他求教的人说："如果可能的话，要比别人聪明，却不要告诉人家你比他聪明。"

苏格拉底则告诉他门徒一个圆滑处世的方法："我只知道一件事，就是我一无所知。"如果连圣贤都不敢对人起轻视之心，我们怎么敢轻视别人呢？

成大事者认为，人如果树立人人平等的观念，在他的言语中自然不会有任何优越感，自然不会伤害别人或者得罪别人。我们发现，强者往往是温柔的，这种温柔在很多时候都表现为一种人人平等，正是这种平等，正是这种毫无优越感，才让强者更加光辉，更加强大。

41 不轻视，诚意动人

成大事者认为，与人交往，不能轻视任何人，即使在心理上有所轻视，但是在言语上一定要给别人应有的尊重。因为没有人弱小到受了侮辱而不会报复的。我们要通过诚意来打动别人，而不是言语上逼迫别人。

历史上，诸葛亮就对人十分尊重，即使是对手下败将，也是用足了诚意来打动别人，而没有丝毫的轻视。

在刘备病死白帝城的时候，南中地区一个很有威信的少数民族首领孟获，发动西南一些部族起来反抗蜀汉。真是祸不单行，当时，蜀汉刚刚在虎亭遭到惨败，精力还没有恢复。

为防止蜀国遭到内外夹攻，诸葛亮派人去向东吴孙权讲和，同时，他兴修水利，发展生产，积蓄粮草，训练兵马。经过两年时间的艰苦努力，蜀中形势走向稳定，诸葛亮决定率领大军，兵分三路，亲征南中。

出发时，参军马谡对诸葛亮说："南中叛将倚仗那里地势险要，离成都距离遥远，很久以来就不服朝廷的管束。你今天用武力打败他，你一回师，他明天又可能叛变。所以，对付他，攻城为下，攻心为上，这次出征我认为不应该以消灭他的人员为目的，而应该从心理上征服他，这样才能收到好效果。"

马谡的话，也正是诸葛亮心里所想的。诸葛亮赞许地点点头，说："你的建议很好，我一定照这样去做。"

孟获得到诸葛亮率军开进南中的消息，连忙组织人马来抵抗。

诸葛亮了解到孟获作战勇猛，力大无穷，性格耿直豪爽，说一不二，但缺少计谋。于是，一个降伏孟获的作战计划，便在诸葛亮的头脑里逐步形成。

首先，他向全军发命令：对敌酋孟获，只能活捉，不要伤害。接着，他把大将王平叫到跟前，低声对王平讲了几句，王平会意，便带领一支人马，冲进孟获的营寨，孟获慌忙迎战。交战没有多久，王平猛然调转马头，向荒野奔去。

孟获见王平败逃，心头有说不出的高兴。他马上喝令手下的人，快速向前追赶。王平来到一个谷地，两岸是陡峭的绝壁，脚下是狭窄崎岖的小路。没走多远，王平猛地一下转过身来，眼睛望着紧随而来的孟获，仿佛要同他在这里决战。

孟获不知是计，握紧战刀，催马前赶。还没接近王平，忽听后面喊杀声震天。转头一看，孟获才发觉自己已被蜀军包围。

孟获任凭自己如何勇猛无敌、力大无穷，终究敌不过蜀军大队人马的轮番进攻。渐渐地，孟获感到体力不支，气喘吁吁了。又有一队蜀军从四面包围过来，孟获心里一惊，马儿突然向上一跃，孟获从马上跌落在地，被冲上来的蜀军捆了个严严实实。孟获被押到诸葛亮面前，以为自己必死无疑。不料诸葛亮走下帅台，亲自给他松了绑，并好言好语劝他归顺。

孟获大声说："这次是我不小心从马上跌下来被你们捉住，我心里不服！"

诸葛亮也不斥责他，把他带到蜀军营地四处走走看看，然后问："孟将军，你认为我蜀军人马怎样？"

孟获高傲地说："以前我不知道你们的阵势，所以败了，我今天看了你们营地，我觉得也没有什么了不起！下次我一定能打败你们！"

诸葛亮坦然一笑，说："那好哇，你现在就回去，好好准备准备，我们再打一仗。"

孟获回到部落，重新召集人马，积极筹备同蜀军的第二次交战。

有勇无谋的孟获，哪里是蜀汉丞相诸葛亮的对手！没出一天工夫，孟获第二次被蜀军将士生擒了。诸葛亮对孟获又好言好语劝慰一番，又将他放了。这样捉了放，放了捉，反反复复进行了七次。

孟获第七次被捉，终于被诸葛亮的诚意感动了。他流着眼泪说："丞相对我孟获七擒七纵，真称得上自古以来都没有的仁至义尽的事啊！我从心里佩服丞相，从今以后，我决不再反叛了。"

孟获被释放以后，立刻会见各部族的首领。万分感慨地对大家说："蜀汉丞相真是谋略过人，他训练的兵马，一个个机智善战，武艺高强，我们南中的人，再也不要与他为敌，兴兵作乱了啊！"

由于孟获在各部族首领中威信很高，大伙听了他的话，不再提什么反叛的事了。为了节省军事开支，为了避免官府和南中少数民族再发生冲突，诸葛亮决定不在这里设一官一府，不留一兵一卒，仍然请孟获及各部族首领，各自管好自己的属地，友好相处。

成大事者认为，与人交往，攻心为上。当你用足诚意，对别人表示最大尊重的时候，人们也会感受到的。

42 言语伤人比刀子还锋利

成大事者认为，言语伤人比刀子还锋利，而且造成的伤害是永远无法弥补的。为此，我们要学会控制自己的言语，千万不要出现过于暴力的语言。而要达到这些，只要做好一件事情就够了，这就是你真正拥有一颗宽容的心。

有一句英国谚语是这样说的："如果只想幸福一天，最好上理发店；如果只想幸福一周，就去结婚；如果只想幸福一个月，可以去买一匹马；如果只想幸福一年，那就盖一栋新房；如果想获得终生的幸福，就必须当一个充满爱心的人。"

只有充满爱心的人，才能以温柔对待倔强，用宽容包容苛刻，用热情融化冷酷。游弋于爱的空间，人与人之间便没有了仇恨、欺骗和谎言，这种人生的境界或许正是现代社会所缺乏的，同时也是人们所向往的。

世上有四种人，第一种人对别人严对自己宽；第二种人对别人严对自己也严；第三种人对别人宽对自己也宽；第四种人对别人宽对自己严。第一种人给社会制造麻烦，第二种人给生活带来压力，第三种人使人际变得轻松，第四种人给世界带来福祉。第一种人不一定都是小人物，他们对世界的破坏力总是跟他们的权力一样大；第四种人不一定都是大人物，但他们却维系着人类对生活、对未来的信心。

"容过"，就是要压制或克服自己内心对于当事人的歧视，尽管自己心里并不快乐，感到懊丧，但却应该设身处地地为当事人着想，想一下自己如果在这种场合下会如何做，在做错了某事之后又有何种想法。当然，这里需要"容"、需要"忍"的是对于当事人本人，而对于具体的事情本身则应该讲明白，该批评的必须批评。

伟人表现其伟大的方式，是在于他们对小人物的宽容与体谅。在很多伟大人物身上都会有宽容的美德，这种美德是他们能够被人尊敬的原因之一。

沙皇亚历山大常常到俄国四处巡访。一天，他来到一家乡镇小客栈，为进一步了解民情，他决定徒步旅行。当他穿着没有任何军衔标志的平纹布衣走到了一个三岔路口时，记不清回客栈的路了。

亚历山大无意中看见有个军人站在一家旅馆门口，于是他走上去问道："朋友，你能告诉我去客栈的路吗？"

那军人叼着一只大烟斗，头一扭，高傲地把这身着平纹布衣的旅行者上下打量一番，傲慢地答道："朝右走！"

"谢谢！"大帝又问道，"请问离客栈还有多远！"

"一英里。"那军人生硬地说，并瞥了陌生人一眼。

大帝抽身道别刚走出几步又停住了，回来微笑着说："请原谅，我可以再问你一个问题吗？如果你允许我问的话，请问你的军衔是什么？"

军人猛吸了一口烟说："猜嘛。"

大帝风趣地说："中尉？"

那烟鬼的嘴唇动了下，意思是说不止中尉。

"上尉？"

烟鬼摆出一副很了不起的样子说："还要高些。"

"那么，你是少校？"

"是的！"他高傲地回答。于是，大帝敬佩地向他敬了礼。

少校转过身来摆出对下级说话的高贵神气，问道："假如你不介意，请问你是什么官？"

大帝乐呵呵地回答："你猜！"

"中尉！"

大帝摇头说："不是。"

"上尉！"

"也不是！"

少校走近仔细看了看说："那么你也是少校！"

大帝镇静地说："继续猜！"

少校取下烟斗，那副高贵的神气一下子消失了。他用十分尊敬的语气低声说："那么，你是部长或将军！"

"快猜着了。"大帝说。

"殿……殿下是陆军元帅吗！"少校结结巴巴地说。

大帝说："我的少校，再猜一次吧！"

"皇帝陛下！"少校的烟斗从手中一下掉到了地上，猛地跪在大帝面前，忙不迭地喊道："陛下，饶恕我！陛下，饶恕我！"

"饶恕你什么？朋友。"大帝笑着说，"你没伤害我，我向你问路，你告诉了我，我还应该谢谢你呢！"

成大事者认为，宽恕不仅是爱心的体现，而且是极高的做人境界，在言语上宽容别人更是必须的，因为很多话就是伤人的刀，它们本不该说出口。

第四章　成大事者说话讲究氛围

> 与人交谈，氛围很重要。良好的氛围容易让人放松，交谈自然能够更加坦诚。如果氛围紧张，人人不得轻松，交谈效果就会大打折扣。

43 与人聊天，自我轻松

成大事者认为，与人交谈，要尽量轻松一些，不要过于严肃，过于严肃容易让人过于紧张。当然一些有特殊目的的谈话除外。要想交谈轻松，就应该注意语言的选择。总体来说，通俗化的语言比书面化的语言要轻松许多，容易让人接受。

在与人交谈的时候，多使用谚语往往使谈话更加通俗易懂。谚语经历了千百年长期传诵，千锤百炼，凝结着劳动人民丰富的思想感情和智慧。谚语具有寓意深长、语言精炼、朗朗上口、便于记忆的特点。谚语和俗语一样，也可以为语言增色。

1985年5月，美国总统里根到苏联访问，两国领导人举行会谈。在欢迎仪式上，苏联领导戈尔巴乔夫说："总统先生，你很喜欢谚语，我想为你收集的谚语再补充一条，这就是'百闻不如一见'。"戈尔巴乔夫之意，当然是宣称他们在削减战略武器上有行动了。

里根也不示弱，彬彬有礼地回敬道："是足月分娩，不是匆忙催生。"里根的谚语形象地说明了里根政府不急于和苏联达成削减战略武器等大宗交易的既定政策。

两国领导人经过紧张磋商，在某些问题上减小了分歧，都表示要继续对话。戈尔巴乔夫担心美国言而无信，于是在说话中用谚语提醒："言必信，行必果。"里根也送给戈尔巴乔夫一句谚语："三圣齐努力，森林就茂密。"

两国领导人都是说话高手，巧妙地运用谚语进行磋商，收到了其他语言所难以达到的效果。

在与人聊天的时候，要想达到轻松的地步，除了使用通俗的语言外，还要学会放低自己的身份和地位，平等地对待别人。

成大事者认为，与人交谈过程中，避免过于严肃，场面过于僵化，是完全可以做到的，关键看个人如何选择。不要总是提及一些过于严肃的话题，也不要总是用些过于书面的话语，当然更不要总是念念不忘自己的位置。要学会在平等的地位，通俗的语言中达到自我放松，让周围的人也随之放松起来。

44 话中不时添加幽默

成大事者认为，没有谁会对一成不变、呆板、枯燥的发言保持浓厚的兴趣，在当众讲话过程中，要注意遣词灵活、生动形象，不断给听众以新颖刺激，通过运用幽默来达到说话的目的。

有一次，国画大师张大千的弟子为其举行饯行酒宴，社会各界名流均应邀出席。大千先生为人一向孤傲。大家入席坐定，不免有点拘谨，宴会开始后只见大千先生举杯来到京剧大师梅兰芳先生面前："梅先生，您是君子，我是小人，我先敬您一杯！"众宾客听罢一惊，梅先生也不解其意："此话怎讲？"只见大千先生笑答："您唱戏，动口，您是君子；我画画，动手，我是小人嘛！"于是满堂宾客大笑不止，梅先生也乐不可支，举杯一饮而尽，宴会气氛十分热烈。大千先生一扫平日之孤傲，以幽默的话语风格达到了当众讲话的目的——巧调氛围，显出大师技高一筹的说话水平。

要想达到说话幽默的目的，就要学会用多变的视角。所谓视角，是指人们观察事物的角度。同一事物，从不同的角度观察认识，其感官认知的结果便不相同。话语的表达视角，在言语交际中是个很重要的因素。人的思想无非"情""意"二字，一篇言辞，一番话语，表情达意，其表达的视角也应当随意而转，随情而变。

美国著名作家马克·吐温善于利用多角度表情达意，甚至应付责难。在一次酒会上答记者问时，他说："美国国会中有些议员是狗娘子养的。"记者通过新闻媒介把此话捅了出去。华盛顿议员们大为愤怒。纷纷要求马克·吐温道歉并予以澄清，否则就将以法律手段控告他。过了几天，《纽约时报》上果然刊登了马克·吐温致联邦议员们的道歉启事："我考虑再三，觉得此话不恰当，而且也不符合事实，故特此登报声明，把我的话修改如下：'美国国会议员中有些议员不是狗娘子养的。'"马克·吐温巧用肯定与否定的不同视点，将同一思维形式以不同句式表达，貌似不同，实则仍旧表达自己的轻蔑和鄙视。

说话幽默本身不是目的，不过幽默能够体现一个人的修养和魅力。在说话的时候，运用一些多变的句型也能够彰显一个人说话的魅力。

人类语言丰富多彩，要生动运用丰富多变的口语句型，直接表达讲话目的。这一特点，人们在日常言语、社交谈话、会议报告、节目主持，以及一些论辩、促销、导游等多种口才表现形式中可见一斑。具体说来，句型多变主要表现在不仅有常见的主谓句，还有很多非主谓句，如名句、动句、形句，主谓倒装，定状异位等。

当年日本侵略者将天津"南开"炸得一塌糊涂，不少人哀叹："南开成了难开！"当时的南京大学校长张伯苓听了，说："难开？那要加一个标点：'难，开！'"这里张校长巧用标点，将"难开"这一偏正短语变为转折关系的复句，便将那知难而进，遇挫愈坚的意与情恰到好处地表现出来了。事后有人为此专门撰文《一个标点显人格》，可见句型多变的艺术魅力。

成大事者认为，如何说话是有大学问的，在话语中不时加入幽默的成分，巧妙地回避别人的锋芒，是大学问中的最高境界。我们要想通过说话来取得优势，或者达到自己的目的，就要善于在说话中寻找自己能够运用的空间，在这个空间内善于发挥自己的才智和口才。说话幽默不代表说话可以漫无节制，不代表自己可以随意开玩笑，说话幽默也需要根据特定的场合来，不要在任何场合都表现自己幽默的一面。

45 适当自嘲活跃气氛

成大事者认为，与人交谈时，要想达到很好的交谈效果，就必须活跃气氛。活跃气氛可以通过很多方式来实现，其中自嘲是最好的方式之一。

二战期间，英国首相丘吉尔到华盛顿会见美国总统罗斯福，要求美国共同抗击德国法西斯，并给予物质援助。丘吉尔受到热情接待，被安排住进白宫。一天早晨，丘吉尔正躺在浴盆里抽着他最爱抽的特大号雪茄。突然，美国总统罗斯福推门进来，丘吉尔大腹便便，肚子露出水面，这两个世界大国的领导人在此刻会面，确实非常尴尬。丘吉尔扔掉烟头，利用这种特殊的情境以幽默的口吻说："总统先生，我这个英国首相在您面前可真没有一点隐瞒。"说完，两人哈哈大笑。丘吉尔正是用言此意彼的手法，既解除了当时的窘态，又借此向罗斯福袒露联合抗击德国法西斯的诚意，增进了会谈时双方的相互了解与信任，促进了这次谈判的成功。

当遇到尴尬局面的时候，一个人的自嘲往往能够化解这种尴尬。自嘲并不是自我贬低，相反，善于运用自嘲的人往往会被别人认为大度。比如，在某餐厅一起用餐，大家叫了服务员，但是服务员始终不搭理，场面有些尴尬，甚至有人有些怨气。如果怨气发泄出来，必然会破坏用餐的气氛。这个时候，有人如果站起来说："哎，都怪我，如果我长得再帅那么一点点，也不会有这种情况出现。"大家很可能就在哄然一笑之中化解了紧张。

在遇到尴尬局面的时候，有人喜欢拿别人开玩笑来化解尴尬。事实上，这是最要不得的。拿别人开玩笑很容易遭到别人的反感。如果别人大度一点，当时不会发作。但是很可能不迎合你，这样场面就更加尴尬了。如果别人小气一点，当场发作，认为你没事找事，场面会一发不可收拾。

为此，成大事者认为，不要随意去开别人的玩笑，要开玩笑就拿自己开玩笑。正是这种考虑，人才要学会自嘲。

自嘲和自恋刚好相反，很多人都喜欢自恋，自恋只会让自己形象贬损，而不会让自己光辉起来，毕竟自己夸自己的话，不论夸的内容是否正面，都说明自己不是那么自信。这样自然容易被别人看不起。在有些场合，我们容易把自嘲和自恋分不清楚。有的人想通过自恋来活跃一下气氛，比如"哎，人长得帅，真是没办法"。这种属于有点自嘲精神的自恋，容易得到别人的一笑。但是这有前提，那就是别人充分了解你。如果别人不了解你，一定会认为你在自恋，在夸耀自己。事实上，你只不过想通过这种方式引来大家一阵哄笑。

人有自嘲精神，是一种大度的表现。善于把自己的缺点说出来，不仅反映了一个人的至诚之心，而且还表现了一个人的大度为怀。生活中很多人对待缺点是遮蔽不及的，希望没有人知道他的缺点。很少有人愿意把自己的缺点拿出来说事的。

人们往往有一双看着别人的眼睛，但是很少用眼睛来证实自己。满眼看的都是别人的缺点和不是。对于自己的缺点和不是却一个都没有发现。感觉自己就是个完人。让一个人承认自己有什么缺点，那比登天还难，因为那样很丢面子。不到万不得已的时候，很少见人愿意揪出自己的缺点。

其实，人们是可以巧妙地承认自己有缺点，这就是通过自嘲。通过自我嘲笑，把自己的缺点表现出来，不仅可以降低个人的道德风险，而且还可以增进别人对自己的亲和。事实上，很少有人愿意跟完人在一起交往的，原因在于跟完人一起交往，自己就显得很不完美，人是会受挫的。为此，我们表现出自己的缺点，同时不以一种十分正式的方式，不但不会失去朋友，反而会得到更多的朋友。

成大事者认为，在与人交谈的过程中，自嘲是活跃气氛最好的方式之一。当你愿意把自己当成一个靶子让人说的时候，所有的人自然会觉得你坦诚，而坦诚是增强谈话效果最有效的因素。当然，自嘲不等于自我贬损，人在自嘲的时候不要对自己的人格进行非议和侮辱，这样也会降低你在别人心目中的地位。同时，自嘲不等于自我检讨和自我承认错误，自嘲只不过是为了活跃气氛，而并非为了深深自省。当大家在一起活动的时候，你的自我检讨和自我承认错误，很有可能破坏活动的氛围。

在运用自嘲的时候，一定要记住，不要用那种容易被人认为是指桑骂槐的故事。一定要注意不要过分夸大自己肢体上的缺陷或者特征。比如说自己是个小矮子之类的，因为和你同行的人，或许有比你更矮的。人在自嘲的时候一定要把握度，这种度在于不伤害到自己，不伤害到别人，不让别人觉得难堪，也不让别人觉得自己在自省，在这种度的前提下，再来活跃气氛。其实可以借用很多电影剧本的台词来自嘲，这种自嘲效果往往是最好的。

46 遇到窘境要大度

成大事者认为，在与人交谈的过程中，遇到窘境的时候一定要大度。千万不要因为窘境而争执不下，到最后发展到一发不可收拾的地步。

林肯总统告诫一位和同事发生激烈争吵的青年军官说："任何决心想有所作为的人，决不肯在私人争执上耗费时间。在跟别人正误参半的问题上，你要多让一点步。如果你确实是对的，就少让一点。总之，不能失去自制。与其跟狗争道，被它咬一口，不如让它先走。就算宰了它，也治不好你的咬伤。"

卡耐基曾说："避免与人争执的办法就是不争执。"

有些时候，人与人之间会发生一些不可避免的争吵。在我们的日常生活中，夫妻间、朋友间、上下级之间、老师与学生之间，都难免会发生一些争执。这当然是令人不愉快的，甚至可能带来意想不到的冲突。然而如果能妥当地处理，也会化干戈为玉帛，避免可能的损失。

明朝年间，在江苏常州，有一位姓尤的老翁开了个当铺，有好多年了，生意一直不错，某年年关将近，有一天尤翁忽然听见铺堂上人声嘈杂，走出来一看，原来是站柜台的伙计同一个邻居吵了起来。伙计连忙上前对尤翁说："这人前些时典当了些东西，今天空手来取典当之物，不给就破口大骂，一点道理都不讲。"

那人见了尤翁，仍然骂骂咧咧，不讲情面。尤翁却笑脸相迎，好言好语地对他说："我晓得你的意思，不过是为了度过年关。街坊邻居，区区小事，还用得着争吵吗？"于是叫伙计找出他典当的东西，共有四五件。尤翁指着棉袄说："这是过冬不可少的衣服。"又指着长袍说："这件给你拜年用。其他东西现在不急用，不如暂放这里，棉袄、长袍先拿回去穿吧！"

那人拿了两件衣服，一声不响地走了。当天夜里，他竟突然死在另一人家里。为此，死者的亲属同那人打了一年多官司，害得别人花了不少冤枉钱。

原来这个邻人欠了人家很多债，无法偿还，走投无路，事先已经服毒，知道尤家殷实，想用死来敲诈一笔钱财，结果只得了两件衣服。他只好到另一家去扯皮，那家人不肯相让，结果就死在那里了。

后来有人问尤翁说："你怎么能有先见之明,向这种人低头呢?"

尤翁回答说："凡是蛮横无理来挑衅的人,他一定是有所恃而来的。如果在小事上争强斗胜,那么灾祸就可能接踵而至。"人们听了这一席话,无不佩服尤翁的聪明。

在生活中,我们经常可能会遇到一些蛮不讲理的人,比如在公交车上,人家不小心碰了一下,他或她就骂骂咧咧,不依不饶;平时一句话不妥,一件小事不顺心,他或她就吵吵闹闹,小题大做。我们应该想到,这种人并非天性如此,也许是生活中遭遇了不顺心的事,忍不住想发泄,就像故事中那个无礼挑衅的人一样。那么,我们何不学学尤翁,退让一步?这样不仅有益于人,也省了自己多少麻烦。

当争吵可以避免时,就没有必要争执不休。假如遇到无可退之事,必须争论清楚,也需尽量缓冲,使双方冷静下来,再来探讨解决的办法。如果矛盾闹得太大,彼此都无回旋余地,那就不好了。

其实只要不把争辩看作谁胜利谁失败的问题,而是一个谁多让一点步谁少让一点步的问题,只有这样,才会营造出双赢的结果,而不是两败俱伤。

面临窘境显示大度,需要学会把人往好的地方想。也许他说的话是无心的,即使是有心的,但是绝对不是针对自己的。这种想法不是阿Q的精神胜利法。阿Q的精神胜利法是解决自我宽慰的问题,而我们所提的想法是让自己更加宽容和豁达起来。

并没有人一定会让自己难堪,在公交车上也没有人故意跟你挤上一辆车和你吵架,事实上,很多事情都是由于误会而产生,这种误会本身是可以解释清楚的。但是由于双方互不相让,反而让这种误会不断扩大,即使到最后误会能够解释清楚,他们也不愿意去听解释,而愿意继续无意义地争吵下去,甚至大打出手。在面临这种情况的时候,必须有一个人没有争吵的心,只要这个人让了步,这架肯定打不起来,也不会发展到无法收拾的地步。

面对窘境,人要有长远眼光。君子不立危墙之下,很多时候,我们面临的窘境就是一座危墙。如果我们不顾一切地去攀爬,甚至是为了赌这口气,到最后受伤的只可能是自己。

成大事者面对窘境从来是一笑了之,确实是没有时间和精力去计较这些鸡毛蒜皮的小事。况且这些事情是大家都不想发生的。

47 严肃脸孔，让人紧张

成大事者认为，在与人交谈的过程中，不要有过于严肃的脸孔，这样容易让人莫名紧张起来。尤其是别人做错了事的时候，要学会面部表情柔和，这是一种宽容。

某年，秦国大旱，秦穆公亲自出行视察旱情。刚走到岐山，他的马车坏了，左边驾辕的马趁机脱缰逃跑了。不得已，秦穆公只好亲自带人去找马。筋疲力尽之际，终于在岐山北面将马找到了，可找是找到了，令人意想不到的是马正被一群农夫架在火上烤着吃。秦穆公的侍从十分生气，纷纷建议将食马肉的人抓起来重重处罚，农夫们很紧张，然而穆公拦住了侍从。

他跑到农夫中间，语气很柔和地询问了事情的经过，没有丝毫的责备。农夫见穆公如此坦诚，便不再紧张，告诉了穆公原因。原来由于旱情严重，致使农田颗粒无收，这些农夫已经有好几天没有吃上饭了。

秦穆公看着这些面有菜色的人，一种怜悯之心顿起，很关切地叹息道："吃了骏马的肉而不喝酒，恐怕会伤害你们的身体。"于是又让侍从送了一些酒给他们。

一年以后，秦国与晋国在韩原交战。开战后不久，由于晋军攻势凶猛，秦军势孤难支，情况陷入险境，就连秦穆公的兵车都被晋军团团围住了。晋国大夫梁由靡已经抓住了秦穆公车子左边的马，在晋惠公车上的有路石举着长矛刺中了穆公的铠甲，穆公的七层铠甲已经击穿了六层。秦穆公仰天长叹道："我命休矣！"就在这千钧一发的时刻，晋军后面突然杀出来一群兵马，顿时令晋军的阵脚大乱。秦穆公放眼望去，只见几百个手持各色农具的农夫，正奋不顾身地击杀晋军。一会儿的工夫，他们已将秦穆公救离险境。

秦穆公脱险后，秦军的士气大振，结果反败为胜，全歼晋军，而且俘虏了晋惠公。

战斗结束后，秦穆公要重赏那些在战斗中立下功劳的农夫们。谁知农夫们一起跪拜道："我们只是为了报答国君去年不杀并赐酒之恩，并不是为了封赏而来。"

原来这些人就是一年前在岐山分食马肉的农夫。

举目四望，古今中外，凡是能成大事的人都具有一种优秀的品质，就是能容人所不能容，忍人所不能忍，善于求大同存小异，团结大多数人。他们有胸怀，有魄力，豁达而不拘小节，做事从大处着眼。他们从不斤斤计较，目光短浅，纠缠于非原则的琐事。他们能够腾出更多的时间和精力，全力以赴地去做他们认为该做的事，所以他们成大事、立大业，使自己成为不平凡的人。

常言道："水至清则无鱼，人至察则无徒。"一个人只有宽宏大量，不要过于严肃，人们才会乐于同你交往，朋友才会越来越多，社交的成功伴随着事业的成功，难道不是人生一大幸事吗？更何况人生如此短暂和宝贵，要做的事情太多，又何必为这些鸡毛蒜皮的事情浪费时间呢？

宋朝郭进任山西巡检时，有个军校到朝廷控告他，宋太祖召见了那个告状的人，审讯了一番，结果发现他在诬告郭进，就把他押送回山西，并交给郭进处置。有不少人劝郭进杀了那个人，郭进没有这样做。当时，正值他国入侵，郭进很柔和地对诬告他的人说："你居然敢到皇帝面前去诬告我，也说明你确实有点胆量。现在我既往不咎，赦免你的罪过，如果你能出其不意消灭敌人，我将向朝廷保举你。如果你打败了，就自己去投河，别弄脏了我的剑。"那个诬告他的人深受感动，果然在战斗中奋不顾身，英勇杀敌，后来打了胜仗，郭进不记前仇，向朝廷举荐了他，使他得到提升。

其实静下心来仔细想想，人非圣贤，孰能无过？与人相处就要互相谅解，彼此忍耐，经常以"难得糊涂"自勉，求大同存小异，有肚量，能容人。只有这样，才会左右逢源，诸事遂愿，有许多的朋友围在你身边，可是较真的人就是不能理解也无法明白这个道理。他们通常斤斤计较，认死理，过分挑剔，容不得人一丝一毫的错误。长此以往，周围的人都躲得远远的，没有办法，只有关起门来"称孤道寡"一条路可走。成为使人避之唯恐不及的异己之徒。

在与人交谈的过程中，无论如何都要表现出自己的坦诚和度量，而柔和的表情，毫无疑问是最好的表达。不难发现，如果我们以一种微笑对待别人的时候，别人会还给我们更柔和的微笑。当我们用严肃对待别人的时候，别人会比我们更严肃。道理就在这里，别人是我们的一面镜子，我们柔和，别人自然对我们柔和；我们严肃，别人自然对我们严肃。

成大事者认为放弃严肃面孔，就要学会将很多事情看淡，就像郭进对待被诬告一样，如果郭进把诬告看得很严重，他自然不会放过那个诬告他的人。正是因为他看淡了这件事情，所以他能够善待诬告他的这个人。

48 平等轻松，融洽关系

成大事者认为，与人交谈的时候，一定要保持平等轻松，这样才能融洽关系。很多时候我们之所以不能保持平等轻松，就在于我们做不到谦逊。

孔子说："高的能够低一点，满的能够空一点，富有的能够俭朴一点，尊贵的能够卑贱一点，聪明的能够愚笨一点，勇敢的能够怯懦一点，善辩的能够沉默一点，渊博的能够肤浅一点，精明的能够糊涂一点。"

孔子这段话的意思是，做人不妨低调一点。为什么呢？因为满招损，谦受益。

老子说：江海之所以能为百川之王，是因它们甘于低下。所以圣人想站在上面统治人民，必须言语谦逊；想站在前面领导人民，必须享乐在后。圣人站在上面，却没有给百姓造成压力；处在前面，却没有给百姓带来妨害。所以天下人乐意拥护他而不厌恨他。因为他不跟别人争荣耀，所以天下没有人能比他享受更多荣耀。"

天下事就是如此，你越是推崇自己，别人反而越是厌弃你；你越是保持低调，别人越是抬举你。一个人怎么能与大家的趋势相抗衡呢？受到大家厌弃，就难有翻身之日；受到大家抬举，必然名利双收。所以，明智的人，总是在那些不如自己的人面前保持低调。

英格丽·褒曼在获得了两届奥斯卡最佳女主角奖后，又因在《东方快车谋杀案》中的精湛演技获得最佳女配角奖。然而，在她领奖时，她一再称赞与她角逐最佳女配角奖的弗伦汀娜·克蒂斯，认为真正获奖的应该是这位落选者，并由衷地说："原谅我，弗伦汀娜，我事先并没有打算获奖。"

褒曼作为获奖者，没有喋喋不休地叙述自己的成就与辉煌，而是对自己的对手推崇备至，极力维护了对手落选的面子。无论谁是这位对手，都会十分感激褒曼，会认定她是可以倾心的朋友。一个人能在获得荣誉的时刻，如此善待竞争对手，如此推崇一个不如自己的人，实在是一种文明典雅的风度。

古人说得好：人往高处走。没有一个人愿意永处甘于贫贱。大凡一个人技不如人，或财势不如人，或名声不如人，心里必然憋着一股劲。如果你谦逊地对待他，欣赏他的长处，他这股劲就有可能变成你的助力；反之，你若轻视他，作践他，他这股劲就可能变成怨气，变成一种伤害你的武器。

与人交谈的时候，保持轻松是相当重要的。把谈话弄得很紧张的人，往往不会谈出什么效果。我们如果能够举重若轻，面对很严重的事情也能镇定自如，不但会赢得别人的尊重，而且也会增强别人的信心。

保持平等轻松，就要保持自己的年轻心态。不要凭借自己的老资历，就随意指责别人，就始终认为自己是对的，别人是错的。只有别人认同自己的时候，别人才是对的，但别人所认识的不过是在拾自己的牙慧。这种人在生活中比比皆是。他们习惯倚老卖老，于是将本来应该很轻松的话题弄得很复杂。

保持平等轻松是融洽关系的根本，如果我们想要和别人有比较融洽的关系，就不能过于紧张，过于疏远。不要随意和别人开玩笑，但是通过自嘲的方式来开开玩笑，很多时候是交谈的润滑剂。

与人交谈的时候，用词是很考究的，这主要视你和对方的交情来定。如果交情较深，用词可以随意一点，如果交情比较浅，用词应该严谨一点。在尽量保持平等轻松的同时，千万不要给对方造成轻佻的印象。很多人就是没有把握住平等轻松的度，所以给人的印象十分轻佻，不屑于和这种人交谈。

成大事者认为，平等轻松的谈话状态是最好的，只有在平等轻松的状态下，人才会坦诚，否则人们都要细细计算自己的每一句话是否该说，是否不该说，这种谈话注定会很压抑。每一人的本性都是倾向于平等轻松，都是倾向于开心快乐，没有人愿意将自己置身于严肃的氛围之中。但是事实上，很多人都有意或者无意将谈话的氛围变得很压抑，或许是因为他们心中紧张。其实谈话就是谈话，没有什么紧张不紧张的。

49 切中话题，提高效率

成大事者认为说话一定要切中话题，提高效率。不能切中话题，总是绕弯子的人，永远达不到说话的效果。说话无法切中话题很多时候都是一个人优柔寡断的表现，这种优柔寡断会让很多机会丧失。

印度有一位知名的哲学家，天生有一股特殊的文人气质，不知迷死了多少女人。

某天，一个女子来敲他的门，她说："让我做你的妻子吧！错过我，你将再也找不到比我更爱你的女人了！"哲学家虽然也很中意她，但仍回答说："让我考虑考虑！"

事后，哲学家用他一贯研究学问的精神，将结婚和不结婚的好坏所在，分别条列下来，才发现好坏均等，真不知该如何抉择？于是，他陷入长期的苦恼之中，无论他又找出了什么新的理由，都只是徒增选择的困难。

最后，他得出一个结论——人若在面临抉择而无法取舍的时候，应该选择自己尚未经历过的那一个。不结婚的处境我是清楚的，但结婚会是个怎样的情况，我还不知道？对！我该答应那个女人的央求。

哲学家来到女人的家中，问女人的父亲："你的女儿呢？请你告诉她，我考虑清楚了，我决定娶她为妻！"

女人的父亲冷漠地回答："你来晚了十年，我女儿现在已经是三个孩子的妈了！"

哲学家听了，整个人几乎崩溃，他万万没有想到，向来引以为傲的哲学头脑，最后换来的竟然是一场悔恨。尔后两年，哲学家抑郁成疾，临死前，将自己所有的著作丢入火堆，只留下一段对人生的批注：如果将人生一分为二，前半段人生哲学是"不犹豫"，后半段人生哲学是"不后悔"。

"不犹豫"和"不后悔"，看起来是矛盾的：决策太快，就可能做出后悔之事，为了将来不后悔，就需要小心谨慎。这种心态，使很多人变得优柔寡断。

优柔寡断，会让你丧失很多机会，有时可能给一个机构甚至一个国家带来灾

第四章 成大事者说话讲究氛围

难。而与优柔寡断相反的就是果断。果敢决断是领导的一个基本素质之一，决断力是领导和统驭的根基，是领导者不可或缺的能力。

正确的决断能使社会各类资源达到最佳组合，从而产生绝佳的经济效益和社会效益。

为什么有些人当断不断呢？有两个原因。其一是，事情比较棘手，他们想拖一拖，等方便时再着手处理。殊不知，当办而难办之事，并不会因时间推移而降低难度，反而会因错过办事时机而变得更难办。其二是，利弊得失不是很明朗，他们想看得更清楚一些再着手处理。殊不知，世事如同博弈，你看不清时，对方也同样看不清。等到你看清了，对方也同样看清了，事情的难度非但没有降低，反而连赌一把的机会都失去了。所以，聪明人对当办之事，总是当机立断，决不会犹豫不决。

与人交谈的时候，千万不要优柔寡断，很多话说出来比不说要好。有些人有请求，但是生怕别人拒绝，于是话始终都没有说出口。这种人是自卑的表现。在他们看来，要想不被人拒绝，最好的办法就是首先拒绝别人。事实上，其实说出来，别人不一定会拒绝你。即使被拒绝了，也只是暂时的，长远来看还是有希望的。

成大事者认为，有些时候，话说到一定份上就应该开诚布公，应该坦诚相待，而不应该有所隐讳。很多时候，人只有一次说话的机会，别人也只给自己听的机会。错过了这一次，以后就再也没有这样的机会了。尤其是在感情方面，很多人有这样那样的感情遗憾，其实最大的感情遗憾莫过于你和对方都相互喜欢，但是谁也没有表达。

50 表扬自己的话要别人说

成大事者认为，人不要自我表扬，自我表扬意味着骄傲。表扬自己的话要让别人说。

历史上的鸿门宴，刘邦得以安全脱身，和樊哙对他的当面表扬是有很大关系的，如果没有樊哙有点莽撞的表扬，项羽也不会完全丧失戒心。

公元前206年12月，驻新丰鸿门的项羽军和驻灞上的刘邦军相互对峙，战争呈一触即发之势。此时，被项羽表面强大吓得心惊肉跳的左司马曹无伤为了求得个人安危，背叛刘邦，派人偷偷地向项羽告密："刘邦想在关中称王，叫子婴做丞相，所有的珍宝都被他占有了。"曹无伤的密报使项羽怒发冲冠，立即传令三军，厉兵秣马，准备向刘邦军发起攻击。这时，项羽属下最有政治眼光和军事韬略的范增也对项羽说："沛公住在山东时，贪于财货，好美姬。现在入关了，不取一点财物，不宠幸女色，其志向远大。身上发出五彩的龙虎之气，这是天子之象，不要错失良机，赶快去打击。"

项羽的叔父项伯，与张良交往十分密切，得知这一情况后，便连夜轻骑径直奔往沛公大营，私下见张良，要他赶快逃走。张良说："沛公现在有了危难，偷偷逃走是不义之举。"于是急忙去通报刘邦。刘邦自知不能被项羽放过，十分害怕。就去召见项伯，并尊项伯为兄长，还约为儿女亲家。然后委婉说自己入关，秋毫无犯，将官吏百姓登记造册，查封府库钱粮，等待将军到来，派遣大将守住关口，谨防强盗出入以备不测。朝思暮想盼望将军到来，怎么敢造反？并希望项伯回去向项羽说明原委，我刘邦不敢忘恩背德。项伯缺乏政治头脑，三句好话就叫他大发慈悲，所以他连夜赶回项羽军中后，立即详详细细地转告了沛公的话，并要求项羽善待沛公，项羽答应了。项伯回军营后，刘邦、张良对亲赴鸿门进行了精心策划，决心深入龙潭虎穴，去经历一场斗智斗勇的盛会。

第二天清晨，阴云密布，刘邦只带随从骑士百余人来见项羽。到了鸿门，向项羽谢罪说："我与将军致力攻打秦国，将军战河北，我战河南，然而我自己也没想到我能先入关破秦，又在这里见到将军。是小人在我和将军之间制造矛盾。"

这些听起来入情入理的话，使项羽句句入耳。他一下子就露出了自己的老底，脱口答道："这是你的左司马曹无伤对我讲的，要不然，我怎么会这样呢？"第一个回合就以项羽因无应变之才理屈词穷而收场。

项羽自感理亏，不得不以酒肉款待，以挽回面子。在饮酒过程中，谋臣范增屡次使眼色示意刺杀沛公，又三次举所佩带的玉块，作杀状以示意项羽当机立断，杀不宜迟。项羽默然，没有反应。范增见情形不对，召勇士项庄说："君王为人心肠太软，不忍亲自下手。你进帐去向沛公敬酒，敬酒完了，就请求在座前舞剑。乘舞剑之机，杀掉沛公。"项庄入帐后，按照范增的吩咐去做。在舞剑之中，项伯看出欲杀沛公的蛛丝马迹，于是拔剑对舞，并时时以自己的身体掩护刘邦。张良见势如燃眉，急忙去召骁将樊哙，指出"项庄舞剑，意在沛公"，命他速去护驾。樊哙持盾遮身，撂倒卫兵，直入帐中。他注视项羽，怒发上指，目皆尽裂，一夫拼命、万夫难挡。项羽对这个虎虎生威的猛将，不禁骇然，慌忙以斗酒相慰，樊哙立而饮之。项羽问他是否还能再饮，他乘机借题发挥，数落道："我死尚且不躲避，喝酒难道还要推让吗？当年秦王有虎狼之心，肆意刑杀吏民，致使天下都背叛他。怀王与诸将立约：'先破秦入咸阳者为王。'如今沛公先入咸阳，毫毛不敢有所取，封闭宫室，还军灞上、等待大王。所以遣将守关，只是戒备不测。劳苦功高如此，未有封侯之赏，反听信流言，欲诛有功之人，这是步亡秦的后尘。我大不以为然。"樊哙以一个武将的身份，在席间义正词严，指责项羽，其语意与刘邦所云"不谋而合"，使项羽信以为真，更加消释了戒心。项羽再次无言以对，只是连声请樊哙就座。第二个回合，以项羽优柔寡断，丧失杀沛公良机而结束。

刘邦渐渐消除项羽的戒心之后，伺机逃脱。他以最常见的借口——如厕，随即走出帐外，并暗中召唤樊哙，张良一同出帐。在生死存亡关头，樊哙护驾，刘邦不辞而别，逃出龙潭虎穴。

沛公走后，张良估计沛公已先到军中，便进帐向项羽告罪。张良说："沛公不胜酒力，酒醉不能支持，所以不能进帐向大王告辞。谨使张良奉白璧一双，拜献给大王；玉斗一双，敬献给将军。"项羽接了礼物，木然无所反应，范增看到诛杀刘邦的计谋未能得逞，十分懊恼，便将玉斗丢在地上，猛地用剑击碎。

在楚汉矛盾渐趋炽热，汉军即将面临楚四十万大军围攻的关键时刻，刘邦沉着、冷静，与谋臣张良积极筹划应对之策。他们分析了项羽残暴与嗜杀成性给他们带来威胁的一面，又分析了项羽优柔寡断和具妇人之仁可为他们利用的一面，于是决定深入龙潭虎穴，亲赴鸿门，与项羽斗智斗勇，以取得项羽的谅解，消释

113

项羽的戒心，进而麻痹项羽，以争取时间，发展势力，图谋天下。鸿门之会，文臣武将与刘邦配合默契，一直占据上风。项羽无隙可乘，最终错失良机，瓮中之鳖逃之夭夭。难怪项羽的谋臣范增又怨又恨地叹息道："唉，这些年青无识之辈，不足以同谋大事！夺项王天下的人，必为沛公，我们必将成为他的阶下囚。"刘邦亲赴鸿门，并安全脱身，显示了非同寻常的胆识与谋略。

成大事者认为，表扬自己的话，一定要让别人说，要善于引导别人的话。此外，在与人交谈的时候，要想获得别人的表扬，最好的办法就是先表扬别人。

51 说话要给别人留个缺口

成大事者认为，说话要给别人留下缺口，让别人感觉到自己并非可有可无，并非始终只是个听众。要想说话达到好的效果，就要让对方有说话的余地，关心对方、欣赏对方，让对方感觉到他的重要性。

"不对别人感兴趣的人，他一生中的困难最多，对别人的伤害也最大。所有人类的失败，都出自这种人。"

每个人都觉得自己很重要！或者说，每个人都希望被别人认为很重要。如果对方感觉到他在你心目中很重要，他一定会对你产生好感——没有人会讨厌一个喜欢自己、尊重自己的人。

有些人自视甚高，觉得自己很重要，却忘了别人也需要这种感觉。他们在不经意间流露出对人的轻视，于是受到大家的疏远。只有使别人产生重要的感觉，你才会受到他们的欢迎。

如何使对方产生重要的感觉呢？礼貌上的尊重是毫无疑问的，关键是你要把他放在心上，同时还可以采用一些让人产生好感的方法：

关心对方关心的事。他关心自己的利益，关心自己的健康，关心自己的家人。你只要对他的利益、他的健康、他的家人等表现出足够的关心，他就会把你当成自己人。

欣赏对方欣赏的事。他欣赏自己的成就，欣赏自己的能力，欣赏自己的风度。你只要对他的成就、他的能力、他的风度等表现你真诚的欣赏，他一定会欣赏你，把你当成难得的知音。

请教对方擅长的事。自己不懂的问题、不清楚的事情，不妨向对方求教，既可增长见识，又能得到对方的好感，何乐而不为？

"你以怎样的态度对待别人，别人也会以怎样的态度对待你。"这是成功学家拿破仑·希尔的一句名言。

你轻视一个人，你就不会把他放在心上，对他的一切都漠不关心。你重视一个人，你就会关心他的感受，关心他所处的状况。当他感受到你的轻视或重视后，也会报以同样的态度。当你想改善和巩固跟某个人的关系时，把他放在心上，无疑是一条捷径。

说话给别人留下个缺口，就在于自己不要把意思说得太满。尤其是在会议讨论的时候，如果你什么都说明白了、什么意思都说清楚了，别人也就无法再发表意见。即使别人发表意见，你也很可能会很不客气地指出这些都是刚才自己说过的。

事实上，真正高明的领导者，每次与人谈话的时候，很少表达自己的意思，而是善于引导别人的谈话。对于工作中制定目标，也是如此，高明的领导者很少为员工制定目标，而是引导员工为自己制定目标。在与员工交谈的时候，他们善于运用问话，而不是运用结论或者是批评或命令。

因此，我们在与人交谈的时候，要尽量引导对方多说话，对方说的话越多，自己接触的东西也就越多，自己对事情的理解也就越深刻。当别人跟你说了很多话的时候，自然就当你是他的朋友，进而也愿意倾听你的说法。事实上，你要想多交一些朋友，就要善于去做认真的听众，善于听完整别人的意见。

然而，现在社会，很多人都在等着说，而不愿意去认真倾听。当我们等着说的时候，我们就是把说话当成了说话，要在别人面前显示自己的高明，要在别人面前显示自己的优越。事实上，这种高明和优越只不过是一种自欺欺人而已。在别人心目中，不过是些陈词滥调或者是毫无意义的自圆其说，原因在于，你不愿意倾听他的话，他自然有理由拒绝你的话。

在我们与人交谈的过程中，要想达到好的谈话效果并不难，只要懂得去倾听，懂得在说话的时候给别人留下缺口就行了。

在谈话中，我们要善于征求别人的意见、了解别人的想法，这样会让我们更加详尽地了解情况。事实上，当你听完了很多人的意见，了解了很多想法后，你完全可以对所有意见和想法做一个总结和归纳，而这种总结和归纳正是我们今天所缺少的。很多人的很多谈话，到最后不过是无谓地浪费时间而已。

在谈话中，给别人留下缺口，还要求我们善于提问题，善于讲出自己的困惑和疑虑，寻求别人的帮助。当我们寻求别人帮助的时候，实际上是告诉别人：没有你，我什么也做不了。这种体会对别人来说，是十分有意义的。因为他会感觉到，对于你来说，他很重要。与其说我们每一个人都好为人师，不如说我们每一个人都希望自己变得重要起来。

52 简单说话，别让意思太复杂

成大事者认为，与人交谈，要想达到最好的效果，就要学会简单说话。把意思说得太复杂，说话肯定没有效果。这一点在演讲的时候尤其突出，谁愿意去听那些饶舌的演讲呢？

清代画家郑板桥有诗云："削繁去冗留清瘦。"当今语言大师们则认为：言不在多，达意则灵。可见，用最少的字句，包含尽量多的内容，是当众说话水平的最高境界。滔滔不绝，出口成章，是一种"水平"，而善于概括，辞约旨丰，一语中的，同样是一种"水平"，而且更为难得。耶稣讲的伟大的"登山宝训"，在5分钟内可以诵毕。林肯的葛底斯堡讲话，是美国历史上被誉为最优美的一篇不朽的演说词，只有10句话，271个字，仅用2分钟，却成为林肯一生不朽的纪念！而那位议员艾弗瑞特滔滔不绝地讲了两个小时，但他讲了些什么，人们早已忘记了。

美国历届总统的就职演说大都在3000字左右，少的只有几百字，好多成为经典之作，被后人广为传诵。要做到简洁明快，就要做到长话短说。

所谓长话短说，即以简驭繁。老舍说："简练就是话说得少，而意思包含的多。"话少而意思也少就算不得简洁。

现在也有许多领导人善于长话短说。例如：

1981年世界杯女排赛最后一场中日之战，由于中国队已实际取得冠军，姑娘们兴奋不已，在先赢两局的情况下，第三四局打得毫无章法，输得稀里糊涂，袁伟民一再暂停，面授机宜，却不见成效。怎样才能使女排姑娘们镇定下来，获得全胜的真正冠军，不失中华民族之志呢？在第五局开始前的短暂时间里，主教练袁伟民说了几句话："要知道，我们是中国人，你们代表的是中华民族，祖国人民在电视机前看着你们，要你们拼，要你们搏，要你们全胜。这场球不拿下来，你们要后悔一辈子！"姑娘们在这语重心长的话语下，胜了第五局，赢得了全场比赛。在简短的几句话、几十个字中，流淌出含义广阔、内容丰富的带血之言：中国人的风貌，中华民族的精神和尊严，祖国人民的期待，以及这场球的关键意义，姑娘们自身利害得失等，袁伟民的这几句话言简意赅，成效立竿见影，可见长话短说的神奇力量。

讲话简洁还必须做到中肯实在，当众讲话不在乎长短，关键要中肯实在，字字珠玑，说到听众的心坎里去。听众最喜欢的是有啥说啥，直来直去。对于那些空话套话，他们不但不愿听，甚至觉得是一种精神折磨，是浪费时间。

有人问马克·吐温，演讲词是长篇大论好，还是短小精悍好，他没有直接回答，而是讲了一个故事：有个礼拜天，我到礼拜堂去，适逢一位传教士在那里用令人哀怜的语言讲述非洲传教士苦难的生活。当他说了5分钟后，我马上决定对这件有意义的事情捐助50元；当他接着讲了10分钟后，我就决定把捐助的数目减至25元；当他继续滔滔不绝地讲了半小时后，我又在心里减到5元；最后，当他讲了一个小时，拿起钵子向听众哀求捐助并从我面前走过的时候，我却反而从钵子里偷走了2元钱。

这个幽默故事告诉我们，说话还是短一点、实在一点好，长篇大论、泛泛而谈容易引起听众的反感，效果反而不好。讲短语是一种水平，是一种能力，也是一种技巧，比讲长话要难，更需要在实践中锻炼和提高。

成大事者认为，越是说来话长的时候，越是要长话短说。说来话长只不过是个借口。很多意思往往只需要几句话就可以说明白透彻了。在与人交谈的时候，如果我们做不到长话短说，就说明我们自己对意思还没有完全领会。一个对意思领会的人，往往会用最简洁的话来说完全意思。

53 言语中要透露真诚

成大事者认为，与人说话，言语中必须透露真诚，尤其是在批评别人的时候，如果没有真诚，这种批评很可能被认为是一种针对。

别人也许真的错了，但他们自己并不这么认为。或者，他虽然明知错了，也希望得到足够的尊重。所以，别去指责他们，因为那是愚人的做法。尝试着去理解他们，只有真正智慧、宽容的人才能做到这一点。在说话的时候，以一种鼓励的方式去开展，这就是最真诚的表现。

一个人犯错误，往往不是因为他不知道是在犯错误，而是因为他想犯错误。宣传教育对于想犯错误的人基本无效。防止犯错的方法有两种，一种是让人不敢犯错，另一种是让人不想犯错。前者是强制手段，见效快而难服人心；后者是沟通艺术，见效较慢而作用力持久。要想让一个人对自己的行为真正负责，依赖于他的自尊和良知的觉醒。那么，首先要设法帮他保住面子，以免他自暴自弃。

有一种人，脾气粗野狂暴，能把不管什么事都搞得像滔天大罪那样不可饶恕。他们这样做并不是出于一时的狂怒，而是源于他们自己的秉性。他们谴责每一个人，要么为这个人做过的某件事，要么为他将做的某件事。这暴露出一种比残忍还要可恶的性情，这种性情才真是糟糕透顶。他们是如此夸张地非难别人以至于他们能把别人原本是芝麻大小的一个问题渲染得像西瓜那样大，并借此将其全盘否定。他们是不通人情的工头，能把天堂糟践成牢房。盛怒之下，他们把一切都推到极端。

这样做有什么好处呢？别人丢了面子，而他得到了怨恨。

有智慧的人绝不如此处理问题，他把别人的自尊放在第一位，然后才设法将事情导向好的方面。

一天中午，一位老板到工厂例行检查时，看到一些员工在挂着"禁止吸烟"的标牌下面吸烟。没有比明知故犯更可恶的事情了，这是多数人的看法。这位老板却没有多数人这么敏感。他走到这些工人们身边，递给每个人一支烟，说："小伙子们，如果你们能在外面抽烟的话，我就真要感谢你们了。"

小伙子自然知道自己违反了厂里的规定。但老板不仅没有指责他们，反而送给每人一件礼物。他们的自尊得到了保护，他们被人当人看，当然要表现得像个人。所以，公然在厂内吸烟的人再也没有了。

当一个人犯了错误时，往往能找到上百个理由为自己辩护，其中一个最常用的理由是："换了是你，不见得比我做得更好。"当一个心里有了这种想法，你说得再多，他也不会心悦诚服。这时候，最有效的说服是言传身教，把你要求他做好的事做给他看。

日本大企业家、三洋公司创始人井植薰，喜欢遵守规则又敬业的员工。而他本人也绝对遵守公司的各项规章制度并且勤奋敬业，决不因为自己是老板而打半分折扣。比如，他每天早上七点准时到达公司，准确率比闹钟还高，而且几十年如一日，若非出差，绝无误差。他本人如此律己，所以他公司几乎没有一个不勤奋敬业而遵守规章的员工。

比尔·盖茨欣赏聪明而干劲十足的员工，但他没有每天安逸地躺在床上，逼员工加班加点干活。在创业的最初十几年，他跟普通员工一样，每天工作十六个小时，累了就往地板上一躺，睡上一觉，睡醒了爬起来接着干。

一个人能做到他提倡的事，比他唠唠叨叨说一万遍更有说服力。

说话中的真诚在于真心诚意地站在对方的角度，为对方着想，不仅为对方保全面子，而且为对方提供建设性意见。千万不要在人格上侮辱对方，这样做只会把谈话进行得很糟糕，而后果也是相当严重的。其实，在我们日常生活中，有太多的机会用言语去伤害别人，但是到最后发现，伤害的人居然是自己。为此，当我们用一种真诚的话语去对待别人的时候，我们收获的也将是真诚。

我们谈话中，并不需要有太多高明的技巧，也不需要有太多装饰，你言语中有真诚，让别人感受到了，这就是最高明的技巧，最好的装饰。成大事者始终认为，人不应该表现出精明，当你表现出精明的时候，人们就会认为你不真诚了。而缺少了真诚的谈话，显然是毫无效果的。

第四章 成大事者说话讲究氛围

54 有些话要先说明

成大事者认为,在与人交往中,有些话先说明比较好,否则到最后可能惹出麻烦来。

像吕不韦帮助子楚就是这种类型。吕不韦事先声明了帮助子楚的条件,而子楚也愿意和他共同分享秦国,这样吕不韦才能安心地为他打理前程。

吕不韦性情豪放,知书达理,谈吐不凡。虽说是个生意人,但看上去既像个彬彬儒者,又像个达官贵人。他常常想从商界步入政界,因此,也就特别留意这种机遇。当他在赵国的邯郸做生意时,见到秦国派到赵国为人质的公子异人,认为是"奇货可居",于是问他的父亲:"种地赢利几倍?"他父亲回答说:"十倍",吕不韦又问:"买卖珠玉赢利几倍?"他父亲回答说:"百倍。""拥立一个国君,赢利几倍?""那就不可数了。"吕不韦直言不讳地说:"现今努力种地,艰苦耕作,还是吃不饱穿不暖,如果帮助国君继位,恩泽可以留给后代,我愿意做这件事。"

吕不韦平时注意了解秦国政局及内幕动态,他打听到秦昭襄王由于原太子早死,选中次子安国君为王储,而安国君宠爱的华阳夫人却没有子嗣。吕不韦料定秦昭襄王年老,在位将会不长,安国君定能继位为王。但华阳夫人无子,担心下届王位被他人夺去,定会考虑寻找子嗣以自保。吕不韦的政治谋略活动由此入手。他在从事这一政治投机活动前,必须取得异人的信任,以免白费心机,于是他对异人说:"现在你托身于一个祸福难料的国家,一旦撕毁盟约,你就成为一堆粪土了。如果你听我的谋划,想法要求回国,就可以得到秦国的君位。"处境艰难的异人,听到吕不韦这番打算,喜出望外,当场保证,如果这一计划实现,就与他共同分享秦国。

吕不韦辞别了异人,来到秦国进行活动。他对华阳夫人的弟弟阳泉君说:"现在君王的年纪很大了,一旦逝世,太子执政,你就危如累卵,如同鲜花一样短命。我有个权宜之计,能使你永久富贵,不会有危亡的担忧。"吕不韦的话开始吸引住了阳泉君。见此,吕不韦继续说道:"秦王年纪很大了,华阳夫人又没有儿子，子傒有承继君位的资格，士仓又辅助他。秦王一旦逝世，太子继位，士仓执政，华阳夫人的门前一定会冷落得长起蓬蒿来了。公子异人是个有才德的人，目前他被遗弃在赵国，没有母亲在国内帮助他。他整天翘首西盼，巴不得立刻回国。华阳夫人如果肯请求秦王立他为太子，那么，不能继承君位的异人也能继承君位了，没有儿子的华阳夫人也能有了儿子。"阳泉君听了吕不韦的这番话，认为这是保障他及华阳夫人高官厚禄的绝妙计策，于是劝说华阳夫人认了异人这个非亲生的儿子，并把他迎回秦国。

虽然华阳夫人同意并请求赵国把异人送回秦国，但赵国却不同意，吕不韦只好日夜兼程地赶到赵国做工作，他劝赵王说："异人是秦国宠爱的公子，他的生母虽不在宫内，华阳夫人却想要回他来做自己的儿子，假使秦国要攻灭赵国，就不会顾怜一个质子而推迟计划，这样赵国分明是抓着一个不起作用的人质。如果让异人回国立为太子，赵国好好地欢送他回国，他是不会忘恩负义的，他一定会想着你们的恩德而同赵国和好。现在，秦王已经老了，一旦逝世，虽然您手里有异人这个人质，但还是不足以和秦国结交。"赵王觉得吕不韦的话言之有理，就把异人放回秦国。

秦昭襄王去世后，安国君继位，但他继位后的第三天也去世了。这样，异人便继位为秦襄王，尊华阳夫人为太后，同时任吕不韦为丞相，封为文信候，赐予他河南洛阳十万户的食邑。

"奇货可居"是吕不韦盗窃秦国的通天大阴谋。吕不韦曾在邯郸娶了一位既漂亮又善舞的赵姬怀有身孕，异人同吕不韦饮酒时，见到此女，十分喜欢，请求吕不韦忍痛割爱。吕不韦虽然很生气，但想钓到"奇货"，于是就把赵姬献给了他，但隐瞒她有身孕的事，赵姬后来生了一个儿子取名政。吕不韦为了教育其子吕政以后能以"内立法度，务耕织，修守战之具；外连衡而斗诸侯"，更让他知道"不受珍器重宝及肥美之地，而能以振兴策去鞭笞天下，统一中国"。于是仿效孟尝君、平原君、信陵君、春申君之所为，礼聘各地知名之士三千余人作为门客，使他们各施其所长，以收集古今学说，编辑成一部所谓"一字千金"的综合性巨著，即《吕氏春秋》。这本书成为太子吕政的必读之书，吕政当了秦王，就是具有雄才大略的秦始皇。

其实很多事情，先说明比含混着要好，先说明就能避免混乱。

雍正即位后，开始为立储的问题而大伤脑筋。他认真回顾了大清以来各朝立储的情景。看到自清太祖努尔哈赤开始，父子之间、兄弟之间，为立储之事多动干戈，令人惊心动魄，他更知道，自己就是在与众兄弟的明争暗斗中夺取帝位的。为了使他夺位的秘密不被揭露，他以杀人灭口为目的，诛除了隆科多和年羹尧，以消除后患，对凡了解他即位秘密的诸兄弟，统统杀掉。对造成的这一切，他认为都是由于公开立储所造成的。为了避免今后不再出现诸子争位互相残杀的局面，于1723年8月的一天，雍正帝命人传旨，召集总理事务大臣、满汉文武百官，齐集于乾清宫正大光明殿，说是有要事相商。

群臣来到大殿后，雍正说道："我自登基以来，风调雨顺，国泰民安。唯有一事使我老是放心不下，这就是立储之事。每到立储之时，不仅兄弟相争，而且还致使朝廷朋党林立，祸端不止。今日立储，就是要避以往教训再发生，不知诸位大臣有何妙计？"众大臣都默不作声。雍正帝接着说："我思虑再三，认为立储之事，直接关系到社稷安危，举足轻重。于是我想了个办法，觉得比较完善。这就是：将我所要立的太子的名字，连同诏书一起写好，密封起来，再将它藏在匣内，放在这块正大光明殿的匾额后面，到需要的时候，取出来宣读。不知诸位以为此法如何？"诸位大臣正思无计可施，听雍正帝这么一说，便立即免冠叩首大声说道："皇上此法甚妙，臣下决无异议，唯当谨遵圣命。"雍正帝见文武百官齐声赞同，很是欢喜，当即将秘密写好的储君名字，封于匣内。令侍卫爬上梯子将匣子放在正大光明匾的后面。

雍正死后，皇后当即召诸王、内大臣至雍正帝灵柩前，命总管太监去正大光明匾后取来锦匣，由宠臣张廷玉当众打开宣读："皇四子弘历为皇太子，朕百年之后，继朕即皇帝位。"随后，众大臣拜请皇四子弘历受命。

由弘历开始，嘉庆、道光、咸丰诸帝，均是沿用此法密储嗣位的。秘密立储，成为雍正首创。这方法，在当时的确收到了立国本以固人心的传统政治效果，避免了以往明立东宫，父子兄弟暗中争位夺权的弊病，有利于政局稳定。

成大事者认为，与人交谈，先说明就是"丑话说在前头"，在前面说清楚了，就为整个谈话定音定调，别人也很难跳出这个框框。

55 不要恣意打断别人的说话

成大事者认为，与人交谈的时候不要恣意打断别人的说话。汉高祖刘邦有个叫陈平的手下。由于陈平行为不检点，刘邦对陈平一向有些轻视。但是有一次，刘邦却认真地听陈平说了很多话，没有出于厌恶而打断他，而正是这段话帮助刘邦转败为胜。

公元前204年春，楚汉战争达到了最为激烈的阶段。楚军加紧对汉的进攻，汉一时处于劣势。尤其是项羽采取断绝外援和粮草通道的策略，把汉军死死地围困在荥阳城，刘邦处境岌岌可危。汉王刘邦被困一年之久，又兵少将弱，远不是项羽的对手，所以无法突围。

正当他心急如焚，想割让荥阳以西之地求和不成又无计可施的情况下，情绪低沉地对陈平说："天下纷乱，何时才能平定呢?"陈平见刘邦身处危难之地仍思安定天下，志向坚定不移，就毫不隐讳地说："项王为人，恭敬有礼而仁爱，一些守节之士、好礼之徒多追随他左右，然而他对于爵位和封邑却看得太重，有点舍不得，天下有才之士也因此不愿归附他。现在大王傲慢而无礼节，品行清廉之士不愿屈节归附，不过大王能慷慨厚赐功臣，使得一些贪利无耻，品行不正，没有节气的人也多归顺汉王。如果能各自除去其缺点，兼袭两者的优点，就可以指挥平定天下了。"陈平直言陈述了刘项二王各自的优劣，并指出只有集二者优长于一身才能一统天下，这给绝望中唉声叹气、精神萎靡的刘邦以一线希望，仿佛于一片黑暗的苍穹下看到了指示前进的一盏耀眼明灯。陈平没有止言于上述分析，反而更尖刻地刺激刘邦说："大王您爱侮辱人，故不能得到廉洁有节操的人士。"此话刚出，刘邦已面红耳赤。为了"定天下，成一统"，刘邦对这样尖锐刺耳的话仍能接受。所以陈平得以继续地往下献计说："我想现在有几个可以乱楚的人，那就是项王的正直臣子范增、钟离昧、且龙、周殷等。项王为人善猜忌而且相信谗言，大王假如能拿出数万黄金，进行离间之计，来离间他们君臣，使他们彼此起疑心，这样一定造成他们内部自相残杀。然后汉军借机起兵进攻，如此必定能够破楚。"

陈平的话跌宕起伏，既有入木三分的分析，又有忠言逆耳的指责，刘邦纵然受到刺激，但觉得他的话切实可行，给他能破楚的新策略，所以欣然接受了陈平所言，慷慨拿出四万金，交与陈平，随便他去运用处理，不过问黄金的出入。

陈平利用所支配的大量黄金，在楚军中积极地进行离间活动，散布流言说钟离昧等诸王为项王带兵，功劳很多，可是仍不能分封土地为王，所以常想和汉军结为一体，来消灭项家，分割其地而称王。项羽果然中计，猜疑钟离昧等人，并派人到汉军中以探虚实。他的这一举动又为陈平进一步离间楚之君臣提供了千载良机。陈平抓住这一机会，指使侍从抬上上等的餐具，装满丰盛的食品。等到见了楚王的使者，却假装很惊奇地说："我还以为是亚父范增的使者，原来是项王的使者。于是命令拿去上等的餐具、食品，另以粗劣的餐具、食品给楚王的使者进用。楚王使者受到如此羞辱，满腔愤怒，回到楚营后，立即把整个情形向项王汇报，有勇无谋的项王果然被这一小技所蒙蔽，更加猜疑范增。范增本想加紧攻下荥阳城，此时已得不到项羽的信任，他的建议始终不被采纳。范增心想：我一颗忠心事楚王，只为助楚王一统宇内。现在正是消灭对手的绝好时机，楚王听信谗言，不用自己，不如离去。于是他生气地对项王说："天下的事大致上已经定了，君王好自为之吧！望准许我回去。"范增解甲归田，一路且忧且恨，将至彭城，背部毒疮发作而死。

陈平于是在夜间从荥阳城东门放出两千个女人，楚军以为汉军出战而攻击之，陈平却和汉王从西城连夜离开。

陈平在楚汉战争中，屡以奇计辅佐刘邦，为汉王朝的建立立下了丰功伟绩。他在刘邦被项羽围困于荥阳，眼望前程茫茫，心灰意冷又束手无策的紧要关头，顿生一计，离间范增，使刘邦转危为安，项羽却因此而失去一个唯一的老谋深算的谋臣。

陈平实施这一离间计得以成功的原因，就在于他把握准了项羽生性好疑、吝啬爵邑的不足，对症下药，散布流言，终使团结一心的楚国君臣离心离德，尤其是使唯一替项羽出谋划策的谋臣范增解甲归田。实行离间必然分析离间的可行性，如果缺乏接受离间的主客观因素，再妙的计策不但行不通，反而会带来更大的不利。假如项羽用人不疑，对功臣大加赏赐，那么陈平的离间绝不会成功。

这是一个最关键的时刻，项羽中了陈平的离间计，与自己的军师决裂，乃至失掉灭刘邦的时机，注定了乌江自刎的悲剧结果。

离间谋略，古往今来的政治家、军事家、外交家都很重视，并且经常使用。但是，为何能使离间计成功，那要看你是否知敌。项羽围困荥阳反胜为败，两次中离间计。开始陈平就建议，指派人员四处宣传，说："项王的部下钟离昧、龙且、周殷想投降汉王。"话风一吹到项羽耳边，项羽便起了疑心，几位得力下将，只能弃楚归汉。这说明，无法信赖他人的狭小肚量，是值得非议的。像项羽这样刚愎自用，不能容人的还为数不少，其结果很容易中别人的离间计，最终使那些可遇不可求的贤德人才无法施展他们的雄图。

　　成大事者认为，不恣意打断别人的话，代表着对别人的尊重，同时也表示自己愿意将别人的话听完全。我们千万不要因为不喜欢一个人，就认为他说的话毫无价值，就通过恣意打断他的话来侮辱他。其实，这种做法，最终遭受损失的往往是自己。

56 让别人感觉到自己占主导地位

成大事者认为，在谈话中，让别人感觉到占据主导地位是十分必要的。因为这种感觉对他们来说很好，他们自然也愿意将谈话进行下去。安禄山在通过杨贵妃的关系得宠于唐玄宗的过程中，就一直让杨贵妃和唐玄宗处于主导地位，甚至不惜认杨贵妃为养母，以取悦于她。

安禄山是一个出身于营州的胡人。幽州长史张守首先发现他武勇善战，让他做军中的战将，而且屡立战功。但是在唐开元二十四年（736）四月与奚、契丹的作战中吃了败仗，张守问他战败之罪，决定将他处斩。行刑时，安禄山大叫："杀我安禄山，还有谁能破契丹？"

张守忽有所悟，命令停止行刑，决定派人把安禄山送到长安，请玄宗处置。玄宗因为不忍为一次战败之责而失去一员镇边的战将，于是就赦免了安禄山。

安禄山口齿伶俐，又善于阿谀逢迎。他千方百计谋求发迹显达，妄想称霸朝堂。平日，从将相到宦官，不论尊卑，他都要进行笼络，遇有机会便设宴相请，或行贿送礼，以取悦于人。同时又不间断地摇唇鼓舌、自我吹嘘。因此，唐玄宗听到的都是对安禄山的赞美之声。有人说他是一员勇将，有人说他是忠臣，于是，唐玄宗在温泉宫初幸杨玉环的第二年，擢升安禄山为营州都督。

他利用自己的胡人身份，故意在玄宗面前装出一副呆头呆脑的样子，以装疯卖傻来骗取玄宗的宠信。有一次，玄宗引他与太子李亨相见。安禄山对太子故意直立不拜。左右催他行礼，他却故作糊涂地反问："臣为藩人，不识朝仪，不知太子是什么样的官？"玄宗信以为真，便告诉他太子是储君，"朕百岁之后，传位于太子"。安禄山这才做出恍然大悟的样子谢罪说："恕臣愚钝，只知陛下，不知太子。臣罪该万死。"一边说，一边对太子行礼。玄宗见此，感叹不已，特别对他的淳朴坦诚赞许不已。

安禄山当上了都督以后，更加卖力地取信于玄宗，同时，由于他在边疆又立下了战功，于天宝元年，被封为平卢节度使。天宝四年，即杨玉环被册封为贵妃的那一年，他又大破奚和契丹，更加得到了玄宗的宠幸，命他兼任御史大夫，后又兼河东节度使。

安禄山是个大腹便便的巨汉，但每次入朝见玄宗时，他都是欢快地跳起胡人之舞，以取悦于玄宗。有一次，玄宗指着他的大肚子问："爱卿的大肚腹内，到底装满何物？"安禄山答道："并没有什么稀奇之物，这里满装的都是对陛下的赤胆忠心，故而如此庞大。"玄宗爱其应答机敏，又大加赞赏。

细心的安禄山很早就发现了杨玉环对玄宗的作用，所以他想方设法取得杨玉环的信任，以便借她的裙带关系实现他的狼子野心。一天夜里，安禄山又进宫觐见玄宗，他看到玄宗和杨玉环并排坐在一起，首先向杨玉环行礼拜见。玄宗一见，面露愠色，责其无礼。安禄山坦然答道："如陛下所知，臣乃胡人。胡人之礼，总是以女为先。所以臣依胡俗，先朝拜国母。国母乃是大唐的母亲，臣得拜见如此花容月貌的国母，实在是荣幸之至。"杨贵妃听后心花怒放，玄宗也随之放声大笑。于是，安禄山又趋热打铁，说："臣请为国母跳胡人之舞，为国母遣怀。"然后，他就做出滑稽的姿态，开始为杨玉环跳舞。

在杨玉环的要求下，玄宗十分信任安禄山，把长安御苑的永宁园赐给他作为私邸。又让他与杨家一族的杨国忠、韩国夫人、秦国夫人、虢国夫人结成兄弟之谊。安禄山一见玄宗对自己如此信任，又心生一计，突然提出了一个古怪的要求："陛下既已深知臣对陛下的忠诚决不亚于任何臣子，因此，臣冒昧奏请，容臣将美丽的国母娘娘，奉为臣的母亲。"听安禄山这样说，唐玄宗并不责怪，反而觉得安禄山是个值得宠信的人，因为尽管安禄山是个魁伟的大汉，却能说出这样情同儿戏的话来。于是玄宗笑呵呵地问安禄山："莫非这也是胡人的习俗吗？若奉贵妃为母，朕又是你的什么人？""此事何须臣再奏明，臣本是陛下的赤子。"就这样，安禄山成了杨贵妃的养子。

安禄山凭借着与杨玉环的裙带关系，赢得了玄宗的宠幸，也赢得了充分的准备时间，终于在天宝十四年发动了叛乱，攻城掠地，直逼长安。玄宗不得已，带着杨玉环及其他人逃往西蜀避难。途中，由于护驾的士兵愤怒于杨国忠及杨玉环的误国，杀死了杨国忠，并逼迫玄宗在马嵬坡这个地方把杨玉环用白绫绞死。这就是历史上著名的安史之乱。

成大事者认为，在谈话中，让人自我感觉居于主导地位，实际上是让谈话中的人显得重要起来。只有他们觉得自己很重要，才愿意将谈话进行下去。

57 不要自我炫耀

成大事者认为，人不论多么有才华，运气多么好，都不应该炫耀，尤其是在谈话中，当你炫耀的时候，你就失去了听众。而且很多时候，你会将自己置于危险的境地。

不要留恋你的影子——哪怕它很辉煌。要知道，当你望着你的影子依依不舍的时候，你正好背离了照亮你的太阳。

炫耀自己是一个危险的陷阱，足以让人忌恨。炫耀自己的人，把大量精力放在显示成果、自吹自擂，或试图让他人信服自己的个人价值方面。这样做并不能获得他人的真心称道，却无疑是自掘陷阱。《三国演义》中才子杨修的遭遇，就是一个极好的教训。

杨修这个人极有才华，常人不能看出来的东西，他往往一看便知其含义。但是他就是因为犯了炫耀自己这一处世大忌，从而招来了曹操的忌恨，也为自己招来杀身之祸。

一次，曹操命人给他的幕僚们送来一件礼物，上面写着"一合酥"。众人看了，均不解其意。当然，我们也不排除那些已经掌握了这一处世权谋的人，他们虽然知道，但是却说不知道。杨修却恃才放旷，当着大伙说："丞相让我们一人吃一口。"说罢，便打开盒子吃了一块，众人却不敢，他们连忙问杨修为何，杨修说："这上面不明明白白地写着'一人一口酥'吗？"众人恍然大悟，均夸杨修才智过人。可是，曹操本想玩一把深沉，却被杨修那么快就说破了，焉有不恨之理。

还有一次，曹操命人给自己的花园修了一道门，等到修好以后，曹操领众人去看，一时之间大伙议论纷纷，唯有曹操不言不语，他取过笔，在门上写了一个"活"字便离开了。

众人见了，一时丈二和尚摸不着头脑，可是这个杨修又自鸣得意地说："这还不明白，门中加活不就是一个阔字吗？丞相嫌这个门修得太阔了，左右还不快马上把它改修小一点。"后来，曹操听说门又改建了，一见正合自己的心意，十分高兴。接着听说全是杨修想出来了，曹操虽然没有说什么，但是心中对杨修却是更加忌恨。

　　这样的事还有很多，从而使曹操对杨修越来越忌恨，而这最后一次正好给了曹操一个借口。

　　曹操领兵与诸葛亮对阵，一时之间急攻不下，而且粮草又快用光了。更糟糕的是，探马来报说马超、韩遂领西凉兵进攻曹军后方。曹操一时对是进是退犹豫不决，进吧，急切之间又难以取胜；退吧，又会遭人耻笑。当曹操正坐在营中为此事发愁就着一只鸡肋喝着闷酒时，夏侯渊进来请问当晚的号令，曹操顺口说道："鸡肋！"

　　夏侯渊领命而去，在营外碰见了主簿杨修。当他听说当晚的口令是"鸡肋"时，便对夏侯渊说："将军，我保证不出三日丞相一定会撤兵，你我还是赶快回营收拾行囊吧！"

　　夏侯渊问他何故，杨修说："鸡肋，食之无味，弃之可惜。这正如我们当前的形势，前进不会有什么结果，退兵又觉得不太甘心，丞相正在为退兵与否犹豫不决，现在马超、韩遂起兵捣我后方，丞相何等英明之人，他肯定会认识到后方的重要性。因此，我保证三日之内丞相必然下令退兵。"

　　夏侯渊听他说得很有道理，便回营吩咐左右收拾行囊，准备退兵。

　　曹操由于心情烦闷，无心睡觉，便带了大斧巡视大营，他见到夏侯渊营内一片狼藉，众人都在收拾行囊，很是奇怪，他叫来夏侯渊问他在做什么？

　　夏侯渊据实回答。曹操一听，勃然大怒，喝道："大胆匹夫，妄揣我意，惑我军心，实在可恶！马上叫来左右将杨修推出辕门斩首示众。

　　可怜的杨修还没有来得及申辩一句，便已作为刀下之鬼。而他也许至死都不明白，自己满腹学问，怎么丞相一怒之下便要取他性命呢？

　　其实很简单，就是因为他太爱炫耀自己，这使一直自视为天下英雄第一的曹操十分难以接受。

　　或许我们所自鸣得意的事，正好是别人的痛处，这时他们普遍会有一种心理——怀恨！这是一种进入到内心深处的对我们的不满反击！我们说得口沫横飞，不知不觉已在失意者心中埋下一颗炸弹，多划不来啊！

　　然而，具有讽刺意味的是，与此情况刚好相反，我们越少刻意寻求赞同、越少刻意炫耀自己，却会获得越多的赞同和欣赏。

　　成大事者认为，说话的时候一定要谦虚。如果你读的书很多，千万不要告诉别人，因为人家听到会考你的。谈话中进行炫耀，只会让别人觉得自己很浅薄。如果浅薄的人都可以当朋友的话，那么这世界上没有人不可以当朋友了。

58 不要让人抓住小辫子

成大事者认为,与人交谈的时候,一定不要抓住别人的小辫子不放。很多现在已经很有地位很成功的人,过去可能有并不光彩的经历。在这个时候,千万不要揪住别人的小辫子不放。

明太祖朱元璋出身贫寒,做了皇帝后自然少不了有昔日的穷哥们儿到京城找他。这些人满以为朱元璋会念在昔日共同受罪的情分上,给他们封个一官半职,谁知朱元璋最忌讳别人揭他的老底,以为那样会有损自己的威信,因此对来访者大都拒而不见。

有位朱元璋儿时一块光屁股长大的好友,千里迢迢从老家凤阳赶到南京,几经周折总算进了皇宫。一见面,这位老兄便当着文武百官大叫大嚷起来:"哎呀,朱老四,你当了皇帝可真威风呀!还认得我吗!当年咱俩可是一块儿光着屁股玩耍,你干了坏事总是让我替你挨打。记得有一次咱俩一块偷豆子吃,背着大人用破瓦罐煮,豆还没煮熟你就先抢起来,结果把瓦罐都打烂了,豆子撒了一地。你吃得太急,豆子卡在嗓子眼儿还是我帮你弄出来的。怎么,不记得啦!"

这位老兄还在那唠叨个没完,宝座上的朱元璋再也坐不住了,心想此人太不知趣,居然当着文武百官的面揭我的短处,让我这个当皇帝的脸往那儿搁。盛怒之下,朱元璋下令把这个穷哥们儿杀了。这就是戳人痛处的下场。

在为人处世中,场面话谁都能说,但并不是谁都会说,一不小心,也许你就踏进了言语的"雷区",触到了对方的隐私和痛处,犯了对方的忌,对听话者造成一定的伤害。其实,每个人都有所长,亦有所短,为人处世的成功,一个很重要的因素就是善于发现对方身上的优点,夸奖对方的长处,而不要抓住别人的隐私、痛处和缺点,大做文章。切记:揭人之短,伤人自尊!

"揭短"有时是故意的,那是互相敌视的双方用来作为攻击对方的武器;"揭短"有时又是无意的,那是因为某种原因一不小心犯了对方的忌讳。有心也好,无意也罢,在为人处世中揭人之短都会伤害对方的自尊,轻则影响双方的感情,重则导致友谊的破裂。

有这样一个真实的例子，有一群人在看电视剧，剧中有婆媳争吵的镜头。张大嫂便随口议论道："我看，现在的儿媳真是不知道好歹，不愿意和老人住在一起，也不想想以后自己老了怎么办？"话未说完，旁边的小齐马上站了起来，怒声说："你说话干净点，不要找不自在，我最讨厌别人指桑骂槐！"原来小齐平素与婆婆关系失和，最近刚从家里搬出另住。张大嫂由于不了解情况，无意中揭了对方的短而得罪了小齐。所以只有了解交际对象的长处和短处，为人处世才不会伤人伤己。

且看下面这个例子。

有一位年轻的姑娘长得很胖，吃了不少的减肥药也不见效果，心里很苦恼，也最怕别人说她胖。有一天，她的同事小张对她说："你吃了什么呀，像气儿吹似的，才几天工夫，又胖了一圈儿。"

胖姑娘立马恼羞成怒："我胖碍着你什么了？不吃你，不喝你，真是狗咬耗子，多管闲事！"

小张不由闹了个大红脸。在这里，小张明知对方的短处，却还要把话题往上赶，这自然就犯了对方的忌讳，不找麻烦才怪呢！

所以，还是俗话说得好，"打人不打脸，揭人不揭短"。要想与他人友好相处，就要尽量体谅他人，维护他人的自尊，避开言语"雷区"，千万不要戳人痛处！

与人谈话，千万不要揪住别人的小辫子不放。对于别人已经发生的笑话或者故事，也不要老是提起。每一个人都有自尊，即使是最喜欢开玩笑的人，也很忌讳别人拿他的过去说事。如果我们总是因为一件事情而遭到别人嘲笑的话，我们心中自然很不好受。事实上，别人也未必安了坏心，只不过是随口提起。

我们要学会打心底尊重别人，就不要揪住人家的小辫子不放。真正的智者往往很宽容，对别人过去发生的不快，从来都不会提起。试问，谁又愿意和一个经常揭自己伤疤的人交往？

成大事者认为，每一个人生活中都有很多无奈，过去的日子或许并不光彩，现在成功了，有地位了，自然希望能够得到更多的尊重。对于过去的日子也很忌讳。因此，我们不要揪住人家的小辫子不放，老是取笑人家。即使你的取笑是无心的，但是对于别人来说却听得十分刺耳。而那些依靠小辫子去威胁和敲诈别人的人，不仅道德上让人不齿，而且他们自身也处在极其危险的境地。你让别人感觉到了威胁，别人一定会威胁你，因为没有谁弱小得失去了报复能力。

59 不要自我吹嘘

成大事者认为，自我吹嘘是为了满足自己的虚荣心，虚荣心是要不得的，自我吹嘘当然也要不得。自我吹嘘和自我炫耀还不一样，自我炫耀是那种有意无意地表现出自己的才华和能力，而自我吹嘘则是直接往自己脸上贴金。它比自我炫耀更要不得，更容易激起别人的反感。

自我吹嘘是虚弱的表现。只有弱者才需要通过自我吹嘘，才能活得下去。一个人应该学会坚强，这种坚强不但是身体上的，而且是心灵上的。不需要通过自我吹嘘来表明自己如何如何。其实自己如何如何也不用说，跟别人又没有任何关系。

在与人交往的过程中，最好少跟那些总是自我吹嘘的人交往。这种人不但不能增长自己的见识，相反会让自己变得虚荣起来。毕竟争强好胜的心很多时候是很强的。其实无论这个家庭，或者家族中的哪个人成就特别突出，都和自己没有关系。人如果需要荣誉，需要地位，那么就要依靠自己来争取。我们认可的英雄是那种依靠自己的努力而获得成功的英雄，而不是那种含着金钥匙出生的英雄。古时候有一个尚书家庭，尚书死后家道没落，到他孙子的时候已经很穷了，加上他的孙子十分懒惰，到最后只能以乞讨为生。有一天尚书以前的一个门生知道了这种情况，于是叫尚书的孙子到他家扛一袋米回去。尚书的孙子很高兴，扛着米就往家里走，但是因为从小娇生惯养坏了，根本就扛不动。他四周看了看，发现有一个乞丐，于是他让乞丐来帮他扛，结果这个乞丐比他还不如，扛了两步就走不动了。他于是大骂乞丐："我是尚书的孙子，我扛不动情有可原，你一个乞丐怎么连这样的活都干不了。"乞丐瞪了他一眼说："尚书又怎么样，我可是宰相的孙子。"其实一个家族以前有什么人，有什么功业根本和后人没有任何关系，但是人们好像有这个习惯去认一个很有成就的祖先。

有一只麻雀很高调，它飞到一个王宫附近，始终不停下来，它要向它的朋友展示一下自己。它的朋友问它说，为什么不停到王宫屋檐上休息一会，麻雀很骄傲地说："我怕我一停下去，这个宫殿就塌陷下去。"有一只老鹰听了很生气，于是飞了过来,想抓住这只爱说大话的麻雀。麻雀很惊慌,赶紧飞回到自己的家里。朋友又问它为什么如此惊慌,它强作镇定地回答:"我怕我和老鹰打起来,一下子地动山摇,你们连安身的地方都没有。"它的朋友狂笑不止,谁也没有把它的话当真,只是觉得它像个小丑。其实自我吹嘘的人,很多时候在别人心目中就是这种角色。

生活中人们早已经对那些喜欢自吹自擂的人失去了信心,因为在他们看来,真正有能力的人往往是沉默的。那些吹嘘的人往往不学无术,除了一张嘴厉害一点,什么都没有。

有一个老父亲带着自己的儿子去打猎,一路上总是夸耀自己的箭术如何如何高明。突然这个时候天上飞过来一只老鹰,儿子让父亲赶紧拉弓。父亲于是拉满了弓朝老鹰射了过去,结果没有射中,老鹰飞走了。父亲很欣喜地对孩子说:"今天算是看见了奇迹,没有想到一只被射中的老鹰还会飞。"

其实,一个人不断地吹嘘自己,很大的原因是因为他缺少信心。因为信心不足,所以他要通过吹嘘来让自己变得有信心起来。有些时候,人们为了赢得对方的尊重,往往会把自己摆到一个比较高的位置,比如,在求职的时候,为了让对方能够重视自己,就告诉对方自己曾经在什么地方做过多大的项目。事实上,这个项目可能就是他参与过,或者仅仅是听说过。他在那个项目中所起的作用可能很小,甚至微不足道。正是因为他没有信心,才需要通过吹嘘来证明自己很重要。如果有信心的话,他完全可以通过实力来证明自己。

当你读书多的时候,一定不要向别人吹嘘,因为你说出来别人会考你的。事实上,很多时候我们自我吹嘘无非是给别人一个验证自己的机会。很多人会通过各种方式来验证自己是否说的是真的。所以人吹嘘多了就容易露馅。人家只要在一点上判断你撒了谎,自然所有的事情都不会再相信你。在与人交谈的过程中,一定要学会谦虚,要知道真正的高人都是深藏不露的,真正的强者都是很谦虚的。

成大事者认为要想得到别人的尊重和信任,一定不要通过自我吹嘘的方式来获得,这种方式获得的尊重和信任必然不长久,人们也容易对这种人失去信心。

60 不要泄露秘密

成大事者认为，在谈话中，不要泄露秘密，不仅是自己的秘密，包括别人的秘密也不要泄露。一个能严守秘密的人，无论如何都是受人尊重的，同时也是能成就大事的。

隋朝时期，隋炀帝十分残暴，各地农民起义风起云涌，隋朝的许多官员也纷纷倒戈，转向农民起义军。因此，隋炀帝疑心很重，对朝中大臣，尤其是外藩重臣，更是易起疑心。唐国公李渊（即唐太祖）曾多次担任中央和地方官，所到之处，有目的地接纳当地的英雄豪杰，多方树立恩德，因而声望很高，许多人都来归附。这样，大家都替他担心，怕遭到隋炀帝的猜忌。

正在这时，隋炀帝下诏让李渊到他的行宫去觐见。李渊因病未能前往，隋炀帝很不高兴，多少有点猜疑之心。当时，李渊的外甥女王氏是隋炀帝的妃子，隋炀帝向她问起李渊未来朝见的原因，王氏回答说是因为病了，隋炀帝又问道："会死吗？"

王氏把这消息传给了李渊，李渊更加谨慎起来，他知道隋炀帝对自己起疑心了，但过早起事又力量不足，只好低头隐忍，等待时机。于是，他一面向隋炀帝表示忠心臣服之意，一面故意广纳贿赂，败坏自己的名声，整天沉湎于声色犬马之中。此举颇见效果，隋炀帝放松了对他的警惕。试想，如果当初李渊不主动低头，或者头低得稍微有点勉强，很可能就被正猜疑他的隋炀帝杨广除掉了，哪里还会有后来的太原起兵和大唐帝国的建立？

隋炀帝就是因为泄露了自己的秘密，才让李渊有所警觉。

事以密成，语以泄败，在事情没有做成之前，一定要学会保守秘密。在交谈中，不要将所有的秘密毫无保留地讲给别人听。秘密只有自己不说出口才没有人知道，只要自己说出口了，就很难保证不被传开。因为当事人都不能保守秘密，又怎能保证和这个秘密毫无关系的人会保守呢？其实很多时候将秘密讲给朋友听，是给朋友添加了负担，他要时时提防着这个秘密被抖搂出来，如果这个秘密确实事关重大，他自然会更加留意，而越是留意，心中的负担就会越重，像一块石头一样压得他喘不过气来。很多人都很想把秘密忘掉，但是越是想忘掉，反而记得越清楚。等到有一天，他实在忍不住了，将秘密抖搂了出来，两个人的朋友关系恐怕也就保不住了。但是那个人会觉得很舒服，不必再把秘密当成负担了。因此，要想真正地拥有一个朋友，最好不要将秘密告诉他。如果想对一个朋友生怨恨，那么最好是将自己所有的秘密告诉他，然后凑到他的耳边说："这是我的秘密，我只告诉你一个人，千万不要告诉任何人。"其实自己能告诉这个朋友，也自然能告诉另一个朋友。等到两个朋友碰头一交流的时候，才发现你说的"我只告诉你一个人"是一句多么虚伪的话。

古时候很多人为了保守秘密，甚至连自己的救命恩人都要直接或者间接地杀了灭口。所以对于那些没有想告诉自己秘密，又告诫自己千万不要说出去的人来说，我们最好还是不要知道他们的秘密为好。曾经有这样一个故事：一个国王长了驴耳朵，只有一个太医知道这件事情。于是国王告诉太医说如果他说了出去，就要诛灭他们全家。太医很害怕，于是一直守口如瓶。可是他是个守不住秘密的人，这个秘密在他心中折腾得难受，最后抑郁而终，死后葬在一片竹林里。后来有人常听到这个竹林里会传出这样一句话来："国王长了驴耳朵，真好笑。"这个故事也说明了让别人保守秘密是不大可能的事情，所以如果要想永远保守秘密，就不要将秘密告诉任何人，即使是自己最亲信的人。

古代也有些隐士为了保守别人的秘密，而当面自杀。伍子胥逃命的时候曾经遇到一个渔夫。由于楚国国王昏庸，听信谗言，将伍子胥一家杀害，同时还缉拿没有自投罗网的伍子胥。伍子胥追不得已，只好逃往吴国，此时后有追兵，他在江上遇到一个渔父，向他求救。渔父将他渡了过去，伍子胥藏身芦苇荡中，渔父看见他面有饥色，就说去给他拿点吃的来，伍子胥起了疑心，当渔父拿来饭菜，他就躲进了芦苇深处。直到渔父一再叫他，他才肯从芦苇丛中出来，吃完渔夫送来的饭，他立即解下百金之剑赠送给渔父，渔父当然不接受。于是他又问渔父的姓名，他想等到哪天他得了天下，定然厚报渔父，然而渔父没有告诉他。后来伍子胥上岸就反复叮嘱渔父要保守他的秘密，不要告诉别人他的行踪，可能是渔父觉得自己受了侮辱，于是答应了他，等伍子胥走上岸几步，渔父就自己把船弄翻，沉入了江中。

如果你真有什么不愿意公开的秘密，如果你真的是在谋划大事，就不要将你的秘密随便说出，为了自己好，也为了你所要告诉的人好。因为你一旦说出了，又得用尽心思多提防一个人。

成大事者认为，在交谈中人们往往容易喜欢用秘密去显示自己和对方交情很深。其实很多时候，秘密对于别人来说只不过是负担。你要是真的和别人交情很深，最好就不要告诉别人秘密。

61 不要自我感觉良好

成大事者认为，在与人交谈的时候，千万不要自我感觉良好。自我感觉良好就容易自以为是，就容易觉得自己什么都正确，而别人说的什么都是错误的，即使没有错误，也是有瑕疵的。

自我感觉良好的人往往听不进去别人的意见。

一个电影明星的演技或许是无可挑剔的，如果让他来证明剧本的好坏，恐怕只会糟蹋了那个剧本；一个正直诚实的教师在教学方面成绩卓著，如果要他证明某种药品的好坏，恐怕也没有人能够相信他的判断。每个人都不可能是全才，一定会有犯错误或考虑不周的地方，为了避免造成种种不必要的损失或失误，我们就要善于听取不同的意见，尤其是反面意见，这样才会得到有益的忠告。

人与人相处，就一定会存在意见相悖的时候，可有些人极不情愿接受与自己不同的意见，一旦遇到这种情况，就会气不打一处来。因此，能否接受反面意见，即可见其心胸是否敞亮宽广。

卫侯在谈治国方针时，提了一条错误的意见，而群臣却无一人敢加以指责，只是众口一词，随声附和。

但子思说："我观卫国的情形，君不像君，臣不像臣。"

卫侯问："何以见得？"

子思说："国君如果习惯自以为是，群臣就不敢提建议。事情做对了就自命不凡，事情做错了也要大家赞颂，这无异于堵塞言路，鼓励邪恶。如此君昏臣庸，却又高居于百姓之上，民众是不会真心拥护的，这种情况如果继续发展下去，国家必将灭亡。我断定，您的国家将每况愈下。"

卫侯惊问："为什么？"

子思说："君王对自己所说的每一句话，所做的每一件事，都自以为是，而群臣却没有一个敢于指出您的错误。君臣皆自以为贤能，而下属亦同声称颂上司贤明，因为歌功颂德可以带来好运，直言纠错则会遭致灾祸，如此，利民利国的善政怎能产生？"

卫侯听了以后，幡然醒悟，开始主动寻求臣下的不同意见，卫国由此逐渐强大起来！

中国有句古话："逢人且说三分话，未可全抛一片心。"受此教诲，人们说话习惯于你好我好大家好，很少有人愿意当面提反对意见，却喜欢在背后说三道四讲怪话。所以，敢当面讲真话的人是很难得的，当有这样一位难得的人出现在你面前时，千万要珍惜。因为这样的人才是值得交的朋友。

皮鲁克斯说，每个人一天起码有五分钟不够聪明，智慧似乎也有无力感。一般人常因他人的反对而愤怒，有智慧的人却想办法从中学习。与其等待对手来攻击我们或我们所做的工作，倒不如自己主动接受不同。某些时候，对手对我们的看法比我们自己的观点可能更接近事实。

当你因听了别人的反对意见而怒火中烧时，不妨先劝慰自己："等一下……我本来就不完美。连爱因斯坦都承认自己99%都是错误的，也许我起码也有80%的时候是不正确的。这个意见可能来得正是时候，如果真是这样，我应该感谢它，并想法子从中获得益处。"

成大事者认为在与人交谈的时候，千万不要自我感觉良好，不要认为自己正确无比，而别人一无是处。当你抛弃那种自我感觉良好的心态的时候，你才听得进去别人说的话，你才能够学习到更多的东西，你才能够真正地去尊重别人，你也才能善于利用别人的力量来成就大事。

62 不喜欢的人不要当场伤害

成大事者认为，在谈话的时候，遇到不同的人有不同的应付方式，但是要牢牢记住一点，即使是自己不喜欢的人也完全没有必要当场伤害。毕竟在性格上，人和人是有差别的。知道世上没有完全相同的两片树叶，你就能容忍人与人间性格的差别。

"物以类聚，人以群分"，即使是同类，一般人也都愿意同和自己性格相近的人相处，这是无可非议的。一个人要和所有的人都成为亲密朋友，那是不实际的、不可能的。但是，如果我们学会和各种不同性格的人打交道，就能和更多的人相处得好，工作起来就能相互协调。

应该看到，既然别人与自己性格不同，他在待人接物方面，自然有许多方面与自己不一样。当我们看到了别人与自己不同之处后，不要觉得这也不顺眼，那也看不惯，不要讨厌和嫌弃别人。

要承认差别。世界上的事物本来就千差万别，可以说，世界上没有完全相同的两片树叶。认识到这一点，看到了不同性格的人，就不会强求别人处处和自己一样，就可能容忍相互间性格上的差别。

要学会求大同、存小异。性格不同的人，处理问题的方式方法往往也不同。要学会在不同之中，发现共同之处。那么如何和不同性格的人相处呢？方法如下：

与死板的人相处，要了解他关心的事。死板的人往往我行我素，对人冷若冰霜。尽管你客客气气地与他寒暄、打招呼，他也总是爱理不理，不会做出你所期待的反应。其实，尽管死板的人一般来说兴趣和爱好比较少，也不太爱和别人沟通，但他们还是有自己追求和关心的事。所以，你在与这类人打交道时，不仅不能冷淡，反而应该花些功夫仔细观察，注意他们的一举一动，从他们的言行中寻找出他们真正关心的事来。一旦你触及他们所热心的话题，对方很可能马上会一扫往常那种死板的表情，而表现出相当大的热情。

与傲慢无礼的人相处，要保持距离。有些人往往自视清高、目中无人，表现出一副"唯我独尊"的样子。与这种举止无礼、态度傲慢的人打交道，实在是一件令人难受的事情。因此，尽可能地减少与其交往的时间。在能够充分表达自己的意见和态度，或某些要求的情况下，尽量减少他能够表现自己傲慢无礼的机会。这样，对方往往也会由于缺乏这样的机会而不得不认真思考你所提出的问题。

与沉默寡言的人相处，要保持尊重。和"闷葫芦"在一起，人们总会感到沉闷和压力。特别是对于一些性格比较外向、活跃的人，更是觉得难受。因而在这种情况下，有些人为了活跃气氛，便故意找些话题来说，其实这是没有必要的。因为，对于沉默寡言的人来说，他们之所以这样，可能是出于其有某种心事而不愿多言。在这种情况下，你应该尊重对方，不要去破坏对方的心境，让其保持一种内心选择的生存方式。相反，你如果故意地没话找话，拼命地想方设法与对方交谈，只能引起对方的反感。

跟不同性格的人相处，胸怀应该宽一些，气量应该大一些，应该提倡宽容。当然，我们说待人要宽容，不是不讲原则，应该尊重别人的兴趣和爱好。对别人生活中的一些细微末节，要能容得下。这样，不同性格的人在一起才容易相处。

跟不同性格的人相处，还要注意讲究不同的方式方法。俗话说，一把钥匙开一把锁。跟不同性格的人打交道，也要区别对待。这不是那种见人说人话，见鬼说鬼话的世故圆滑，也不是那种逢场作戏的玩世不恭。我们说的待人有别，不能要求别人改变交往方式，只有自己灵活地与人交往。

也许有人会说，江山易改，本性难移，自己的脾气改不了。的确，人的性格是在生理素质的基础上，在社会实践中逐渐形成的，有一定的稳定性。要想改变一个人的性格，不是一件容易的事情。但是，世界上任何事物，都不是一成不变的，人的性格也是不断发展，也会有所变化。我们常常看到，有的人本来很脆弱，但是，后来经历了一些重大变故或意外打击后，生活把他磨炼得坚强起来。如果我们努力提高自己的认识能力、思想水平和道德修养，我们是能够培养和锤炼出良好性格的。

成大事者认为，世上的事情都不是尽善尽美的，每个人在思想上性格上都有缺点，我们对人不能求全责备。在谈话的时候，一定要学会宽容。如果你不喜欢一个人，也要学会宽容，不要当场伤害别人。事实上，我们的喜欢和不喜欢很多时候都是个人的一种偏见，并非真理。如果我们坚持偏见，并且将这种偏见表现出来，毫无疑问，我们就是比较愚蠢的人。

63 不要试图阻止别人说什么

成大事者认为，在与人交谈的时候，千万不要试图阻止别人说什么。防人之口，甚于防川。不但要让别人说，而且要鼓励别人说出更多的想法。

有了这种意识，人才能变得洒脱起来，而不因为别人说了什么就乱发脾气。更不能因此而变得疑神疑鬼。

古代有个皇帝特别在乎别人怎么看，他给那些随便议论的人定了很多罪名，有一个罪名很荒谬：腹诽。也就是说他如果觉得你在心里说他坏话，他就可以定你的罪。这种罪名定得实在是荒谬。一个人在心里想什么，别人怎么可能知道。有些人或许说从眼神看得出来，那也是从自己的主观判断，不同的人同一个眼神有不同的意思，即使是同一个人在不同的时间同一个眼神的意义也大相径庭的。可见这个皇帝是多么虚弱，他生怕别人说他，但是又是多么无知，居然想到这样的罪名。

其实在乎别人怎么看的人是十分虚弱的人，真正强大的人根本就不在乎。爱因斯坦在没有出名的时候，经常穿得很简陋地在街上走。一个好心的朋友看见了，提醒他说："你怎么能穿成这个样子在大街上走呢？也不怕别人笑话？"爱因斯坦笑了笑说："现在大家都不认识我，我怕什么？"后来爱因斯坦出名了，但是他的这个习惯还是没有改变，他的朋友再次提醒他说："你现在已经出名了，不能穿成这个样子走在大街上。"爱因斯坦听了以后，又笑着回答："现在大家都认识我，我怕什么？"其实爱因斯坦完全不是因为别人认识或者不认识他，只不过他不在乎而已。人只能因为自己的知识匮乏而羞愧，怎么可能因为自己穿得寒酸而无地自容呢？

其实纵观历史上的伟大人物，他们成为了伟人以后丝毫也逃不开别人的议论。三国过去了，还有渔夫在船上议论他们的故事："古今多少事，都付笑谈中！"真正伟大的人往往是赞誉天下，同时也毁誉天下，他们和普通人没有什么区别，只不过有更多的人站在对立的两面。

伍子胥后来带领吴兵灭了楚国，然后拉出楚王的尸体鞭尸泄愤，足足打了三百下，楚王吭都没有吭一声。或许你会认为人已经死了，当然不会吭声。道理其实就在这里，人已经死了，天下人如何评价自己又有什么关系呢？时间在变，人也在变，人们议论的都不过是昨天的自己，而昨天的自己已经死去，你又何必在意别人怎么说呢？

我们再试着反过来想一想，如果听到有人非议自己，我们不管三七二十一，就冲上去和别人理论，这里存在三种可能性：

一来是你得到的消息未必是可靠的，所以你冤枉了好人，或者你受到了别人的愚弄。不论是冤枉了好人，还是受到别人的愚弄，都显得自己智力有限，见识浅薄，而且没有城府。这可能真的成为了别人议论的把柄。

二来是他确实议论了你，但是说的全部是好话。这个时候你如果冲上去和他理论，必然会破坏你在他心目中的形象，以后他才懒得跟别人说你的好话。即使以后说起你的好话，到最后难免会加上一句：就是有点不相信人，有些时候性子太急了，耳根比较软。

三来是他确实说了你的坏话。你这个时候去跟他理论，结果闹得沸沸扬扬，打得不可开交，试问如果你在大街上看到有两个人打得不可开交的时候，你会想到他们当中有一个是完全有理，有一个是完全不讲理的吗？你绝对会认为这两个人都有错，于是各打三十大板地做了一个判断。这个时候你想想你在和别人打得不可开交的时候，周围的人会怎么看你？其实道理是再浅显不过的。

他说了我的坏话，我不会搭理他。原因在于：

一来他不是我的朋友，他说话伤害不了我，我根本就不在乎这个人。

二来他没有修养，我总不能陪着他一起没有修养吧？

三来他就是想让我搭理他，我偏偏不搭理，从心底我就看不起这种人。

当然仅仅以上三点还是不够的。人们还要学会如何和这个说了自己坏话的人相处。不是不交往，而是要理所当然地去交往。他之所以说我坏话，是因为他不了解，我就是要让他了解我，明白当时他是多么的无知。即使他始终不能明白自己的无知，至少我不会因此而结下一个冤家。

成大事者认为人应该有这种气度，这种气度同样是可以培养的，多看些历史，或许这种气度会体现得更加明显。

第五章　成大事者说话善于换位思考

如前所说，是非不过是偏见。如果能够换位思考一下，是非就不再是是非，而变得顺理成章。我们要站在别人的角度考虑问题，要以目标和别人为导向来组织自己的语言。

64 好言难得，恶语不施

成大事者认为，无论自己处于何种地位，都要学会善于说好话，毕竟好言难得，说好话容易得到别人的喜爱和尊重。同时，也不要因为别人有什么样的缺陷就有恶语，那些恶语显然会伤害别人，最终会伤害到自己。

中唐时期，大将军郭子仪平定安史之乱，功勋卓著，在朝中上下威望甚高。近臣鱼朝恩对他心怀嫉妒，将他视为头号政敌，一有机会就在皇帝面前说他的坏话。郭子仪得知此事，一笑置之，从不加以反击。

有一次，郭子仪父亲的坟墓被盗，官府搜捕盗贼，但没有抓获。人们猜测这可能是鱼朝恩指使人干的，目的是破坏郭家的风水。

朝廷害怕郭子仪因此反叛，在他进京的路上派了很多人防守。郭子仪拜见代宗时，痛哭道："我长久带兵，却不能禁止残暴的行为，因而许多士兵掘墓盗财。今天挖了我家坟墓，是我自作自受，不关别人的事。"

皇上因此才放下心来，解除了对他的防范。

有一次，郭子仪奉命入朝，鱼朝恩邀请他一同去章敬寺游玩。宰相为了挑拨他跟鱼朝恩的关系，派人告诉郭子仪说："鱼朝恩将对你图谋不轨。"并劝他不要接受邀请。

郭子仪不信，执意赴会。

他手下的将领们听说后，拿刀挂剑要随同保护。

郭子仪说："我是国家的大臣，鱼朝恩没有天子的命令，怎敢暗害我？如果他受皇命而来，那是谁也保护不了的，你们这些人去了又有何用呢？"

于是，郭子仪只带了几名家僮前往章敬寺。

鱼朝恩见郭子仪仅带几名随从，感到惊讶。郭子仪将听到的消息都告诉了鱼朝恩，并说："带那么多人来，害怕麻烦你张罗。"

鱼朝恩抚胸拱手，痛哭流涕地说："如果您不是长者，能不怀疑我吗？"

自此，鱼朝恩打消了敌意，对郭子仪心悦诚服，经常在皇上面前替他说好话。

当时郭子仪手握重兵，夺取皇位也不是没有可能，要对付一个鱼朝恩，易如反掌。但他却没有这样做，以自己的虚怀若谷，将一个政敌从此变成了盟友。郭子仪一生"多福多寿"，位极人臣，享尽荣华，活到近九十岁，他的子孙后代也繁荣昌盛，这在历史上的重臣中是极少见的，真可谓"厚德载物"。

郭子仪对这个鱼朝恩没有施加恶言，而且用行动表示了对他的尊重，因此也收获了尊重。在谈话的时候，对于别人以往的过错，我们要学会淡而化之。这样做既尊重了别人，也赢得了别人的尊重。

古时有一位名叫朱博的官员，听人介绍说，长陵有一个名叫尚方禁的富豪，颇有才华，完全可以当守尉。

朱博便派人去暗中调查尚方禁这个人。

调查的人回来说："此人是长陵的大姓，年轻的时候行为不检点，曾经与别人的妻子私通而被发现，现在他的脸上有一处刀疤，就是那时候被人砍伤的。"

朱博点头不语。过了几天，他又以了解工作情况为名把尚方禁召来，仔细看他的脸，发现果然有一处很深的疤痕。

朱博喝退众人，独自留下尚方禁，问他脸上的伤疤是如何弄出来的。

尚方禁如实做了回答，然后红着脸，跪在地上请朱博饶恕。

朱博大笑着扶起他说："男子汉大丈夫有一点点过失算什么？我准备为你洗刷掉原先的羞耻，你看如何？"

尚方禁感动得流泪不止。朱博趁势说道："如果我为你洗刷了羞耻，使你成为一个光明正大的人，你可愿为朝廷效力？"

尚方禁连连应诺，表示一定为朝廷鞠躬尽瘁，死而后已。

朱博又告诉尚方禁道："这次谈话你知我知。你以后的任务就是把遇到的奸邪之事记录下来。"

从这以后，朱博撤销了尚方禁蒙羞的案底，并张贴告示"澄清"尚方禁的冤枉。且一天之内召见尚方禁三次，以表示亲近。

尚方禁早出晚归，四处奔走，风雨无阻，揭发了境内多数盗首及其亲信和其他犯法之人。

短短一年之内，由尚方禁提供重要线索而侦破的案卷达两尺厚。

朱博借此时机提拔尚方禁为遵县县令。

尚方禁感恩戴德地赴任去了。

从道理上来说，尚方禁与别人的妻子通奸，属个人小节，可用可不用。但朱博没有因为他的才能而直接任命他，而是给他一个展示才能、立功受奖的机会。

结果，既得到了一个人才，又办好了事情，其他人也不得不服。可谓一举数得，处理得恰到好处。

　　成大事者认为，好言难得，恶语不施，最关键的还是要给别人一个说话的机会，在行动中给别人一个展示的机会。不要因为一次失误就否定了别人，甚至在言语上挖苦别人。每一个人都希望得到尊重和肯定，在与人交谈的过程中，尽量肯定别人，给予别人应有的尊重，不仅是对别人的尊重，而且也是对自己的尊重。

65 常用赞美，善用比较

成大事者认为，赞美别人的时候，一定要善于运用比较，这样才能显示出赞美的程度和价值。

战国时代著名的策士张仪客居楚国时，有一段时间张仪总觉得楚王对他的态度有所疏远。感到楚王内心渐渐冷漠，对他的看法也不予认同，甚至在侍从中也能听到对他的不满之声。张仪心生一计，求见楚王，说："在贵国我没有什么用处，我请求北上去觐见魏王。"

"好，你愿意去就去吧！"楚王随口而出。

"附带再说一句，大王需要魏国的什么东西吗？如果需要，我将从那里弄来敬奉大王。"

"宝石、黄金以及象牙等，都是我们楚国所产，寡人对魏国无所求。"楚王冷冷地说道。

"那么，大王是不好色了？"

"你指的是什么？"楚王急忙问道。

"赵魏等中原之地的女子非常漂亮，常常使人误以为是天仙。"张仪竭力强调这一点。当时，楚国作为南方的落后国家，对文化先进的魏国等国所在的中原地区怀有一种自卑感。这样，果然楚王不再倨傲怠慢。

"我们楚国，地处偏僻之地，早就听说中原女子美貌异常，虽然有所闻，然而还没有亲眼见过。请你费心……"楚王于是送许多珠玉作为替他"费心"的资金。南王后与宠姬郑袖听说此事后，心中十分惊恐。两人都派人向张仪赠送大量黄金。嘴上虽说是作为行旅之路费，实际上作为阻止美女入楚之报酬。南后和郑袖，当时在楚国权势显赫，张仪巧妙地就从她们手里取得了大量黄金，然而，这只是一个开端。

他在最后辞行时，请求楚王赐他酒宴。他说："当今乱世，往来艰难，不知道什么时候才能再与大王相见，望大王赐酒！"于是楚王摆酒设宴为张仪送行。酒至半醉时，张仪再起身下拜，请求道："这里再没有其他人，愿大王召所喜爱的人侍酒……"楚王答应下来，就召南后、郑袖上来斟酒……张仪惊叹一声，在楚王面前倒身下拜："张仪对大王犯有死罪。"

"什么?"楚王惊奇地问。

张仪于是又一番甜言蜜语，他这样说道："我走遍天下，还没有见到如此美貌之人。我说到赵魏去买美人，是欺骗大王的。"对拥有如此绝美丽人的楚王说什么再从其他国家带来美人，这是欺王，罪当至死。

听到对自己后妃的夸赞，楚王一点儿也不生气："不必介意，我本来就认为天下再没有像她们两个人这么美貌的。"至于南后和郑袖，正因为已经听厌了平俗的奉承，所以听到张仪的话都高兴不已。张仪就这样以巧妙的比较得到了楚国宫廷的宠信。

不仅在赞美别人的时候可以运用比较，在表现自己的时候也要善于运用比较。表现自己实际上也是一种自我赞美，而最好的表现莫过于无声的行动。

曹丕和曹植都是曹操的儿子，在文学史上，合称"三曹"。曹操被汉献帝封为魏王之后，在诸子中选立自己的继承人。长子曹丕认为二弟曹植是自己强有力的竞争者，两人都想方设法争宠于曹操。

次子曹植，能文能武，胸有大志，才思敏捷，比曹丕有过之而无不及。曹操筑铜雀台，率诸子登台，令他们各自作赋。曹植年仅十九岁，援笔立成，文词通达耐读，曹操很是惊异。每当曹操问及军国大事，他都能应声而答，因而备受宠爱。当时曹操身边有名的谋士杨修、丁仪、贾适、王凌等人，都倾向立曹植为太子，并为曹植应付曹操的考察出谋划策，使曹操认为曹植比曹丕更有能力。

长子曹丕也与一帮亲信官吏积极谋划。他虽然文才不如曹植，但在政治斗争经验上却更胜一筹，他笼络的都是些明于政略而且在朝中掌握实权的官僚人士。出于打击曹植的目的，曹植经常派人探听弟弟的活动，并收买曹植府中的下人，让他们到曹操那里告密，使曹操知道杨修等人为曹植出谋划策，引起曹操的疑心。

面对曹植争立的威胁，曹丕问深有谋略的太中大夫贾诩，如何才能巩固自己的地位。贾诩说，要宽厚仁德，奉行仁人志士简约勤勉的精神，朝夕兢兢业业，不要违背做长子的规矩。曹丕听了他的话，时时注意修养，深自砥砺，使曹操对他的印象越来越好。

有一次，曹操要率大军出征，曹丕与曹植都前去送行。临别时，曹植作了一篇洋洋洒洒的大文，极力称颂父王功德，并当众朗诵得声情并茂，使得曹操和他的左右文武大臣万分高兴，曹植也因此受到众人的夸奖。曹丕怅然若失。这时，他的谋士吴质悄悄建议他做出流涕伤怀的样子。等到曹操出发时，曹丕什么话也不说，只是泪流满面，趴在地上，悲伤不已，表示为父王将要出生入死而担忧。一边哭着一边跪拜，祝愿父王与将士平安。曹操及左右将士都大为叹息。

这样一来，形势大转。俗话说："不怕不识货，就怕货比货。"曹操和左右大臣都认为曹植虽能说会道，但华而不实，论心地诚实仁厚却不如曹丕。一番考察和鉴别之后，最后曹操终于把曹丕定为太子。

成大事者认为，人之所以要用比较来赞美，赞美才显出价值。但是赞美并不一定非用语言不可，有些时候运用沉默也未尝不是一种赞美，就像曹丕送父亲一样。

66 谈话时，微笑代表真诚

成大事者认为，谈话时，人必须注意自己的面部表情，常微笑的人往往是真诚的。

罗曼·罗兰说："面部表情是多少世纪培养成功的语言，比嘴里讲的更复杂到千百倍的程度。"面部表情又是表示内心情感的最敏感的身体语言，美国学者戴维斯在他的专著《怎样识别形体语言》一书中指出："信息总效果＝7％文字＋38％声音＋55％面部表情。"事实上也正是如此，特别是领导者使用身体语言，最纯熟的莫过于这一种了吧。而在面部表情，他们最偏爱的就是笑了。当一张笑脸摆在下属和同级的面前，他们几乎很快会把它判定为友好的表示，除非背景极其复杂，而决不会去仔细揣摩，反复研究，这轻而易举的一笑，立即就使两者之间的关系接近了许多，体现了人与人之间融洽的关系。

大多数领导者平时总喜欢面带微笑，这种面部表情告诉人们："来吧，我是朋友。"尼采认为，由于发笑是使人们能够容忍生活磨难的唯一途径，所以人们才笑，但我想任何一个领导者都不会这样认为，我们的生活需要笑容，我们的工作也需要笑容，前者为了自己的健康，后者满足别人的希望，当你在会议上、汇报中或与下属谈心时，用自己惟妙惟肖的笑容向对方暗示或者传递一个细小的意向，当对方立刻心领神会之际，一定会从内心中发出满意的笑容。

但是，仅仅注意到笑的作用是不够的，还应当做到两点：一是要真笑，不是假笑；二是把握好笑的时机和方式。

就第一点而言，笑有真有假，真笑几乎是不受控制的，而假笑则是一种伪装出来的表情。有研究表明：真笑的第一个表情特征是嘴唇迅速咧开，第二个特征是，在笑的高潮以后，紧接着短暂而迅速地闪一下眼睛。那些"来得快、去得快"的笑，并不容易引起对方的满足，因而也是不成功的运用。所以如果不是真的从心里往外压抑不住的高兴就不要笑，这并不意味着你必须愁眉苦脸地工作，就好像全世界的重量都压在你的肩膀上似的。应该准确地说，如果你不是由衷地感到满足，就不要喜形于色。领导者也应该在笑之前想想这一点，否则将产生适得其反的效果，这绝不是我们所期望的。

第二个问题更为重要。笑的时机要恰当，要注意选择笑的时机、场合、话题。该笑的时候笑，不该笑的时候就不能笑。在欢庆的场合，在轻松的气氛中，在诚恳坦率的交谈中，应该笑；在谈起不见好转的病情，同去世同志的家属谈话，说起工作中的重大失误和损失时就不能面带笑容。有些人平时随便惯了，以至遇到参加单位同志追悼会的场合，在给烈士扫墓的时候，在瞻仰领袖遗容的时候，还在嘻嘻哈哈，说说笑笑，这就显得很不恰当了。其次，要掌握笑的分寸。在日常生活谈话中，笑容主要是根据交谈者的关系、谈话的内容以及谈话者的性格、习惯等自然体现出来的。

笑的方式很多，可取的有微笑、轻笑、大笑等。微笑是一种不露齿的笑容；轻笑表现为上齿露出，嘴已微微张开；大笑则表现为嘴已张成弧形，上下牙齿都可看见。

领导者在工作谈话中，一般要以微笑作为基调，微笑是一种恰到好处的可控性的笑容，它使人觉得和蔼、可亲、文明，是仪表的一个构成要素。微笑时面部肌肉容易控制，可以较长时间地维持笑容。笑的时候应该自然大方，得体适度。那种龇牙咧嘴的笑、嘻嘻逢迎的笑、挤眉弄眼的笑、忸忸怩怩的笑，都会给人一种不愉快的感觉，不良的印象。因此，笑容也反映了一个人的文化修养水平。领导者需要不断提高文化情操的修养，使笑容反映出美好的心灵。只有发自内心的笑才能感染对方，产生呼应。嘲笑、冷笑、幸灾乐祸的笑都是应该尽量避免的。

微笑是通过不出声的笑来传递信息的。微笑作为一种表情，不仅是形象的外在表现，也是人的内在精神的反映。因而领导者要善于使用微笑，就要注意微笑的主要功能：微笑能强化有声语言沟通的功能，增强交际效果；微笑还能与其他体态语相结合，代替有声语言的沟通，如在接见众多的宾客时，只要边微笑边招手，也具有"欢迎您光临"的功效，同样会使客人感到热情、有礼；在交谈中，遇到不易接受的事情，边微笑边摇头，委婉谢绝，不会使人感到难堪。

成大事者认为，与人交谈时，微笑应该是发自内心的，不应该有任何的做作。事实上，你的微笑是发自内心的，还是强装出来的，人们一般都能感觉得到。我们只有通过一种发自内心的微笑，才能让人更加信任我们。那种强装出来的笑容，不但不能取得别人的信任，而且还会让别人很难把该说的话说出来。因为你表现出了一种喜怒不形于色的特征。

67 恭维的话，适可而止

成大事者认为，与人交谈，固然要尽量说好话，但是好话并不等于奉承恭维的话。有些时候，人是要说些奉承恭维的话，但是这种话应该适可而止，否则容易引起别人强烈的反感。

历史反复证明，善于奉承和恭维的人一定是小人。奉承无疑是一种面对面的索取，奉承者十有八九有求于被奉承者，至少也是一种"有偿投资"。过多的甜言蜜语犹如高利贷，听得愈多，信得愈切，持续得愈久，愈要求付出昂贵的代价。

奉承者为达到其个人目的，可谓用心良苦，挖空心思，用尽心计。奉承不再是平面式的、一次性的，而是一个过程、一个系列，旁敲侧击，迂回演进，层层向前，由浅入深，渐露凶相，直至达到目的方休。

明朝奸相严嵩和夏言是江西同乡。严嵩比夏言早十二年中进士，但由于一直在家养病，难获升迁。当夏言身居高官时，严嵩还是个芝麻小官。

严嵩为了向上爬，极力讨好夏言。一次，他设宴请夏言来家做客，却被夏言拒绝。因为夏言心性高傲，不屑于和一个地位相差太多的人交往。严嵩又亲自拿着请柬到夏府相邀，夏言拒不相见。严嵩不以为意，回家照样设席，留下夏言的座位，并恭恭敬敬地跑到夏言座前宣读请柬。

此事传出后，夏言终于被严嵩楚楚可人的怜态打动了，决定帮助这位虔诚恭顺的同乡。

在夏言的举荐下，严嵩很快当上礼部侍郎。自此两人过从甚密。严嵩对夏言说尽好话，曲意逢迎，夏言对他越来越信任。夏言当上宰相后，又推荐严嵩接替自己的礼部尚书之位。

严嵩执掌大权后，仍对夏言恭敬如初，以下属和学生自居。而夏言则老是不客气地以恩人和老师自命，对严嵩呈送的文稿，经常改得一塌糊涂，有时甚至掷回重写。严嵩不以为忤，反而一再对"老师"的指点表示感激。但严嵩并不是一个甘心久屈人下的角色，他知道，夏言迟早会成为自己仕途的阻碍，因此表面对夏言恭敬，心里早盘算好了对付他的主意。

严嵩并不直接向夏言开战，这就是他高明的地方。否则，即使他将夏言扳倒，在别人眼里也成了一个忘恩负义之徒。他的做法是，夏言对皇上疏慢不恭，他却对皇上俯首帖耳；夏言对下属傲慢无礼，他却表现得礼贤下士。总之，处处反衬夏言的不足。结果，严嵩越来越受皇上信任和下属爱戴，而夏言则在朝中越来越孤立。最终，夏言因事被处死，严嵩成为权倾一时的宰相。

阿谀逢迎的人就是这样，在他需要你的时候，好话说尽一箩筐，反正那不过耗费几个唾沫星子，所费不多；当你对他有所妨碍的时候，他就会毫不客气地下狠手，再也不是以前的面孔。如果你因为别人的奉承就认为他是一个好人，疏于防患，正好落入他的算计之中。

如何不被阿谀逢迎者迷惑？兼听则明可也。据记载，一次唐太宗李世民问谏议大夫魏徵："为君何道而明，何失而暗？"魏徵答曰："君所以明，兼听也；所以暗，偏信也。"这就告诫人们，凡事不可偏听偏信，更不可为阿谀奉承的风气所麻痹。否则，就会失明而暗。

其实"兼听则明，偏听则暗"这个道理人们都懂，可惜，往往易懂的事又往往很难做到。因为"兼听"，往往会听到一些刺耳、难听的声音，甚至是苦涩之言；"偏信"，选择的恰恰是顺耳、好听、甜蜜、奉承的话。许多人讨厌直言而独好奉承，其原因在此。

俄罗斯著名文学评论家别林斯基曾说："如果到处都是溢美和逢迎，那么无耻、欺诈和愚昧将更有滋长的余地了，没有人再揭发，没有人再说苛酷的真话！"

阿谀奉承是欺诈的温床，当你听到不切实际的肉麻奉承的时候，就要小心对方的糖衣炮弹，自己应该警觉了。

与人交谈中，要想增强说话的说服力，以情动人是可以的。但是这种以情动人不应该是一种阿谀奉承。因为当你阿谀奉承别人的时候，别人会对你有些反感。真正要做大事的人肯定不会有太多的阿谀奉承，如果真正的大事是通过阿谀奉承而获得的，那么本身这种大事并没有太多的意义。况且一个将心思用在阿谀奉承上的人绝对没有能力去做大事，因为他们根本没有把心思放在思考上。他们既然想通过阿谀奉承来获得自己想要的资源，证明他们一开始就看轻了自己，把自己放在一个并不重要的地位上。这样的人，显然不会有太长远的眼光。

成大事者认为在我们与人交谈的时候，出于尊重自己，也出于尊重别人的必要，我们一定要少一些阿谀奉承，多一些以诚相待。不要让阿谀奉承自贬身价，在别人眼中成为了一个玩物。

68 不缺少优点，只缺少发现

成大事者认为，与人谈话的时候，要善于说好话，而不要总是说些让别人感觉难受的话。要说别人的好话，就要发现别人的优点。有些人认为别人根本就没有优点，那怎么能说好话呢？其实每一个人都有大量的优点，只不过我们不愿意去发现罢了。人都不缺少优点，只是缺少被发现。

在一次大型的演讲会场，一位知名的社会学家和心理学家这样演讲道：

"如果现在有一位长得国色天香的美女来到我们的面前，任何一个人拿着一只500倍的放大镜来观看这位美女的脸庞，一定都非常失望，因为我们所看到的将是坑坑洼洼，凹凸不平的一张难看的脸；但现在我们每个人如果拿一只望远镜来看远处的一座高山，我们看到的将是青山绿水，绿荫葱葱，仿佛人间仙境，令人流连忘返。

"在人际关系中，有人总是拿着放大镜去看别人，令对方原形毕露，显得一无是处，也使得自己无法信任他人，交不到朋友。相反，有的人则是拿着望远镜，始终都能欣赏到别人美好的一面，就是这个不拘小节的特性，使宾主尽欢，无往不胜。

"但这不等于说，放大镜就没有用了，放大镜的焦点应对准自己，而非别人。如果能虚心请求他人，对自己提出最严厉的批评，这样放大镜和望远镜都能同时发挥最大的效用。"

我们常说：严于律己，宽以待人。的确，一个人只有懂得如何欣赏和赞美别人，才不会被别人冷落，才能够有足够多的朋友和尽可能少的敌人。

唐代思想家柳宗元曾讲过这样一件事：一个木匠出身的人，技能极差，连自己的床都修不好，却声称能造屋，柳宗元对此将信将疑。后来，在一个很大的造屋工地上，柳宗元又看到这位老兄，只见他发号施令，指挥若定，众多工匠在他的指挥下奋力做事，有条不紊，秩序井然，柳宗元大为惊叹。对这个人应当怎么看？如果把他看成一个"棒槌"弃之不用，无疑埋没了一位出色的工程组织者。这一先一后，看似无所谓，其实很重要。

《水浒传》中的时迁，其短处非常明显——偷鸡摸狗成性，然而，他也有非常突出的长处——飞檐走壁。时迁上梁山后，被梁山的环境所感化，他的长处就派上了用场。在一系列重大军事行动中，军师吴用对他委以重任，使其长处得到应有的发挥，时迁因而成为梁山好汉中举足轻重的人物。

"水至清则无鱼，人至察则无徒。"水太清了是养不活鱼的，同样，对人过于苛求就不会有朋友。如果你能够始终以欣赏的眼光来看待身边的每一个人，那么人们就会因为受到你的尊重而倍感振奋。否则，一味挑剔别人的毛病，必然引起别人的反感，人际交往也必然陷入困顿。

曼德拉为了实现种族和解受尽了磨难，但却从没有恨过一个人。他说，他之所以能够历经挫折而初衷不改，并最终取得成功，他之所以从来都不记恨别人，是因为小时候的一件事，正是这件事影响了他的一生。

一天，曼德拉的老师拿出一张中间有个黑点的白纸问同学们看见了什么，全班同学盯住白纸，齐声喊道：一个黑点！

老师沮丧地说，这么大的白纸没有看见，只盯着一个黑点，将来你的一生将是非常不幸的。

整个教室寂静无声。

沉默中，老师又拿出一张黑纸，中间有一个白点，老师又问同学们看见了什么，这下同学们开窍了，一个白点。老师欣慰地笑了，太好了，无限美好的未来在等着你们。

你看到的是白纸呢，还是黑点呢？如果是黑点，那就向曼德拉学习学习吧！

在与人交谈的时候，我们不要盯着别人的缺点始终不放。这种心态无非是想体验自己的优越感，体验自己的高人一等。事实上，别人的缺点或许本身就不是缺点，而只不过是我们心中有这样那样的认为，给他人为加上了这个缺点。

如果一个人很谨慎，那么在一些人看来，这是难得的优点，让他做事，自己完全可以放心。但是在另外一些人看来，这个人可能过于优柔寡断，以后肯定做不了大事。因为别人的特点究竟是优点还是缺点，关键是看我们自己的喜好。如果我们喜欢谨慎，那么这个人自然是具有这个优点，如果我们不喜欢谨慎，那么这个人毫无疑问是优柔寡断，是具有这个缺点。

为此，在与人交谈的过程中，我们一定要分清楚别人身上的特点、优点和缺点，不要总是拿别人身上的特点，再加上自己的喜好来说别人是具有优点还是缺点。这只不过是我们的偏见罢了。

成大事者认为说别人好话并不难，只要你找到了别人的优点。对于别人优点的赞扬一定要落到实处，要让别人真正感受到你的坦诚和真心。

69 针对具体事情，不要泛泛而谈

成大事者认为，与人交谈，要学会针对具体的事情，不要泛泛而谈。这样做的好处在于将谈话的主题集中，以便解决问题，否则就是闲聊。要针对具体事情，莫过于针对对方最关心的事情。历史上苏秦推行的合纵策略的过程就是针对对方最关心的事情来展开的。

秦国自商鞅变法后，日渐强大，变法后的第十九个年头，就迫使强大的魏国一蹶不振，割地迁都，这一形势引起战国时代各国的震恐。

一切旧有的传统意识形态、政治知识、军事战略、经济政策，都无法对付来自西方关外秦国的雷霆万钧的压力，只有出现崭新的外交策略方可应付眼前骤变的形势，于是以苏秦为首的合纵抗强派应运而生。

苏秦是周王国的人，自幼贫苦，在商鞅被秦王诛杀不久，曾到秦国推销过统一中国的策略，结果碰了一鼻子灰，只好靠讨饭回到故乡。嫌贫爱富的妻子，万般冷落这位落魄的丈夫，势利眼的嫂嫂，连一口稀粥也不给苏秦。刺激虽然让苏秦惭愧，但却使他更下决心，潜心研究当时的国际形势。疲倦的时候，用锥子刺自己的双股，继续苦读。终于，他改变了策略，主张合纵抗强，并在公元前314年出访六国，游说抗秦谋略。苏秦第一站到了燕国，先去见燕文公，劝他联合赵国，以防千里之外的强秦，获得突破性的成功。燕文公封他为相，给以大量资金，让他到各国游说，推动合纵抗秦运动。

苏秦到了赵国，对国君说："秦国不敢攻打赵国，是因为韩、魏两国牵制着它。韩、魏两国要是被秦国伤害，那么赵国的灾难就要临头了。东方六国面积五倍于秦，兵力则是秦的十倍，如果六国联合一致，同心协力，秦国必然会灭亡。因此，请大王邀请韩、魏、齐、燕、楚等国的国君签署盟约。这样秦国就不敢对六国中任何一国进攻了。"赵王听后，十分高兴，于是联络六国，结成同盟，并一致任命苏秦为他们的相。苏秦成为南北合纵的组织者，一项伟大的围墙战略部署获得成功。

六国相互约定：秦若首先攻打楚国，齐、魏两国各出援兵救援，韩国断秦军粮道，赵国过漳河向西进攻秦；秦国若攻打韩、魏，楚出兵绝秦军后路，齐国帮助楚国，燕国作后援，赵国仍过漳河支援韩、魏；秦若攻赵，韩国出宜阳，楚兵出武关，魏国出河外，齐过渭河，燕直接出兵助赵；秦若攻齐，楚断绝秦军后路，韩国守成皋，魏出兵阻截秦军，燕可救齐，赵国将漳河封死；秦若攻燕，赵守常山、楚兵出武关，齐从渤海支援，韩、魏直接出兵救援。战略计划亲密无间，足可制强秦于死地。

苏秦的合纵抗强战略，是站在当时东方各国的立场上，以弱制强，求得生存的唯一选择。合纵盟约曾三度成功，又三度瓦解，最终未成气候。这并不是谋略本身有何不当，恰恰是六国没有很好地坚持运用这一谋略，也与秦国采用连横策略离间、分化、瓦解有很大关系。

各个弱小势力的国家在共同面临强大秦国的情况下，避免被军事或经济大国吞食的最好谋略就是合纵抗强。在合纵的旗帜下，各小国、弱国不能只顾眼皮底下的现实利益，不能像魏、楚那样抵抗不住诱惑，应该加强团结，统一意志。人心齐，泰山移。

针对具体事情，而不是泛泛而谈，有助于检验谈话者的功力。对于画家来说，画鬼是再容易不过的事情，原因是谁也没有见过鬼，因此怎么画都可以。但是画狗就比较难，因为大家都见过狗，画得像不像大家是有鉴别能力的。同样的道理，如果一个人总是泛泛而谈，只能表明这个人不过是在"画鬼"，是再容易不过的事情，只要这个人口才还过得去，而且也愿意谈。但是针对到具体问题上时，这个人就容易露馅，将自己的浅薄无知表露无遗。

纸上谈兵的赵括对于兵法了如指掌，而且和别人谈论起来滔滔不绝，头头是道。但是仗一打起来，将赵国四十万精兵全部葬送了，自己也搭上了性命。原因在于这个人不懂得针对实际的问题。他不明白理论不过是一种思考思路。他的头头是道，不过是通过自己的口才和记忆来掩饰自己实战经验的不足，并没有什么值得称道的。

成大事者认为，一个人有没有水平，通过对具体问题的判断和解决就可以看得出来。对于那些什么都知道或者貌似精专的人，我们倒是要多加提防。

70 不要教别人如何做人

成大事者认为，没有任何人有教别人做人的权利，但是可以通过语言来引导别人的行动。

古代的圣君往往通过自己的以身作则来教化百姓。

周文王姬昌做白日梦，在梦中看到有人在城上对着自己大喊："我是城东北角的那具尸骨，请你务必用帝王的规格安葬我。"姬昌一口答应下来。他醒后，就派官吏去调查，果然发现城东北有一具尸骨。姬昌马上吩咐官吏用帝王的规格来安葬，官吏提出异议："这只是一具无名尸骨，用帝王的规格太过分了，是否改用大夫的规格？"姬昌不同意："我已在梦中答应他了，怎么可以食言呢？"这件事很快就传开了，人们听到后，无不激动万分："我们的大王对梦见的枯骨都如此守信，何况活着的人呢？"

周文王厚葬枯骨，正是希望从别人口里说出自己想要说的话，并且以梦来附会这就更为自己增加了神秘色彩。

在判断一个人上，通过语言是一种方式，更重要的一种方式是通过看别人的行动，这是无声的语言，也是最有效的。

鲁国大臣孟孙在狩猎时获得一头小鹿，令秦巴西先运回府邸。途中，伤心的母鹿呜咽哀鸣着跟随其子。善良的秦巴西于心不忍，于是放了小鹿使母子团圆。孟孙回，要小鹿。巴西只好据实相告："我见那头小鹿十分可怜，就把它还给母鹿了。"孟孙大怒，于是放逐了秦巴西。过了三个月，孟孙又召回秦巴西，让其专门守护少主人。驾御马车的人深感不解，孟孙却说出了他的看法，秦巴西性诚心善，对一头小鹿犹如此怜惜，将来也一定加倍地守护好我的孩子。

在劝导别人的时候，要善于从自身谈起，不要直奔主题。当你直奔主题的时候，容易受到别人的反驳。

邹忌是战国时期的政治家，足智多谋，精通音乐，曾击鼓弹琴游说齐威王，受到重用，被任为相国。他很有抱负，常常思考着如何使齐国强盛起来。而齐国强盛的关键是使齐王虚心纳谏，励精图治。他常常苦于没有更好的办法向齐王进言。

为了能使齐威王虚心纳谏，邹忌可谓用心良苦。他将身边发生过许多有趣的日常琐事进行加工提炼，联想应用，把它们都变成耐人寻味的智谋，或者进行说唱，或者编成寓言故事，用这些事件去开导、启迪齐威王。

有一天，邹忌给齐威于讲了一件自己亲身经历的事。他说："前些日子，我在家里照镜子，发觉我身材修长，容貌俊美，衣冠楚楚，心中甚是洋洋得意。高兴之余，我问妻子：'你看我与城北的徐公哪一个美呀？'妻子想也没有想就说：'当然是官人比徐公美了，徐公怎么能同你相比呢？'我听了妻子的话，将信将疑，于是又去问妾，谁知妾把我说得更美，我想果真我是远近闻名的美男子吗？每当客人来访的时候，我都要仔细询问，客人也说我最美。于是我有点飘飘然起来。但好景不长，一次徐公本人来访，我从头打量到脚，连汗毛孔也看遍了。徐公走后，我照镜子，越看越觉得我比不上徐公美。明明是我不及徐公美，为什么所有的人都说我比徐公美呢？"说到这里齐威王若有所动，邹忌继续说，"这件事叫我很长时间未能静下心来，现在我找到答案了。原来妻子说我美，那是她对我有偏爱之心。妾说我美，则纯粹是讨好我，因为她惧怕我。那些来访的客人，全是来求我帮助他们的，自然恭维我美啦。"

谈完自己的经历，邹忌开始畅谈体会。他对齐威王说："现在齐国领土广阔，城池就有上百座，宫中美女成群，大王尽情享乐，朝中大臣，没有不惧怕大王的，全国没有一人能不求于大王。由此不难想象，大王你受的蒙蔽太深了，官吏和百姓或是怕你或是谄于你，怎么能听到真实情况呢？"

邹忌艺术地现身说法，由己及人，终于激起齐威王的共鸣。他听罢邹忌的话，顿时醒悟过来，表示采纳邹忌的规劝。

没几天，齐威王向全国发布命令：凡是当面揭发齐王过失的，获上等奖，凡是上书批评齐王过错的，获中等奖；能在大庭广众之下指责国王，只要被国王听见的也给重奖。布告一经张贴．街头巷尾，活跃异常。大臣们也没有顾虑。纷纷进谏，齐威王听了以后，也知错就改。一年以后，朝野都感到无意见可说了，齐国也很快强大起来。

成大事者认为，在做人方面，不可能形成整齐划一的标准，为此不要教导别人怎么做人。但是可以通过自己的言行举止来影响别人的做人选择。

71 巧妙站在别人的角度说话

成大事者认为，与人交谈时，要巧妙地站在别人的角度说话，将别人的利益突出出来，将自己的利益放在其次的地位。

我们说话做事情，都必然要为自身利益打算。但是，我们为了实现某个目的，必然跟他人的利益发生关系。或者有益于人，或者有损于人。如果有益于人，就能得到他人的认同和帮助；如果有损于人，必然遇到抵抗。所以，我们在为自身利益考虑时，也要考虑到对方的利益，尽量寻求一个满足双方利益的契合点，这是办事的妙方，将无往而不利。

战国时，水工郑国受韩国派遣，到秦国探听情报，不料在秦国被捕，准备处死。行刑前，郑国要求见秦王嬴政，得到批准。

郑国身戴重镣，被带到秦廷。秦王嬴政呵斥："奸细郑国，你承认有罪吗？"

郑国说："是的，我的确是韩国派来的奸细！我建议您兴修水利，确实是为了消耗秦国的民力，延缓韩国被吞并的时间。然而，兴修水利，难道不是对秦国万世有利吗？"

秦王嬴政想了想，觉得此言确实有理。

郑国又说："现在，关中水利工程即将竣工，何不让我将它完成，以造福万民呢？"

秦王嬴政沉吟半晌，终于同意了他的请求。在郑国主持下，一项伟大的水利工程——郑国渠建成了。

秦王嬴政非常残暴，想在他的刀口下脱险是不容易的。但他有吞并天下的野心，要实现野心，必须富国强兵。郑国就是抓住了他的这一心理，说明自己的工作对实现他的野心有利，终于打动了他的心，保住了性命。

处理人际关系，就像钓鱼一样，你想得到对方的认同，首先要考虑的是，他们喜欢什么？你有什么可以满足他们并将他们吸引到自己身边来？你想钓不同的鱼，就有必要投放不同的饵。卡耐基曾说："每年夏天，我都去钓鱼。以我自己来说，我喜欢吃梅和奶油，可是我看出由于若干特殊的理由，鱼更爱吃小虫。所以当我去钓鱼的时候，我不想我所要的，而想鱼儿所需要的。我不以杨梅或奶油作为钓饵，而是在鱼钩挂上一条小虫或是一蚱蜢，放下水里，向鱼儿说，你喜欢吃吗？"

在办事时，不要有太强的敌友观念，更不要害怕别人受益。我们需要做的是，既为别人着想，又为自己打算，最终实现自己的目的。

邛州有个叫阡能的人，与同伙罗浑擎、勾胡僧、罗夫子、韩求等强盗，挟持乡民，落草为寇，无恶不作。尚书高仁厚奉命为招讨使，带兵五百名前往征讨。

出发前一天，有个卖饼的小贩形迹可疑，被巡逻的士兵捉住，通过审问，原来此人是阡能派来的密探。

高仁厚叫兵士将密探带到他面前，温和地问他，为什么要当强盗的耳目？

密探回答说："我是村民，阡能把我的父母妻子都关起来，说：'你探得真实，就免你一家不死，不然全都杀掉！'我是不愿意做这种事的，但又有什么办法呢？"

高仁厚说："既然这样，我何忍心杀你？现在我放掉你，让你回去救你的父母妻子。然而我成全了你一家，你也要为我办点事，回去告诉寨中盗贼们，就说：朝廷同情你们都是良民，被坏人挟制，所以派高尚书来救你们。如今我来了，你们应放下武器。我会使人在你们背上写'归顺'二字，放你们回家，让你们各自营生。该杀的只是阡能、罗浑擎、勾胡僧、罗夫子和韩求五个人，此事跟你们无关。"

说完，吩咐把这个密探放了。

第二天，高仁厚领兵来到双流。

把守这里的罗浑擎在双流西面设立了五个军营。高仁厚派人脱掉军服，混入敌营中，用昨日对密探说的话告诉众人。众人听了大喜，纷纷扔了兵器投降高仁厚。罗浑擎见势不妙，仓皇出逃，却被士兵捉住，送到高仁厚跟前。

高仁厚把五座营寨和铠甲兵器都烧了，只留下旗帜。对投降的人说："原想立即放了你们，只因前面的营寨中不明白我的心意，请你们为我到前面，把背上的字给他们看，告诉他们快快归降。等到了延贡，就可以让你们回去了。"

于是取来罗浑擎的旗帜，倒扣着，每五十个人拿一面旗，使人扬着旗帜大叫道："罗浑擎已被捉住，送往官府了！大军就要到了，你们快些出来投降，立刻就是良民了，官府不会为难咱们的，保证不会有事的。"

到了穿口，勾胡僧在这里设有十一座营寨。营寨中的人听到双流降兵的话，都争着出降。勾胡僧大惊，拔剑阻止，士兵们群起而攻之并活捉了他，献到高仁厚跟前，穿口的叛军都归降了。

　　高仁厚就用这种方法，一举获五大贼首，招降了所有匪兵。他之所以不费吹灰之力即大功告成，主要是考虑到了那些被胁迫为匪的乡民求生和保护家人的需要。假如他为了摆自己的威风，用武力解决问题，最后即使能够成功，也必然蒙受重大损失。那何必不采用这种对双方有利的做法呢？

　　卡耐基说，世界上唯一能够影响对方的方法，就是时刻关心对方的需要，并且还要想方设法满足对方的这种需要。这的确是经验之谈，是智慧的总结。有些人总是想着自己，不顾别人的死活，不管对方的感受，不考虑对方的需求，心目中只有"我"，这样的人很难在社会上行得开。

　　为什么有些人总是"我"字当头呢？这是孩子的想法，不近情理的作为，是长不大的表现。你只要认真地观察一下孩子，就会发现孩子那种"我"字当头的本性。当然，一个人如果全不注意自己的需要，那是不可能的，也是不实际的。可是，如果你信奉"人不为己，天诛地灭"，变成了一个十足的利己主义者，那么，你就会对他人漠不关心。很显然，你对他人漠不关心，难道还希望他人对你关怀备至吗？

　　成大事者认为，要想获得长久的成功，就要学会站在别人的角度考虑问题，照顾别人的需要。

72 说服别人有技巧

成大事者认为，要想说服别人必须讲究技巧。在所有说服别人的技巧中，最重要的莫过于以情动人。

春秋时期，孙叔敖因才识卓越，受聘为楚国令尹。他虽然居高位、握重权、享厚禄，却不恃此而骄，常常把自己的家财拿出来救济穷人，所以做了很多年的令尹，一直深得民心。

楚庄王对孙叔敖更是倚重信赖，凡军国大计，无不向他请教。楚国也因为有这样一位贤能的令尹而日益富强。

后来，孙叔敖年高体衰，一病不起。他知道自己将不久于人世，叮咛告诫儿子孙安说："楚王为嘉奖我多年的功劳，曾多次要我选一处地方作为封邑，我都坚决谢绝了。我死后，如果他封你官爵，你千万不能接受。我了解你，没有多大才能，难以担当治国安邦的大任。楚王若封给你一处好地做封邑，你要坚决推辞。如果推辞不掉，你就请求把'寝丘'封给你。这个地方土地贫瘠，而且地名不吉利，是不会有人来争夺的，可以长保子孙后代平安。如果你过得实在特别贫穷，你就去找优孟，他一定会帮助你的。"

孙叔敖死后，楚庄王亲临送葬，抚棺痛哭，从行者莫不垂泪。

葬礼安顿后，楚庄王立即要封孙安做大官。孙安遵父命，力辞不受，回到乡下种田为生，日子过得比较艰苦。后来实在过不下去了，孙安于是去找优孟，优孟不过是楚王的优伶，并没有太杰出的才能。但是受到孙叔敖的嘱托，决定要帮孙安一把。

于是他开始在家中练习，学着孙叔敖的一言一行，到最后模仿得惟妙惟肖。于是穿着孙叔敖平时的服饰来见楚王。楚王一见还以为是孙叔敖复生。优孟此时用孙叔敖的语气唱道："廉吏高且洁，子孙衣单而食缺。君不见，楚之令尹孙叔敖，生前私产无分毫，子孙丐食栖蓬蒿……"

楚庄王听后，十分感触，连忙派人召孙安进宫，要封他万户之邑。

孙安说："大王如果惦念先父尺寸之劳，要赏赐我衣食，愿得封寝丘。这是先父的遗命，非此地不敢接受。"

楚庄王于是将寝丘封给了他。

寝丘这个地方，位置偏僻，他的名字是"死者停处"的意思，对迷信兆头的人来说是不吉利的，王公权贵都不屑一顾。所以楚国几代政治动乱，好的封邑频频易主，只有寝丘无人理会。

优孟说服楚王的技巧就在于以情动人。古代，有很多人向国君毛遂自荐，为国家效力，与其说国君是被他们的道理所说服，倒不如说国君是被他们报效国家的诚意打动。

晋献公时，东郭有个叫祖朝的平民，上书给晋献公说："我是东郭草民祖朝，想跟您商量一下国家大计。"

晋献公派使者出来告诉他说："吃肉的人已经商量好了，吃菜根的人就不要操心吧！"

祖朝说："大王难道没有听说过古代大将司马的事吗？他早上朝见君王，因为动身晚了，急忙赶路，驾车人大声吆喝让马快跑，坐在旁边的一位侍卫也大声吆喝让马快跑。驾车人用手肘碰碰侍卫，不高兴地说，'你为什么多管闲事？你为什么替我吆喝？'侍卫说，'我该吆喝就吆喝，这也是我的事。你当御手，责任是好好拉住你的缰绳。你现在不好好拉住你的缰绳，万一马突然受惊，乱闯起来，会误伤路上的行人。假如遇到敌人，下车拔剑，浴血杀敌，这是我的事，你难道能扔掉缰绳下来帮助我吗？车的安全也关系到我的安危，我同样很担心，怎么能不吆喝呢？'现在大王说，'吃肉的人已经商量好了，吃菜根的人就不要操心吧'，假设吃肉的人在决定大计时一旦失策，像我们这些吃菜根的人，难道能免于肝胆涂地、抛尸荒野吗？国家安全也关系到我的安危，我也同样很担心，我怎能不参与商量国家大计呢？"

晋献公听了以后，被祖朝的诚意感动，于是立即召见了祖朝，跟他谈了三天，受益匪浅，于是聘请他做自己的老师。

成大事者认为，人是有感情的，在交谈的过程中，你要学会针对别人感情的弱点，与别人产生共鸣，只有这样你的交谈才能产生最大的效果，也只有这样你才能够将你由于说理而产生的刚性磨平。其实一件事情，能做的人是很多的。智商水平很高的人却往往做不了，原因在于他们过于相信自己的智力，而忽略了对方不是测试智力的机器，而是个有感情倾向的人。

73 一两句话，足以动人

成大事者认为，在与人交谈的时候，真正打动别人的话往往就是一两句，其他的话不过是为这一两句话做铺垫的。因此谈话的人必须懂得这一两句话该如何表达。

历史上有雄才伟略的人都懂得简要表达，比如刘备，仅仅用了一句话就把吕布给杀了。有一个作者在写刘备的故事时，有这样一篇描述：

吕布来投奔，这个消息传来的时候，刘备有点吃惊。人家吕布是何等人物，当年杀了丁原、董卓，在虎牢关前刘备三兄弟联手才将吕布给打败。当世人都说："马中赤兔，人中吕布。"一个人在当世就能获得如此高的夸奖，想来这个"天下第一勇士"也是不简单。

吕布趁曹操进军徐州的时候，夺取了曹操的根据地。但吕布终究是斗不过曹操的。因为吕布是个莽夫，虽然有陈宫出谋划策，却往往恃自己勇猛无比，刚愎自用。殊不知用刀杀人，一次只能杀一个；用计谋杀人，一次可以灭掉一个国家。吕布不懂这个道理，所以会失败。更何况他选择的对手是手下猛将如云，谋臣如雨，自己本身又无比英明的曹操，他能不失败吗？

失败了，吕布就要逃，但逃到哪里去呢？去洛阳、长安？他是从那里出来的，他逃回去只能是死路一条；去袁绍、袁术那里？他们都有杀吕布的心，怎么会接纳他呢？难道天下之大，就没有吕布容身之地？突然间，吕布想到了一个人，一个被誉为当世英雄的人：刘备。于是收拾了兵马，前往徐州投奔刘备。

刘备被誉为当世英雄，自然没有不接纳的道理。他很天真地想：如果能够用道德来感化吕布，将吕布收为己用，则我刘备将天下无敌，无敌于天下。于是他不顾糜竺的劝说，出城三十里迎接吕布军队。吕布不久就在小沛安定下来。

最初吕布很感激刘备，与刘备约为兄弟，意思是永不相侵，共图大事。但是过了不久，吕布的野心就膨胀了起来，果然趁刘备出兵讨伐袁术的时候，袭取了徐州。

刘备无奈，只好来小沛屯兵。眼看自己的大好根据地就这样丢失了。最终还是不为吕布所容，被迫投奔曹操去了。刘备前往许都的途中，懊悔不迭，当初不该接纳吕布的。即使接纳，也应该尽量削夺他的兵权，离间他的将领，将他彻底孤立起来。

刘备问关羽："我对吕布那样好，甚至曹操让我杀吕布，我都找借口搪塞了，为什么他不感激，反而恩将仇报？"关羽说："哥哥就是对人太好，殊不知吕布这种人是养不熟的？""为什么养不熟？"刘备问道。"他以前侍奉过丁原为父，后来杀了丁原，丁原并没有亏待他，只不过这个人为了一匹赤兔马就杀了义父，可见他重财，贪图利益。后来为了貂禅又杀了义父董卓，可见他重色。如果一个人又重财又重色，那他又怎么可能有眼光看得长远，又怎么可能对别人讲义气讲道德呢？"刘备点头说："二弟说得有道理，可我觉得还有一个更深层次的原因。""什么原因？"关羽问道。"可能是因为吕布已经是吃过人的老虎了吧，所以再怎么吃人他都没有一点负罪感，如此没有负罪感的人有什么事情做不出来呢？"张飞一听，便说："二位哥哥，我曾经道听途说过一个很有趣的故事，说有一个人收养了一只刚出生的小老虎，每天给那只小老虎吃素食，那只小老虎居然很习惯这种吃法，从来不吃肉，一直长得很大。然而有一天，主人杀了一只鸡，老虎便在旁边舔了一点鸡血。过了几天这只老虎就把主人所有的家禽家畜都吃光了，后来连主人也吃掉了。大概吕布就是这种老虎吧！"刘备笑着说："讲得很对，也很中肯，三弟原来有满腹的故事，以后可要多讲给哥哥们听啊。"关羽说："讲得是挺好，但是有一点讲错了。吕布这种人能算老虎吗？他就是豺狼，白眼豺狼。"三人一阵大笑，都觉得解恨。

来到许都，曹操接纳了他们。

过了不久，心怀统一天下大志的曹操容不得吕布占据徐州发展壮大自己，于是便出兵攻打吕布。刚愎自用的吕布哪里是曹操的对手，最后被叛将捆绑着送给了曹操当作投降之礼。

在白门楼上，刘备又见到了吕布，只不过他形容枯槁了许多，大概是被围困太久，加上意志消沉所致。在曹操出去的时候，吕布向刘备求援，说："您今天是座上客，我是阶下囚，还希望您能替我说几句好话。"刘备说："我尽力吧！"不久曹操回来，吕布向曹操求饶，说："大人您所忧患的不过就是我，现在我投降。以后大人您为大将，我愿意为副，供大人驱使，则天下何愁不平，大人的基业何愁不定？"曹操有点心动了，现在跪在他面前的是"天下第一勇士"吕布，是一个曾经杀了董卓，于国他有功。今天，他跪在自己面前求饶，如果他真心归顺的话，以他的勇猛，袁绍的大将都不会是他的对手，平定天下确实容易了许

167

多。但是他会真心投降吗？曹操突然回头看了一眼刘备："你觉得怎么样？"吕布用哀求的眼神看着刘备，刘备也看着他。刘备觉得吕布的眼神充满了哀求，"这就是天下第一勇士吗？如果不是他，也许今天我在徐州已经有很大的发展了；如果不是他，我今天也不会成为曹操的客人，我是主人。他必须死，毕竟一山不容二虎，等杀了他以后，曹操也许会让我继续留在徐州，我就可以东山再起。"于是刘备狠了狠心，从牙缝里蹦出了几个字："您难道忘了丁原、董卓的故事吗？"曹操一听就明白了，于是命人把吕布牵出去斩首。吕布临刑前对刘备骂不绝口："最无信的就是你这个大耳贼。"

成大事者认为，真正高明的人，不会说太多的话，因为太多的话别人也记不住；真正高明的人，应该像刘备一样，只说那么一句话："您难道忘了丁原、董卓的故事吗？"

74 对不同的人，说不同的话

成大事者认为，对不同的人，应该说不同的话。说话必须有的放矢，这个"的"不仅指的是谈话的目的，而且包括谈话的对象。

春秋时的邓析说："夫言之术，与智者言，依于博；与辩者言，依于要；与贵者言，依于势；与富者言，依于豪；与贫者言，依于利；与勇者言，依于敢；与愚者言，依于说。"邓析的话，归结到一点，就是要针对不同的对象和对象的不同情况，采取不同的对策，要话因人异，区别对待。日本社会心理学家古烟和孝说得十分中肯："即或是最有效的发送者传播最有效的信息内容，如果不考虑接受者方面的态度及其条件，也不能指望获得最大效果。"

孔子的两个学生子路和冉有向孔子提出同样的问题，却得到孔子截然不同的回答。据《论语》载：一次，子路问孔子："学了礼乐，就可以行动起来吗？"孔子说："有父兄在，怎么就行动起来呢？应当先听听父兄的意见才好。"接着冉有问同样的问题时，孔子却说："好啊，学了礼乐，就应该马上行动起来嘛！"孔子的另一位学生公西华对此疑惑不解，就此向孔子请教。孔子说："冉有这个人平常前怕狼后怕虎的，要鼓励他勇往直前。而子路好勇过人，有点鲁莽，应当让他冷静点。"孔子能做到因材施教，话因人异，不愧为杰出的教育家、口才家。说话"无的放矢"，不看对象，效果肯定好不了。可见说话者应该针对不同对象和对象的不同情况，采取不同的策略，以及不同的言语表达。

话因人异、区别对待，首先要区别听话人的文化知识水平。例如，一个人口普查员问一位乡村老太太："有配偶吗？"老人笑了半天，然后反问："什么配偶？"普查员只得换一种说法："是老伴呗。"老太太笑了，说："你说老伴不就得了，俺们哪懂你们文化人说的什么配偶呢！"

那么在我们当众讲话时，由于通常面对的是广大听众，人员构成复杂，知识水平参差不齐，这就要求我们更要考虑这一点，顾及听众中大多数人的最低文化水平，尽量用简朴的语言说明一个复杂的道理，例如一位科学家为了排除群众中比较普遍存在的恐惧心理做了如下说明："核电站在建立的过程中，已采取了一系列严密的防范措施，因此对周围环境的放射性影响微乎其微，核电站附近居民每年所受的放射剂量只有0.3毫雷姆，而每天吸10支烟就有50到100毫雷姆；煤电站除排放有毒气体和烟灰外，也有放射污染。据对包括核能、煤炭、石油、水力、风力、太阳能等在内的11种能源的危险性做的系统比较，核能是除天然气以外最安全的一种能源……"

在这个说明中，核科学家将晦涩的核专业知识与大众耳熟能详的日常知识相比较，根据听众的知识水平调整发言技巧，使缺乏基本科学知识的人，也会对核电站的安全深信不疑。

话因人异，区别对待，其次是要区别听话人的思想状况和情感需要。

韩非子在《说难》中指出："凡说之难，在知所说之心。所说出于为名高者也，而说之以厚利，则见下节而遇卑贱，心弃远矣。所说出于厚利者也，而说以名高，则见无心而远事情，必不收矣。所说阴为厚利而显为名高者也，而说之以名高，则阳收其身，而实疏之；说之以厚利，则阴用其言，显弃其身矣。"韩非子在这里明确指出，谏说的难处，关键在于要使自己的话语切中对方的心理。对方求名，你若用利去打动他，他认为你节操不高而看不起你，自然不听你的；对方逐利，你若用名去打动他，他就认为你不务实际，也不会接受你的意见。有些人阴一套阳一套，表面上装的与内心想的不一致，你按他表面上装的去劝他，他表面敷衍你，实际不用你的；你按他内心想的去劝他，他就暗地里采纳你的意见，但表面上却疏远你。韩非子谈的，关键是要求人们讲话时要探求听众基本的心理状态和内心渴求，以便切中要害，区别对待。

成大事者认为，人要针对不同的对象来组织不同的语言，如果都是千篇一律的语言，或许自己看来是真诚，实质上却是不懂得看形势而动，是不懂得变通，这样做肯定有说错的地方。

75 别人的意思，要听完全

成大事者认为，不论自己多忙，在与人交谈的时候，一定要把别人的意思听完全。

历史上有些奸臣就利用皇帝不愿意听完全这个弱点来独揽大权。

明代的天启皇帝朱由校是一个长年不见大臣的人，那么，他在宫中干些什么呢？除了声色犬马之外，他还有一个特殊的嗜好，就是爱干木工活，他曾经亲自用大木桶、铜缸之类的容器，凿孔，装上机关，做成喷泉等各种水戏，他看了乐不可支。而更多的时候，他是锯锯刨刨，割成各种精巧的楼白亭阁，还亲自动手上漆彩绘，他常年乐此不疲。每当入迷的时候，简直到了物我皆忘的境地。

狡猾的权奸巨宦魏忠贤便利用一点，每当天启帝专心在制作时，他便在一旁不住口地喝彩，夸奖，说什么"老天爷赐给万岁爷如此的聪明，凡人哪里能够做得到啊！"天启帝更得意，也更专心了。就在这种时刻，魏忠贤便以朝中之书向他启奏，他哪里还会对这些事有兴趣，便不耐烦地挥挥手说："我已经知道了，你快去办吧，别再来麻烦我！"

魏忠贤就这样轻而易举地将大权抓到手中，把皇帝变成了傀儡。

将别人的意思听完全，还在于要听听别人的解释。但是有些人过于自信，从来不会听从别人的解释。

武则天曾是唐太宗的才人，唐太宗死后，武则天又回到唐高宗身边，被封为昭仪，在后宫中，位列第三。这位权势欲极强的女人自然不甘心屈居人下，她一心要登上皇后的宝座。可是，要想扳倒现任的皇后王氏也非易事。王氏与高宗李治为结发夫妻，李治刚一即位，便册立她为皇后，并昭告天下她出身名门，舅父柳奭便是当朝宰相，在大臣中广有党援，而武则天与李治的关系有点名不正、言不顺，加之出身低贱，人臣中根本不会有人为她说话。

然而，武则天是个不达目的誓不罢休的人，为了整垮皇后，她可以不择手段。正巧，这时武则天生了个女儿，无儿无女的王皇后对这个小生命也十分喜爱。

一日，她来到武则天的住处，武则天不在。便独自将这个襁褓女婴逗弄一番，然后离去。武则天回来后知道这一情况，一个罪恶的计谋产生了。她偷偷亲手将自己的亲生女儿捂死，然后依旧盖上被子，不一会，高宗李治驾到，武则天佯作笑容，迎接高宗，并陪着他来看望这个宝贝女儿。当被子掀起以后，发现女儿早已死亡。武则天顿时捶胸顿足大哭，忙追问左右侍女，侍女们吓得心惊胆战，连忙报告说："刚才只有皇后来过这里。"高宗也不深问，大怒道："皇后居然敢杀害我的女儿！"皇后无论如何解释，高宗都不听，一桩冤案就这样做成了。高宗决意废黜皇后。

就这样，武则天以亲女儿为代价，扳倒了对手，终于登上了皇后的宝座。一人得道，鸡犬升天。武则天当了皇后以后，她的同父异母的哥哥武元庆、武元爽，叔伯兄弟武惟良、武怀运等，先后被调至京师，委以要职，武则天的姐姐及侄女也分别被封为韩国夫人和魏国夫人。

成大事者认为由于人性格和说话方式的不同，很多时候意思表达上会有所差异。为此一定要给对方充分的时间，将意思表达明白，然后再发表自己的意见。

不能把别人的意思听完全的人往往性子比较急，为此，一定要努力让自己耐心起来，否则容易造成这样那样的误会。

成大事者认为，听明白别人的意思，很多时候并不需要花太多的时间，只要你愿意，只要你用心就行。

76 理解的心，倾听别人

成大事者认为，与人交谈，要善于用理解的心去倾听别人，而不要总是站在自己的立场上闭目塞听，自以为是。

孟尝君在自己的领地广招门人食客，并给予优厚的待遇。于是，天下有识之士都竞相投奔归附，一时间，食客就达数千人，影响甚大。

秦国对孟尝君的才能深为恐惧，便使用了离间之计，撤去了孟尝君齐国相国的职务。树倒猢狲散，他的食客也接二连三地离开了他。

后来，他的食客中有位叫冯欢的人，用计终于使孟尝君官复原职。孟尝君感叹地对冯欢说道："我对待客人很热情，在招待上也没什么疏忽，以致食客人数达到了三千有余。但是我一旦失去地位，全都背弃我而去，没有人来看望我。幸好有你助我一臂之力，才重新恢复了地位。看那些家伙有什么脸面再来见我？如有厚着脸皮回到我这儿来的人，我必将朝他脸上吐唾沫而大加羞辱。"而冯欢却对他说："富贵时，大家都来投奔；落魄了，朋友四处流散。这是理所当然的。例如，您看菜市场，早晨人们熙熙攘攘，但到了晚上，就变得空空荡荡了。这并非人们喜欢早晨，讨厌晚上，因为早晨有所要买的东西，所以人们聚集到市场上，而晚上没有东西可买，人们就不去市场，只是这个原因。食客们由于你丧失地位而离开您也与此相同，这是由于他们所求的东西没有了，所以您不应该记恨他们。"孟尝君听冯欢这样一说，立刻心领神会，对再次归附到他门下的食客们仍一如既往地对待他们。孟尝君虽然愤怒，但是他还是替别人多想了一些：食客们之所以投奔而来，是对自己抱有很大的期待。想在相国身边能干些业绩。自己失势了，对方的期待落空了，焉有不走之理？所以，是自己的沉浮，影响了他们的去留。孟尝君不再记恨他们，体现了他的君子风度。

古时候，一些国君想做一件事情，往往借助于鬼神。如果大臣们理解了国君的初衷，往往能够以一种理解的心来对待国君的行为。高宗武丁，是商代中期的一位大有作为的兴国之主。武丁继位后的前三年，没有任何大的政治举动，他经常一边考察社会现状，思索振兴商朝的良策，一边查访着能够帮助他建功立业的

173

理想人选。

　　终于，武丁发现了一个名叫说的人。说当时身为奴隶，正在傅险（今山西平陆北）的筑路工地上做苦力，是一个特别有才能的人。武丁经过访谈查实这个情况后，很想重用他。为了避免王室贵族的反对，武丁借用了神灵在人们心中的巨大影响力。有一天，在会见群臣时，武丁郑重其事地说："昨夜做了一个梦，梦中遇见了一位十分贤能的人，他就是神指示给我的辅臣，名叫'说'。接着，便把面前的群臣百吏一一打量一番，最后说没有一个与梦中所见的那位圣人相像的。于是，派人外出查访，不久便从傅险的筑路工地上找来了说。一见面，武丁便高兴地说："就是这个人！"很快，武丁便让说担任了重要辅臣，统领百官，负责谏言。由于说是从傅险被发现而起用的，因此，被人们叫作"傅说"。

　　后来，武丁把自己和傅说分别比喻为铜刀与磨石，过河人与渡船，遇旱的庄稼与及时雨。他们通过一系列的文治武功，使商王朝的国势达到了鼎盛时期。

　　用理解的心去倾听别人，就要给别人说话的机会。

　　邻国的国君赠给楚王一位美女，楚王很快就迷上了她。楚王的爱妾郑袖，不知何故也对新来的美女特别关心，从衣物、饰物一直到家具被褥等非常心爱之物，都整制一新送给她，比楚王都更为尽心。她的这一举动，连楚王都感动了："女人是靠其姿色来控制男人的。嫉妒心强是很自然的，但郑袖明知我对那女子好，但却比我还精心周到地照顾她，就像孝子敬父母，忠臣效忠其君，她这样抛开私心为我着想，的确是个不错的女人。"就在楚王赞扬她的时候，郑袖却悄悄地对那个美女说："国君已经被你迷住了，不过只有一点，你的鼻子的形状还不太合他的意，以后再见到他时，最好用手遮住点为好。"

　　那美女很感激，以后见到国君，她就用手遮住鼻子。楚王很奇怪，就问郑袖："她怎么一见我就遮鼻子，你知道为什么吗？"

　　"我知道，不过……"

　　"没关系，你说吧。"

　　"好像是嫌大王您身上有味儿。"

　　"什么！真是狗胆包天！"楚王马上叫人把那个美女的鼻子割掉了。

　　楚王根本就不给那个美女说话的机会，因此犯了个荒唐的错误。

　　成大事者认为，用理解的心倾听别人是必须的。只有这样才能将倾听落实到位，否则就只有个形式罢了。

77 鼓励别人，做有用的听众

成大事者认为，与人交谈，要学会鼓励别人，自己做个有用的听众。这种有用对于自己来说是受益无穷。

范雎是历史上最为出名的谋略家之一，他的成功固然与他个人的努力和忍辱负重分不开，但是如果没有秦昭王一再鼓励他表达自己的意见，再三向他请教，他也不会有日后的显赫。

范雎是战国末期一位全能型的谋略家。他出生在魏国，原想在魏国求职，由于家境贫寒，没有钱打通关节，连魏王的影子也见不到，只好投在中大夫须贾的门下。

一次，范雎随须贾一道出使齐国，齐王见他能言善辩，才华过人，就派人送给他十斤金子和一些牛肉，范雎坚持谢绝而不敢接受。须贾听说此事，以为范雎把机密泄露给齐国了。回国后，不由分说就把范雎抓来毒打，范雎肋骨被打断，牙齿被打落，血肉模糊，似乎已经死去。于是，须贾要手下人用卢席把尸体包着，丢在厕所的坑里。这帮残忍又无聊的家伙，轮流把小便撒在范雎身上。可是世界上的事情很奇妙，也可能尿刺激了范雎，他居然苏醒过来，并轻轻地对看守他的人说："请你把我运出去，我一定重重地谢你。"看守同情范雎，向须贾等人谎称已经把尸体扔到山里去，范雎就这样神奇般地脱险了。

范雎躲进朋友家里，并且改名为张禄。不久，经过几番周折，被秦国使者带到秦国。当时，秦君主昭王在位，大权被亲贵控制。范雎了解国王同太后之间的矛盾，看机会上书自白，果然被昭王传见，秦王还很恭敬地再三向他求教。看到昭王诚恳的态度，范雎畅所欲言，尽陈己见。在谈到秦国的外交政策时，范雎着重分析连横策略已经过时，远攻齐国尤其大错特错，指出秦国的外交方针应该是远交近攻。他对秦王说："王不如远交而近攻，得寸则王之寸也，得尺亦王之尺也。"昭王采纳了他的政策，拜范雎为相。

范雎做了秦的相国，还是叫张禄，魏国人不知道，还以为范雎老早就死了。魏国听说秦国远交近攻的方针，准备攻打韩、魏两国，急忙商议对策，第一步就派人去对秦国的决策人张禄行贿,请求停止对魏国采取军事行动。这位使者正是当年迫害范雎的须贾。范雎听说须贾来了,庆幸自己有了报仇的机会。他换上破旧不堪的衣裳,到须贾下榻的地方。须贾看见范雎,吃了一惊。但眼前的范雎寒酸、潦倒,也就没有紧张的必要了。范雎的穷酸样子引起须贾的怜悯和同情,一点破绽也没露出来,他还替须贾找来四匹马驾的高大车子,亲自为须贾执辔赶车,一直把车赶进相国公馆。当守门人告诉须贾,张禄就是范雎时,须贾吓得魂不附体,膝盖一软跪在地上,边叩头边求饶命。戏弄须贾一番,范雎决定不杀他,打发他返回魏国。

范雎相秦期间,大举进攻三晋。在攻打赵国时范雎派间谍带黄金万两到赵国进行离间,放出谣言说:"秦国最担心的是赵奢的儿子赵括做将军,廉颇老了很容易对付。谣言传到赵王耳朵里,赵王正对廉颇坚守不战的策略不满,一气之下就做出决定,派赵括接替廉颇为将与秦国交战,赵王落入范雎的圈套。秦国秘密令白起为将,开始佯作撤退,出其不意地切断赵军退路和粮食供应线,迫使赵军断粮四十六天,这就是著名的长平之战,赵军四十万投降。

长平战后,白起功高,范雎设计夺其兵权又害死白起,任用帮助过他的人为帅,再次攻打赵国邯郸时一度失利,虽然自己功高过人,但心里常怀恐惧,就在关键时刻,智者的本色再显光芒:范雎托命辞职,免过了难得逃脱的灾难。

范雎在秦国十余年,纵横捭阖,百千谋略信手拈来,一直受到尊重,是一位多产的谋略家。正如一个舞蹈演员,靠着长长的衣袖,表演起来就婀娜多姿,体态显得格外优美;如同一个经商的人,本钱越多,其生意越好做,赚的钱也就越多。

成大事者认为,与人交谈,鼓励别人多说话,自己会从中学到很多东西。

78 嘴巴快，思维更快

成大事者认为，嘴巴快，思维要更快，如果话不经过大脑的话，很可能会招致祸害。人不要想着如何在口头上逞强，而应该想着如何通过说话获得实际效果。有些时候，通过说些不明就里的话能够保全自己。青梅煮酒论英雄是历史上最为著名的通过说不明就里的话来麻痹敌人的故事。

曹操灭掉吕布以后，把刘备带回了许都。许都朝廷上，曹操极力为刘备邀功。皇上因为他与自己同姓，便问起祖辈。刘备此时当然是说明自己是中山靖王之后，皇帝一听更是高兴，叫人粗略查了一下宗族世谱，便认刘备为皇叔。刘备此时的德望无可复加，在他心中自鸣得意的是曹操挟天子以令诸侯，而天子则寄望于刘备而令诸侯。以后举大事就更加名正言顺了。

不久，许田围猎，曹操过于猖狂，居然挡在皇上面前接受群臣对陛下的称颂。关羽动了杀机，刘备急忙制止。刘备隐隐感觉到有事情会发生。

果然没有过多少日，董承求见。原来是带衣诏，皇上对曹操忍无可忍，于是想联络忠臣义士铲除曹操。刘备当然加入，毕竟他是皇叔，他始终要站在皇帝这一边。他想过了，站在皇帝这一边，如果皇帝取胜，他以后就能够取代曹操的位置；而站在曹操一边，他可能性命不保，因为曹操生性多疑，而且他与曹操还是有些旧怨的。但是他更要学会保护自己，现在在别人的屋檐下，保护自己的最好办法只能是韬光养晦，他宁可别人说他是懦夫，说他没有大志，也不能不顾自己的性命去强出头，去抢风头。表面风光的人背后不知道受了多少罪。他刘备要留着性命为他日后东山再起。于是他就在自己的后园种起菜来。

关羽、张飞不理解。他没有多说话，因为事以密成、语以泄败。不理解就不理解吧，不管他们怎么不理解，他们对自己都是忠心耿耿的，这点绝对不用怀疑。

不久，曹操便派了一大队人来请刘备过府。刘备还以为是带衣诏的事情泄露了，心里十分惶恐。一见曹操，曹操便冷言对他说："看你在家做的好事！"刘备心想这下完了。幸亏曹操随即说："你在家种菜园不容易吧！"刘备这才放宽了心。曹操就是这种人，生性多疑，喜欢诈人，在平时的言语中这种性格也表现得淋漓尽致。幸亏刘备反应有点迟钝，而曹操也把刘备当为上宾，不想让他尴尬。

　　曹操邀刘备过府是请他喝酒的。曹操很久没有见过刘备了，探子回报说刘备在家种菜，他不信。世人都说刘备是何等英雄，怎么会甘于去种菜呢？正好府中梅子青青，于是决定以青梅煮酒来请刘备过府一聚。刘备得知原来是喝酒，心便宽了许多。

　　曹操想了想，没有多少话题可说，总不能老提人家吕布吧，吕布都已经是陈年往事了，不提也罢，而且提到吕布会让刘备想起徐州，好不容易他自甘堕落在家种菜，让他想起徐州来干什么？于是就决定和刘备论一下天下英雄，也正好借这个机会看一下刘备是否真的沦落为种菜人？

　　于是曹操问刘备，当今天下谁是英雄？刘备当然明白曹操的用意，自然是不会指自己的。在这个时候只有那些逞口舌之利的人才会指自己是英雄。于是他说了袁术、袁绍、刘表、孙策、刘璋、张绣、张鲁、韩遂等，凡是他叫得上名字，而且有一点气候的诸侯他都叫了一个遍。但他漏了两个人，一个是马腾，因为马腾是和他一起奉带衣诏的，他需要保护他的安全，因为他知道他所说出来的英雄都是曹操要铲除的对象。另一个是自己，他是故意漏掉的，曹操论英雄，无非就是问刘备你看谁以后会是我最强的对手，因为以曹操的性格和今天的实力，他已经肯定自己是英雄了，既然他已经认定自己是英雄，而且是天下英雄，他自然不会允许其他英雄的存在。所以刘备绝对不可能说到自己，然而他心中有些不安，他隐隐感觉到曹操醉翁之意不在酒，他的用意在于试探自己的抱负。

　　果然曹操将他所说的那些人都否定了，他们都不算英雄。天下英雄只有你刘备和我曹操。刘备以为曹操看出了自己的抱负，吓坏了，筷子掉到了地上。正好这个时候有一个响雷打过，掩饰了他慌张的神情。曹操看了一眼刘备，很是不解。刘备慌忙解释说自己怕打雷。曹操没有多想，随口很轻蔑地说："大丈夫会怕打雷吗？"刘备谢天谢地，果然让曹操消除了对自己的疑虑。

　　成大事者认为，在说话的时候不要想着如何快速反应，而要想着如何将自己的意思表达清楚，在思维没有理顺之前，不要随意开口说话，因为这个时候的话很可能完全颠倒自己的意思，让别人产生一种误会。你总不能告诉别人说"刚才的话说错了"吧？你只有维护你说出的每一句话，为此，你的思维一定要为你说的每一句话提前做个筛选。

79 要让对方感觉到自己的坦诚

成大事者认为,如果能让对方感受到自己的坦诚,毫无疑问,说话的效果会大大加强。

正如白居易所说:"感人心者,莫先乎情。"说话时既以理服人,又以情感人。人是感情动物,语言所负载的信息,除了理性信息外,还有感情信息。这种感情信息,内涵十分丰富。其功能不仅要诉诸人的理智,而且更要打动人的情感。

大诗人白居易说得好:"功成理定何神速,速在推心置人腹。"这里的推心置腹就是指话语真诚。所谓真,是指不矫揉造作,不言辞虚浮,能够保持说话人的自我本色。所谓诚,就是真心真意、不掩盖、真情流露。

林肯和美国上议院议员道格拉斯是竞选中的对手。他们曾在伊利诺伊州进行过一场轰动美国的著名辩论。在这场辩论中,林肯不仅取得了胜利,而且获得了誉满全美的"诚恳的亚伯"称号,道格拉斯却被听众戏称为"小伟人"。道格拉斯是个阔佬,他为了推销自己,特地租用漂亮的专列,车后安放一尊大炮,每到一站就鸣30响,配以乐队的喧闹,声势之大,为历史之最。并口出狂言:"要让林肯这个乡下佬闻闻贵族的气味。"林肯则买票乘车,每到一站就登上朋友们为他预先准备好的马拉车。面对道格拉斯的强大挑战,他以退为进,沉着应战。在一次演讲中,他说道:"有人问我有多少财产?我有一个妻子,三个儿子,都是无价之宝。此外,还租有一个办公室,室内有办公桌一张、椅子三把,墙角还有一个大书架,架上的书值得每个人一读。我本人既穷又瘦,脸蛋很长,不会发福。我实在没有什么可依靠的,唯一可依靠的就是你们。"林肯之真诚首先在不讲排场,与选民心距拉近;内容上,贴近常人之心;谁个没有妻室儿女?他却称他们是无价之宝,这是情感认同;租用的办公室,家具少,书架大,投合选民们理想中的总统形象,廉洁、勤奋、富有学识。这样的自我介绍,不无幽默,这是形象的心理认同。最后,不把自己当作选民的救星,而把选民当作自己唯一的依靠,予以得体恭维,从而获得心理的亲近认同,通过这些推心置腹的讲话,获得选民的普遍认同，从而一举获胜。

要想让听众感受到你的坦诚，你所说的话就要发自内心。在话语交际过程中，要使对方感受到情感的真实，说话人的话语一定要受到发自内心的充沛的情感支配。作家王潜先生论所谓"零度风格"时告诫我们："说话人装着对自己所说的话毫无情感，把自己隐藏在幕后，也不理睬听众是谁，不偏不倚，不痛不痒地背诵一些冷冰冰的条条儿，玩弄一些抽象概念，或是罗列一些干巴巴的事实，没有一丝丝的人情味，这只能是掠过空中的一种不明来历去向的声响，所谓'耳边风'，怎能叫人发生兴趣，感动人，说服人呢？"有人说得好："只有被感情支配的人最能使人相信他的情感是真实的，因为人们都具有同样的天然倾向，唯有最真实的生气或忧愁的人，才能激起人们的愤怒和忧郁。"

正当希腊面临马其顿王国的入侵，而有遭受亡国和失去自由的危机的时候，希腊著名演说家德摩斯梯尼曾经做过一次著名的演说，他的每一句话，每一个词语都充满着发自内心的极为丰富的爱国主义情感。他热情洋溢地说："即使所有民族同意忍受奴役，就在那个时候，我们也应当为自由而战斗。"从这洋溢着爱国热情的词句中，人们看到了一颗真挚的拳拳之心，因而他的演讲激励了无数的希腊人从聆听演说的广场直接奔赴战场，连向家人做一声道别也认为耗费了时光。他的敌人，马其顿的国王腓力见到这篇演说词，也不由感慨地说："如果我自己听过德摩斯梯尼的演说，连我也要投票赞成他当我的反对者领袖。""感人心者，莫先乎情。"能让对手击节赞叹，其中蕴含了多么真挚、奔涌的情感，这炙热的爱国主义情感从心底的火山喷发，产生了惊天动地的力量！

成大事者认为，说话要想取得效果，无论如何都应该让对方感受到你的坦诚，这种坦诚是发自内心的，无法做作。

80 愿意倾听，不要只等着说

成大事者认为，人要愿意倾听，而不要只等着说。尤其是地位不平等的情况下，居于高位的人一定要愿意倾听，而不仅仅是在等着发号施令。

愿意倾听的人往往能够得到最大的帮助。信陵君就是个很好的例子，他对城门看守人侯嬴十分尊重，认为他是个贤者，愿意听他的意见，到最后信陵君成功地为赵国解围。

秦国大军伐赵，赵国连忙向魏楚求救。楚国大将黄歇率领八万军马驰援赵国，与此同时，魏国也派晋鄙将军带兵十万援助赵国。

一听说楚、魏两国发兵救赵，秦昭襄王亲自跑到邯郸来督战。为了瓦解三国联盟，秦王派人威胁魏王说："秦军攻赵，很快就能攻下。诸侯中有谁敢去救援赵国，我就在攻破赵国后去攻打它！"魏王被秦王的威胁吓住了，连忙派人去追晋鄙，叫他就地安营扎寨，不再前进。于是晋鄙就在邻城扎下营盘，按兵不动。

赵国派使者去魏国催促进军。魏王想进军，怕秦国怪罪；不进军吧，又怕得罪赵国，只好不进不退、坐城观望。赵孝成王叫平原君给魏国公子信陵君魏无忌写信告急。因为平原君的夫人是信陵君的姐姐，两家是亲戚。

信陵君接到信，三番五次央告魏王命令晋鄙进军。魏王始终不松口。信陵君无可奈何，决定带领下属和三千门客前去救赵。

临行之时，信陵君去向他的好友侯嬴告辞。侯嬴知道了他的打算，劝告说："你这点人去赵国打秦兵，不过是白白送死！"

信陵君叹息说："我也知道这样去的结果，但我别无办法呀！"

侯嬴对信陵君说："我看有办法。你想想，大王不是很宠爱如姬吗？你从前不是曾经帮助过如姬？"侯嬴的话，使信陵君想起一件往事：当年，如姬的父亲被人暗杀。如姬缠着大王要捉拿凶手，替父报仇。花了三年时间也没捉到。结果还是信陵君手下的门客找到凶手，替如姬报了仇。侯嬴接着说："如姬对你的帮助，非常感激。你现在找她，要她帮你把楚王卧室里的兵符拿来交给你。你凭兵符，就可以调动晋鄙的十万大军，同秦军作战。"

信陵君马上派人去同如姬商量，如姬一口答应。当天夜里，趁魏王熟睡，如姬盗来兵符，交给了信陵君。

信陵君得了兵符，再一次去向侯嬴告别。侯嬴把一个名叫朱亥的大力士推举给信陵君，说："你到邺城去，晋鄙不服调遣，我这个朋友朱亥，会对你大有帮助。"

站立一旁的朱亥，早就忍耐不住，大喝一声："你不服从大王命令，该当何罪？"晋鄙正要答话，朱亥从袖子里抽出一个四十斤重的大铁锥，向晋鄙砸去。晋鄙顿时脑浆迸裂，一命归西。

信陵君拿着兵符，号令全军，说："父子都在军中，父亲可以回去；凡是独子，都回去照顾父母；剩下的人，都跟我一起去援救赵国！当时，信陵君选出八万精兵，飞速向邯郸奔去。魏国士兵在信陵君的指挥下，勇猛杀向秦军兵营。

邯郸城内的平原君，见魏国救兵来到，亲自率领由三千人组成的敢死队，摇旗呐喊着冲杀出城。

秦将既没有防备魏国军队的突然进攻，更没有料到邯郸城内的赵国军队会冲出城来。腹背受敌的秦军，一片混乱，仓皇抵抗一阵便全军溃散。秦将带领残兵败将向西逃跑，留下的两万秦军全被俘虏。

信陵君窃兵符率魏军救邯郸，劳苦功高。赵孝城王和平原君十分感激，亲自到城外欢迎他。

成大事者认为，现代社会的人往往只等着说，而忘记倾听，这种状态很不好，导致人成长速度变缓。

81 善于倾听，自我尊重

成大事者认为，善于倾听是一种自我尊重行为。尤其是别人对自己提出意见和建议的时候，我们更是要善于倾听，要明白别人的良苦用心，而不要认为别人在找茬。

春秋时吴越之战，起初越国战败，越王勾践被俘沦为阶下囚。但吴王夫差是个胸无玄机、智力平凡的角色，他拒绝听从谋臣伍子胥的忠告，被谄媚、贿赂所惑，而把自己的宿敌越王勾践释放回国。

越王回国后，马上把越国最漂亮的美女西施进献给夫差，夫差得到西施后，整天沉溺于酒色当中，骄纵恣睢，日甚一日。每逢西施胃病发作，手抚胸前的时候，那种病态美让夫差消魂落魄，一切军国大事都抛在九霄云外。对外，夫差贪图武功，北伐齐国，忠言劝谏的伍子胥被下令自杀。夫差的种种行为使太子友深感忧虑。为了让父王回心转意，他决心设计使夫差觉悟。

一天，太子友手拿弹弓，浑身透湿，一副狼狈不堪的样子，跑来见夫差。吴王见状惊诧非常，急忙询问原因。太子友说："清晨我到后花园，听秋蝉在树枝上得意地鸣叫，正当蝉鸣高兴的时候，一只螳螂却聚精会神地拉开架式，准备捕捉秋蝉。而此时，螳螂压根也没想到，一只机灵的黄雀正在林中徘徊，它平心静气，轻巧极了，两只闪亮的眼睛一刻也没有离开螳螂。黄雀专心致志地想吃到螳螂，正好我在一旁，马上准备拉开弹弓，集中精力瞄准，只顾黄雀，为提防脚下，结果，一下子跌到大水坑里，弄成现在这副样子。"

夫差听完太子友的叙述，似有所悟，他说："看来这是因为你贪图近利，不考虑后患，瞻前不顾后是天下最愚蠢的行为。"太子友连忙接住吴王的话说："天下最愚蠢的事，恐怕没有比这更厉害的吧？当初齐国无缘无故地去攻打鲁国，集中全部军队倾巢而出，自以为可以占有鲁国，没想到我们吴国正动员所有兵力，长途远征齐国，齐军惨败。眼看吴国可以吞并齐国了，岂料越国正在整顿军队，挑选那些愿战死沙场的勇士，由三江杀入五湖，挥师北方，一心要捣毁我们吴国，报当年越王受辱之仇。"听到此处，吴王全明白了，太子友所讲"螳螂捕蝉，黄雀在后"的故事，是规谏他罢北上伐齐之念。吴王哪里再能听下半句，大怒道："这全都是伍子胥的那一套，妄想阻挠我的计划，伍子胥已经自杀，你再多嘴，我就要废掉你！"公于友悻悻然地退出去了。

果然，几年之后，吴王为了扬盟主威，率领大军北上远征。可是，由于大队人马连续二十天的急行军已经疲惫不堪，成强弩之末之势，根本不能再战了。而此时，那位忍耐极强的越王勾践，马上丢掉忍耐，抓住这一最佳时机，向吴国发动突袭。夫差本土危急，赶忙回军救援，结果，被越军包围，吴军不堪一击，一战即败。最终，吴国都城沦陷，吴王无路可逃，只好自杀。

也许，吴王死前才后悔，不该不听伍子胥规谏，而把它杀掉；也才真正理解了太子友所讲的故事。所以临死之际，他用布把自己的脸蒙起来，表示他在九泉之下无脸再见伍子胥了，可惜，悔之晚矣！

越国灭掉吴国，正是螳螂捕蝉，不知黄雀在后，结果黄雀吃了螳螂。透过这一历史故事，不仅是我们感悟到：制定决策不能不考虑到极其复杂的社会环境。不同国家、不同民族，不同社会集团，为了各自利益，为了生存和发展，互相敌对、联合、渗透，形成一种复杂的关系网。处在这个关系上的各单位，互相牵制。如"蝉'之背后有"螳螂"，"螳螂"之后又有"黄雀"的格局。在追求利益的时候，一定要辨明各种利害关系，识别其中潜伏的危机，注意首尾兼顾。不要做秋蝉，也不要做螳螂，哪怕你是黄雀，还要看看身边有没有藏躲着的弹弓手呢？

在这个故事中，太子友为了劝谏父亲可谓是用尽心思，但是夫差丝毫不为所动，反而朝自己的亲儿子大发雷霆，一点父亲的尊重都没有。

成大事者认为，善于倾听是一种自我尊重，在这种尊重中，我们每一个人都应该学会好好地传入耳中的每一条意见和建议。

第六章 成大事者说话懂得自制

人要学会自制，在与人谈话的时候，一定要明白谈话的目的，谈话的范畴，不要偏离了谈话的界限。一个有自制能力的人，在谈话的时候不会得意忘形，不会胡思乱想，只会围绕着目标，层层展开，最后实现目标。

82 说话之前，一定三思

成大事者认为说话之前，一定要三思，有些时候，对于不好回答的问题，要学会模糊作答。

谈话中，出现的问题千奇百怪，无所不包，时常碰到一些不能直接回答但又不能不回答、一时无法回答但又必须回答的问题，这似乎是另一种类型的"两难"困境。面对别人的步步紧逼，你若总是避而不答，就会助长对方气焰又会显得己方畏首畏尾，无招架之力。这时候，不妨巧妙地使用模糊应对的方法进行答对。

模糊应对的关键之处在于"模糊"似是而非，令人捉摸不透自己的真实含义。同时，由于模糊，因而就具有一定的伸缩性，变通性，给己留有周旋的余地，当遇到在一定条件下很难解决的问题时，变不可能为可能，使不相容的问题，变得相容和一致。

模糊应对在各种场合的妙用，屡见不鲜，有许多经典实例人们提起来还津津乐道。它以伸缩性大、变通性大、语义不甚明确的话来回答那些不能直接回答而又必须回答的问题。妙在借题发挥，避重就轻，巧妙应付对方刁难，使己方摆脱不利的窘境。

据说，有人问美国天文学家琼斯："地球有多大年龄，你能说清楚吗？"琼斯回答："这也不难。请你想象一下，有一座巍峨的高山，比如说高加索的厄尔布鲁士山吧，再设想有几只小麻雀，它们无忧无虑地跳来跳去，啄着这座山。那么这几只麻雀把山啄完大约需要多少时间，地球就存在了多少时间。"琼斯这种模糊的回答，不仅把一个容易引起争议的难题化解了，而且使人意识到地球存在的岁月异常悠久。

模糊应对，往往体现了说话者的机智，情急生智，应变自如，令人回味。

周恩来总理访问印度时，在一次印度总统招待会上，有一位女记者问周总理："你已是62岁的人，看上去气色异常好，你如何注意自己的身体健康？是否经常运动，或者有特别好的饮食？"周总理回答说："谢谢你，我是东方人，我是按东方人生活方式而生活的。"

显然,周总理必须回答这个记者的刁难提问,但又不可能也没有必要将自己的饮食起居情况告诉对方。于是总理用含蓄而模糊的语言进行了婉转的回答,不给对方以可乘之机,收到了令人叫绝的效果。

模糊应对是应付刁难的极有效的方法。1982年秋,我国作家蒋子龙到美国洛杉矶参加一个中美作家会议。在宴会上,美国诗人艾伦·金斯伯格请蒋子龙解个怪题:把一只2.5公斤重的鸡装进一个只能装0.5公斤水的瓶子里,用什么方法能把它拿出来。

蒋子龙略加思索,答道:"你用什么方法放进去,我就用什么办法拿出来。"

他绝妙的回答令金斯伯格不无感慨地说:"你是第一个猜中这个谜的人。"

还有一种与模糊应对有异曲同工之处的方法,人们叫它回避回答法。顾名思义,就是避开问题的实质,但又不偏离问题本身展开回答。这样,对手并未达到目的,但又抓不住任何把柄。

美国前总统里根访华期间,曾去上海复旦大学与学生见面,有一学生问里根:"您在大学读书时,是否期望有一天成为美国总统?"

里根显然没有料到学生会提这样的难题,但这位政治家颇能随机应变,只见他神态自若地答道:"我学的是经济学,我也是个球迷,可是我毕业时,美国的大学生约有1/4要失业,所以我只想先有个工作,于是当了体育新闻广播员,后来又在好莱坞当了演员,这是50年前的事了。但是,我今天能当上美国总统,我认为原先所学的专业帮了我的忙,体育锻炼帮了我的忙,当然,一个演员的素质也帮了我的忙。"

里根回答了这道难题,但他又巧妙地回避了问题的实质,这似乎是在"环顾左右而言他",可这种方式有效地避免了双方都陷于尴尬境地,算得上"两全之策"了。

成大事者认为,说话之前,人一定要三思。有些话不能说,就尽量模糊回答。

83 很会说话，也不要多说话

成大事者认为，一个人会说话绝对不是一件坏事情，但是多说话就容易给自己惹麻烦。很多时候我们只要将意思表达明确了就可以了，完全没有必要再多说话来反复强调。

古代有一户人家装修住房，请了很多人帮忙。房屋装修好以后，主人请大家喝酒，但是主人疏忽了，只给了一壶酒。酒太少，人太多，大家纷纷说这样喝没什么意思，不如大家比较一下看谁先画出一条蛇，酒就让他一个人喝。大家都同意。后来有一个人很快就把蛇画好了，于是把酒抢了过来，正准备喝，他转念一想，这样赢了不够刺激，反正他们现在谁都没有画好，不如给蛇添几条足吧。于是他很得意地开始给蛇添足。就在他蛇足还没有画好的时候，有一个人的蛇已经画好了，于是他把酒抢了过去，很快就喝完了。其实蛇根本就没有足，这个人硬是要给蛇添足，反而画的就不是蛇了。同样的道理，说话一定要把握分寸，过犹不及。

有些人总喜欢滔滔不绝地说话，如果我们追问这种说话有什么效果的时候，就不敢恭维了。

从前有个干部特别爱长篇大论，他也讲得很好。有一次，他到农村去开大会，召集了全村人都来参加。为了让大家都能听到，于是他找一个农户借了个小板凳。站在小板凳上滔滔不绝地讲了起来。刚开始的时候，大家听得饶有兴趣。然而这个人看大家兴致还可以，于是继续讲了下去，一刻也没有停下来的意思。于是陆续有人离开，这个干部害怕是自己没有讲好大家才开始离开，于是又把刚才讲过的东西再讲了一遍。这个时候离开的人更多了。到最后只剩下一个老太太还在听他讲。他于是问那个老太太为什么这么愿意听他讲话？老太太说她不过是想拿回那条他踩着的小板凳。

这是个笑话，说的是那些本来很会说的人不知道节制。事实上，我们每一个人所接收的信息是十分有限的。长篇大论下去，很多信息都被自动筛掉了，根本不能起到任何效果。相反，人们还会因为长篇大论，而分不清楚什么是重要的，整个讲话的纲要在哪里？

成大事者认为，我们的谈话应该是以听众为中心的，按照听众的需求来确定谈话的内容和方式。千万不要因为自己很能讲，就滔滔不绝地讲了很多。这和方向相反，越是跑得快的马离目标越远的道理是完全一致的。

我们来看看夏日的蝉，整天聒噪，可能夏天一开始的时候，那叫声还比较好听，但是长久下去，叫声就特别刺耳。我们再看看公鸡，它并没有整天叫个不停，就是早上叫了两三声，一叫太阳就出来了。

一个人说话的技巧好，并不能代表这个人说话就一定有水平。我们来想想我们所记得的话语，基本上都是一些小句子。这些小句子构成了我们的见识。也就是说，别人再怎么能说，我们记得的也不过那些。很多话对于我们来说没有任何用处。

人说话说得太多还容易将自己的喜怒形于色。对于智者来说，喜怒不形于色是很重要的。

曹丕被立为太子以后，王宫左右女官齐向曹操夫人卞后致贺说："将军被封为太子，天下人全都高兴，夫人应该把库房里的东西，全拿出来赏赐。"卞夫人说："大王只因曹丕年纪最大，所以定为合法继承人，我只能庆幸我免除了教导无方的责备，哪有什么理由高兴赏赐呢？"女官回来，向曹操报告，曹操愉快地说："怒时不形于脸色，喜时不忘记节制，最是难得。"

相反，曹丕听到自己被立为太子的消息，高兴得抱住仪郎辛毗的脖子叫喊说："辛君，你知道不知道我是多么的兴奋？"辛毗的女儿辛宪英则十分清醒地说道："太子的责任是代替君王主持祭庙，管理国家。代替君王，不可不忧虑责任重大；管理国家，不可不恐惧治理困难。他应该忧虑恐惧才对，反而大喜若狂，如何能够长久，魏国国运难道能兴隆？"后来事情的发展，果真如辛宪英所预料的那样。

辛宪英的预见是正确的。一个人喜怒不形于色的人一定不会说太多的话，即使他很能说。只有喜怒形于色的人才会喋喋不休。

成大事者认为，一个人很会说话，但也不要多说话。多说话不但容易让所有的人不愿意去表达，而且还会将自己暴露无遗。就像思想袒露在别人面前，让别人来指指点点，这样是很危险的。我们要想做一番事业，就应该不断地节制自己，节制自己的行为、节制自己的说话。在我们的生活中，很多人都很会说话，但这并不是真相。其实真正会说话的人都只是在关键的时刻说关键的话。

84 人非万能，善于拒绝别人

成大事者认为，人并不是万能的，有些时候需要善于拒绝别人，这样可以为自己节省很多时间和精力。有的人总是特别忙碌，原因就在于他对别人的请求或邀约，几乎从来不说"不"。

其实很多人都会面对这种情况，当有人求助于自己或发出邀请时，碍于面子，总是拉不下脸来拒绝。不能拒绝的原因具体有很多，主要有以下五种：

一是担心影响交情。相对于社会来说，个人是一个独立体，应该有自己独立的空间和活动范围。如果你不了解拒绝他人请托的重要性，一味接受，那么会把自己扔进一个无限开放的空间里，失去了自我，完全裸露，被各种各样的烦事纠缠不休。

二是接受似乎比拒绝更容易。拒绝会伤人面子，自己心里也不好受。有时想想，与其让心里遭罪，不如答应人家算了。结果往往是事情越做越多，有时还会惹上麻烦。

三是担心拒绝后会触怒对方或遭到报复。由于对方的身份或背景较为可观，或仅仅是害怕对方性格上的潜在因素，你就可能会接受其请托，因为想着"多一事不如少一事""我现在做了这事，以后就可以避免产生麻烦了"。而结果往往是对方要求你的事会越来越多，令你不堪其苦。

四是想做一位大家喜欢的好人。做人难，做好人更是难上加难。什么事，不分好坏，也不衡量自己的能力是否能及，就一味好心地接受请托，那么结果，不说给你的个人生活带来极大不便，麻烦接踵而至，有时候，好心也未必能办好事，反而会因为你的介入，把原本并不是很复杂的事情弄得一团糟。

五是不知如何拒绝。这样的人往往是心地善良，较易说话的人。他们面对请托者的苦苦哀求或是诚恳坦白，总是不知道该拿什么话拒绝，结果只好违心地答应。

应该说，帮助别人是一种很好的社交方式，会使你得到良好的声誉，同时也是一种投资，因为今天你帮助了别人，别人欠了你人情，总是在你需要帮助的时候来帮助你。但是，在很多情况之下你需要对求助的人说"不"，当你的同学要求你协助他考试作弊的时候、当你的朋友请你去做一些你自己不喜欢做的事情的时候、当你自己力不从心的时候，你都需要说"不"。

说"不"，不仅仅是一种对事情的理性判断，更需要很强的能力和艺术性，这需要你的准确判断和委婉的表达技巧。在很多时候，你需要委婉地拒绝。因为你答应帮人又帮不好，常常会使自己的信誉受损，甚至会使对方产生受骗的感觉。之所以要委婉，是为了使你的拒绝不伤害别人的心灵。

下面是三种常用的说"不"技巧：

一是巧设铺垫。对别人的建议或者请求，在需要否定时，你不妨在言语中安排一两个逻辑前提，不直接说出结论，逻辑上必然产生的否定结论留给对方自己去得出。这种方法在面对上级领导时，使用效果比较理想。战国时期，韩宣王欲重用两个部下，故向大臣掺留征求意见。掺留明知重用这二人不妥，但如果直言"不"，可能会冒犯韩王，并且会让韩王误以为自己妒忌贤能。于是，掺留这样表达自己的见解："魏王曾因重用这两人丢过国土，楚王也因重用他们而丢过国土，如果我们也重用这两人，将来他们会不会也把我国出卖给外国呢？"听了这话，韩王不得不放弃了原有的打算。

二是欲进先退。不妨在准备说"不"字时，主动为对方考虑一下退路或补救措施，使他们不至于一下子跌进失望的深谷。有一次，美国口才与交际学大师卡耐基不得不拒绝一个于情于理都不应拒绝的演讲邀请。他这样对邀请者说："很遗憾，我实在排不出时间了。对啦，某某先生讲得也很好，说不定他更适合你们。"卡耐基向邀请者推荐了一个目前有实力解决此问题的同行，使得邀请者多多少少获得了心理补偿，减轻了因遭拒绝而产生的不满和失望。当我们对对方的要求"心有余而力不足"时，不妨采用这种方法，它可以充分表达我们的诚意，从而得到对方的理解。

三是假装糊涂。为了达到拒绝的目的，不妨装聋作哑一回。有一次，一位贵妇人邀请意大利著名小提琴家帕格尼尼到她家里去喝茶，帕格尼尼同意了。当然，贵妇人是醉翁之意不在酒了。果然，临出门时，贵妇人又笑着补充说："亲爱的艺术家，我请您千万不要忘了，明天来的时候带上小提琴。""这是为什么呀？"帕格尼尼故作惊讶地说，"太太，您知道我的小提琴是不喝茶的。"帕格尼尼通过曲解对方说话含义，而把自己的拒绝意思表达得明明白白。这种方法适用于爱玩小手段的狡猾者，让他（她）面对拒绝哑巴吃黄连——有苦说不出。

对他人表示反对或拒绝，不仅要有充分的理由，还要注意机智应变的技巧。

如男人们会邀请自己喜欢的女人共同赴宴，如果你不喜欢她，就要拒绝对方的邀请，就要在言词上自然要下一番功夫。但心地善良的你，很可能因此左右为难，不知如何启齿。倘若对方是平日一起工作的同事，一旦拒绝，那么以后的工作势必增加许多困难。

成大事者认为，在生活中一定要学会善于说不，并不是所有的请求都必须答应，并不是所有的东西都应该接受，我们要善于表达自己的主见，善于和别人在一些事情上形成相反的意见，但是这种相反意见的表达却是个学问，这个学问，值得我们反复去学习和总结。在日常生活中，掌握拒绝的智慧。

85 善于表达，不要让人误会

成大事者认为，清晰的语言，是保证信息传输的根本条件。说话表意清晰，才能真实反映出现实面貌和思想实际，才能为听众所接受，达到宣传、教育、规劝、影响听众的目的。

我国著名作家老舍先生作为一代语言大师，其语言通俗晓畅，独步于现代文坛。他曾多次向青年作者这样介绍："我写作中有一个窍门，一个东西写完了，一定要再念再念再念，念给别人听（听不听在他），看念得顺不顺？准确不？别扭不？逻辑性强不？句子是否有不够妥当之处。语言的创造，是用普通的文字巧妙地安排起来的，不要硬造字句，如'他们在思谋……''思谋'不常用；不如用'思索'倒好些，既现成也易懂，宁可写得老实些，也别生造。"这个窍门应当在所有演讲者中间推而广之，付诸实践。

而以简洁准确而又通俗易懂的语言针砭时弊深刻揭示社会现实，在这方面，我国现代文学的旗手鲁迅先生堪称楷模。

鲁迅的演讲，其友人许寿裳评价说："深入浅出，要言不烦，恰到好处。"许广平在《鲁迅回忆录》中描述说："以朴素的、质直的、不加文饰的讲话，款款而又低沉的声音，投向群众。""雄辩地驳斥了异端邪说，摈弃了弥漫世间的乌烟瘴气，给听众如饮醇醪，如服清凉散。"在鲁迅的一生中，曾多年执教，多次演讲，直接谆谆教导青年，鲁迅的每一篇演讲，都是一篇精彩的战斗檄文。

鲁迅的演讲矛头直指吃人的封建礼教和黑暗的社会现实，思想深刻，讽刺辛辣，深受广大青年学生的欢迎和喜爱。他虽然身体矮小、脸色冷白，却目光有神、思维如电，话语中透出不可辩驳的力量，似乎他就是"真的声音"的化身。1927年2月鲁迅应香港青年会的邀请，赴港做了《无声的中国》和《老调子已经唱完》两篇演讲。

在《老调子已经唱完》中，鲁迅郑重地指出，许多国家都出现了新的声音，只因中国的老调子还没有唱完。这是因为"以自己为中心的人们，都绝不肯以民众为主体，而专图自己的便利，总是三番四次地唱不完，于是，自己的老调子固然唱不完，而国家却已被唱完了。"封建统治者掌握了文化，就是要巩固他们自己贪婪的权力，至于国家和民族的命运，却不在他们考虑的范围之内。

鲁迅又指出，外国帝国主义者的尊重文化，不过是一种利用的手段，好来造成更多驯服的奴才。中国的文化确实是用来侍奉主子的，外国人愈是赞美这种文化，中国将来的苦痛会愈深，所以应该弃这唱了多年的"老调子"。"中国的文化，都是侍奉主子的文化，是用很多人的痛苦换来的。无论中国人、外国人，凡是称赞中国文化的，都只是以主子自居的一部分。"所以"贪安稳就没有自由，要自由总要历险，只有这两条路。"这样的结论清晰而有力量，有强烈的感染力。

成大事者认为，在谈话的时候一定要将意思表达清楚，要善于运用各种修辞来表达完全自己的意思。

86 开口请人帮忙有学问

成大事者认为，开口请人帮忙有学问，其中最大的学问在于要舍得花费。

越国的著名救亡功臣范蠡，在勾践击败吴国之后，深知功高震主的后患，便功成身退，据传他带着西施隐姓埋名当了商人。他发了大财，化名为陶朱公。

有一次，他得知二儿子在楚国杀了人，关进了监牢。他决定让三儿子带着特多的黄金去楚国救二儿子。但大儿子哭着说：我身为老大，如不让我去救，我无脸见人。不得已，陶朱公只得让大儿子去。并告诉他，只要把黄金交给楚国的庄生，什么也不要说，就赶快离开楚国回来。大儿子按父亲的话，把全部黄金送给了庄生。庄生说，你赶快离开楚国，回家去等你弟弟回去。但大儿子不放心，在楚国另一贵人处住下来等候消息。

庄生上朝对楚王说，昨天看星相，大王应大赦天下，于楚有福。楚王听信，决定第二天中午宣布释放包括陶朱公二儿子在内的犯人。大儿子所住的那个贵人知道了这个消息，赶紧向大儿子表功，说是他向楚王说情，明天你弟弟就会放出来。大儿子一看，在这位贵人处没花钱就救了二弟，心痛给庄生的钱。便假装向庄生告别，来到庄生府上。庄生立刻知道了大儿子的用意，便叫大儿子把金子拿回去。大儿子果然这样做了。

庄生连夜进宫告诉楚王，说外界谣传，大官商陶朱公的儿子在楚杀了人，贿赂了大王您左右的人，所以大王才准备特赦。天王一听，怒气冲天，下令杀了陶朱公的二儿子。然后再宣布大赦天下。大儿子看到所有犯人都赦免了，自己却等到的是二弟的尸体。

陶朱公明白，大儿子从小在勾践卧薪尝胆时受苦，舍不得钱财。所以，派他去舍财救人，救回来的一定是尸体。舍不得钱，鬼不但不推磨，鬼还会吃人。

对于那些开口请自己帮忙，很舍得花费的人，也需要留一个心眼。

春秋时期，晋国想吞并邻近的两个小国：虞和虢。这两个国家之间关系不错。晋如袭击虞国，虢国就会出兵救援；晋若攻虢国，虞国也会出兵相助。

大臣荀息向晋献公献上一计。他说，要想攻占这两个国家，要离间他们，使他们互不支持。虞国的国君贪得无厌，我们正可以投其所好。他建议晋献公拿出心爱的两件宝物，良马和美璧，送给虞公。献公哪里舍得？荀息说：大王放心，只不过让他暂时保管罢了，等灭了虞国，一切不都又回到你的手中了吗？献公依计而行。虞公得到良马美璧，高兴得嘴都合不拢。让晋国伐虢，虞公得了晋国的好处，只得答应。虞国大臣宫子奇再三劝说虞公，这件事办不得的。虞虢两国，唇齿相依。虢国一亡，唇亡齿寒，晋国是不会放过虞国的。虞公却说，交一个弱朋友去得罪一个强有力的朋友，那才是傻瓜！

晋大军通过虞国道路，攻打虢国，很快就取得了胜利。班师回国时，把劫夺的财产分了许多送给虞公。虞公更是大喜过望。晋军大将里克，这时装病，称不能带兵回国，暂时把部队驻扎在虞国京城附近。虞公毫不怀疑。几天之后，晋献公亲率大军前去，虞公出城相迎。献公约虞公前去打猎。不一会儿，只见京城中起火。虞公赶到城外时，京城已被晋国里应外合强占了。就这样，晋国又轻而易举地灭了虞国。

晋国抓住虞王贪财心理，以良马美璧向虞国贿赂，致使对方不知不觉受到蒙骗，然后出其不意，一举而占领了虞国，等虞国发现，为时已晚，回天无术，只有叫苦连天的份儿。

成大事者认为开头请人帮忙，一定要花费到使人动心的地步，这样容易得到别人的帮助。为此，你得到的很可能比这个多得多。

87 光阴宝贵，切勿浪费

成大事者认为，一个人必须抓紧时间锻炼自己说话的能力，时间确实十分宝贵，经不起任何浪费。

有一位叫彼得森的医生，是位热心的棒球迷，经常去看球员们练球。不久，他就和球员成为了好朋友，并被邀请参加一次为球队举行的宴会。

在侍者送上咖啡与糖果之后，有几位著名的宾客被请上台"说几句话"。突然之间，在事先没有通知的情况下，宴会主持人突然宣布说："今晚有一位医学界的朋友在座，我特别请彼得森大夫上来向我们谈谈棒球队员的健康问题。"

作为一位已从医 30 余年，有丰富卫生保健知识的人，按说对这类问题是小菜一碟。他坐在椅子里向坐在两旁的人侃侃谈论这个问题谈一整晚。但是，要他当众，即使面对很少的人讲这个问题，那却是另外一个问题了。这个问题令他不知所措，他心跳加速，而他每一沉思，心脏就立即停止跳动。他一生中从未做过演讲，而他脑海中的记忆，现在全飞到爪哇国去了。

结果呢？宴会上的人全在鼓掌，大家都望着他，他摇摇头，表示谢绝。但他这样做反而引来了更热烈的掌声，纷纷要求他上台演讲。"彼得森大夫！请讲！请讲！"的呼声愈来愈大，也更坚决。

他心情非常矛盾，他知道，如果他站起来演讲一定会失败，他将无法讲出完整的五六个句子。因此，他站起身来，一句话也没说，转身背对着他的朋友，默默地走了出去，深感难堪，更觉得是莫大的耻辱。

他不愿再度陷入脸红及哑口无言的困境了，他开始进行当众讲话训练。他有极为迫切的需要。他希望拥有演讲的能力，他锲而不舍地练习自己当众讲话的口才。

通过努力练习，进步简直是一日千里，刚开始他紧张的情绪消失了，信心愈来愈强。两个月后，甚至开始接受邀请，前往各地演讲。他现在很喜欢演讲的感觉及那份成就感，以及所获得的荣誉，更高兴从演讲中结交到更多的朋友。纽约市共和党竞选委员会的一名委员，在听过彼得森大夫的一次演说之后，立即邀请

第六章 成大事者说话懂得自制

他到全市各地为共和党发表竞选演说。如果这位议员了解到他所赏识的这位演讲家，一年前曾抱着羞愧与沮丧的心情逃避其第一次的当众讲话，那么，这位议员的嘴巴不知会张多大。

有很多人总是将学习讲话当成一种很业余的事情，甚至有些人认为木讷一点更好，为自己不会讲话找尽了理由和借口。事实上，一个不抓紧时间学习讲话的人必然会错过很多机会。他们根本就把握不住机会，所以立即开始讲话，就意味着更多的机会。

人一旦决定去增加说话，就一定要集中精力抓紧时间去完成，不要拖延。拖延不能解决任何问题，反而只会增加说话的难度和自己的烦恼。

古代有一个人总喜欢偷别人家的东西，每天都会偷邻居家的一只鸡。大家都知道这个人的品行不好，一个和他熟识的人劝他说："做人要堂堂正正，要懂得起码的是非好坏和礼义廉耻。一个偷东西的人绝对谈不上是个好人，别人会看不起的，我也很羞愧和你做朋友。"这人听到这样的话，对朋友郑重表示决心，改正错误，但是他想了想，却不能立即彻底改正过来，于是很"诚恳"地对朋友说："我遵守我的承诺，但是你要给我时间让我慢慢地改正。从今天开始，我决定少偷一些，以前每天偷一只，现在每月偷一只，这样到了明年我就不会偷鸡了！"朋友听了以后，哭笑不得，对他说道："既然你知道自己错了，就应该立刻改正错误，为什么还要等到明年呢？"

我们无法把学习说话这种大事，今天拖到明天，明天拖到后天，这样会让我们产生很多消极情绪。如果决定要好好学习说话，不但要专门地去学习它，而且也要学会在各种场合不断地表现自己。人并非一生下来就能说话的，并非一生下来就很会说话的。说话能力是通过后天不断学习和培养的。在与人交谈的过程中，不断地运用各种说话技巧，最后将这些技巧固化为自己的习惯，在以后的说话中不断地运用，这样往往能够迅速成长起来。

成大事者认为，光阴流逝飞快，一定要学会珍惜，不要浪费。每一年、每一月、每一天、每一小时、每分每秒，我们都要善于运用起来，不断地提高自己。

88 不平等的谈话，尽量少开展

成大事者认为，强权之下是没有公理的。对于不平等的对话，要善于保全，尽量不要展开。很多事情根本就无须解释，解释也是徒劳。

商朝末年，商纣王骄横侈靡，声色犬马，酒肉池林，荒淫无道。他怀疑雍州诸侯西伯姬昌（即周文王）对他不忠，就把姬昌囚禁在羑里。把姬昌的长子伯邑考作为人质，留在京城为纣王当马夫。

一天，商纣王为了考验姬昌有无篡逆之心，突然心血来潮，竟将伯邑考活活杀死，烹成肉羹，派人送到羑里去给他吃。姬昌明知这是爱子的血肉，但强忍着眼泪，装出若无其事的样子，把肉羹吃了下去。纣王知道后，洋洋自得地对身边的人说："谁说西伯是圣人？他把用他儿子做的肉羹吃掉了，还毫无觉察呢！"于是，放松了对这个"凡夫俗子"的警惕。这时，姬昌又派部下带着美女、骏马，珠宝来到京城，敬献给纣王。纣王见了喜形于色，心花怒放，立刻将姬昌释放了。

姬昌回到自己的领地，暗中招兵买马，扩充势力，开始与纣王对抗。由于商纣王的骄横淫逸，惨无人道，致使许多诸侯背叛了商纣王，归附西伯姬昌。姬昌死后，他的儿子姬发（即周武王）继承了推翻商纣王朝的遗志，礼贤下士，聘请姜子牙做军师，率兵讨伐纣王，与纣王军队在商郊牧野展开激战。姬发大开杀戒，杀得纣王军队溃不成军，血流漂杵。最后，纣王走投无路，只得纵火自焚。

姬发灭掉商朝，建立自己的周朝统治，开创了历史上的盛世之基，完成了姬昌的未竟之业。周文王，周武王也因此成为历史上的贤明之君。

在遇到无法解释的时候，一定要学会自我保全，以待东山再起。

晋灵公是一位荒淫暴虐的君主，他从高台上用弹丸打人，观看人们惊慌地躲避弹丸以取乐。厨师给他烧熊掌焖得不烂，他就把厨师杀掉，放在畚箕里，让宫女头顶着走过朝廷。赵盾屡谏，晋灵公恼羞成怒，在佞臣屠岸贾撺掇下，派人去刺杀他。执行命令的这位大臣是个有正义感的人，不忍杀他，最后撞在一棵槐树上自杀了。赵盾在家臣的掩护下逃得性命。出城时，碰上打猎归来的赵穿。赵穿是赵盾的姐夫,与赵盾同族。他知道了事情的经过,就让赵盾暂避一时。之后他采用曲意逢迎之策,获得晋灵公信任,最后乘机杀了晋灵公。

赵穿见晋灵公假意说,赵家人有罪,请罢我的职,再治我的罪。晋灵公以为赵穿真诚,说赵盾事与你无关。赵穿又投其所好,让晋灵公及时行乐,多选美女,以供淫乐,晋灵公大喜。问他此事由谁去办,赵穿就说最合适的人选是屠岸贾。灵公就令屠岸贾到民间去选美。

支走了屠岸贾,赵穿又劝说晋灵公到桃园游玩。又说,为了安全,为晋灵公挑选卫士,灵公很高兴。赵穿精选可靠甲士之后,趁晋灵公吃酒行乐时刺杀了他,接着又把赵盾迎回来主持国政。

生死权柄在别人手中,就要少刺激对方,尽量不要刺激对方。当用言语激怒对方,对方很有可能用权力要了自己的性命。

东汉末年,曹操征召北海相孔融入朝。一个是千古奸雄,一个是当代名士,关系总不融洽。特别是孔融对曹操专横跋扈,心怀不平,常旁敲侧击,讥讽曹操。曹操在攻克邺城后,俘获袁绍的妻子甄氏,曹丕贪恋甄氏貌美,收为已有。不久,曹操就收到孔融的信,信中说:"(周)武王伐纣,将妲已赐给周公。"曹操闻所未闻,便问孔融此典出于何处。孔融一笑答道:"从当今发生的事看,想来一定是这样。"曹操立即明白了他的用意,从此积怨。曹操虽然在表面上显出一副宽容的模样,心中却时时想置他于死地,只是孔融名重天下,不能轻易杀死他。

随后,曹操又指使路粹,罗织了孔融几大罪名:一是孔融曾说天下非刘姓一家专有,自称是大圣孔子之后,完全可以取而代之,故招降纳叛,图谋不轨,这是不忠。二是孔融曾与狂人祢衡信口雌黄,说父子关系,不过是性欲发作的结果;父亲对子女来说,也不过是暂时的寄身之处,这是不孝;三是和祢衡互相吹捧,祢衡称孔融"仲尼不死",孔融称祢衡颜回复生,这是无礼。虽然孔融才高学博,至此也有口难辩,结果被逮捕下狱,连同妻子和两个八岁的儿子一起被杀。

成大事者认为,不要太相信有平等的对话,对话双方总有强弱势地位之分,强势地位的一方基本上掌握着全部。

89 人不可太滑，话不可太圆

成大事者认为人不可太滑，话不可太圆。人太滑则无信义，话太圆则无意义。

有这么三个故事值得思考：

韩昭侯有一天故意把一片剪下的指甲握在手中而假装遗失，严厉命令道："剪下的指甲如果丢失是不吉利的，无论如何也要找到！"于是近侍们在房间里到处搜寻，然而一无所获。"绝对不可能丢失。好好给我找！"一名近侍悄悄剪下自己的指甲交了出来。"找到了，在这儿找到了！"韩昭侯就这样知道了谁是说谎者。

燕国曾有一位官至相国的名叫子之的人物。有一次，他正与部下交谈，突然问道："刚才从门口跑出来的是匹白马吗？"显然，这是谎言。"没有，没有什么马跑出去呀！""没有看见呀。"大家异口同声加以否认。但是，其中一位走到门外，报告说："确实有一匹白马跑了出来。"子之由此知道身边左右谁是不诚信之人。

韩喜侯进浴池洗澡，发现浴池中小石子，十分生气。于是召来近侍询问："负责浴室的官员一旦免职，下一位继任的人选确定了吗？""是的，确定了。"近侍小心地回答。"赶快召他到这里来。"继任者到来后，韩喜侯严厉责问他："为什么往我的浴盆里投放石子呢？"继任者无法隐瞒，只得招认实说："负责浴室的官员被免职，我就可以取而代之。所以，才……"

以上三个故事中的下属都过于滑头了，实际上很多时候都不过是上级的一个小考验而已。

其实语言的奥妙就在于无论正说反说都是有道理的。但是这难免给人说得太圆的感觉，为人所不齿。

西汉成帝刘骜在当太子时，他的叔父即在位元帝的弟弟中山王刘竟去世，刘骜参加吊唁，竟然没有一点哀恸的表示。元帝对此大为不满，认为像这样不仁慈的人，怎么能去供奉宗庙，作为老百姓的父母。

第六章 成大事者说话懂得自制

眼看太子的地位难以保住，这时太子的监护人史丹先生急忙出来为太子辩解，他说："这可不能怪太子，是我看见陛下过于悲伤有损龙体，所以特别叮嘱太子不要再在父皇面前表露悲伤之态，以节陛下之哀。"元帝听了此话这才恍然大悟，暗自自责自己差一点错怪了太子，认为太子并非不仁慈。

是啊！太子如此"深明事理"，怎能不"仁慈"呢？也许太子丹的辩解太天衣无缝了，竟使他没有悟出真相来。真是莫大的悲哀！

真正正直的人不喜欢那些太圆滑的人。

唐朝武则天时期，庐江人郭霸经过数年投机钻营，官至右台御史。他自称有"忠鲠"之节，实际上是个好谀善佞之徒。

有一次，御史大夫魏元忠生病，在家里卧床休养，许多幕僚和下属结伴登门探视慰问。当大家向主人告辞离去时，郭霸却托故留了下来。面对一脸病容的顶头上司，郭霸脸上露出忧虑之色，要求看一看元忠便液，来判定他的病情的轻重。元忠不肯，郭霸便再三请求，辞色恳切。元忠无奈，只好解下一泡尿来。郭霸端着尿认真观察，仍说看不出个究竟，于是提出要喝上一口尝尝滋味。魏元忠极力阻挡，郭霸则坚决要求尝一尝。元忠见此，不由疑窦顿生，便不再劝阻，郭霸将这些尿液尝了一口，品味再三方徐徐咽下，忽然兴高采烈地向魏元忠拱手道喜；"大夫的便液起初味甘，而现在味苦，可见，不要几天病就好了！"郭霸满心指望以此博取上司的欢心，谁知魏元忠为人刚直，看到郭霸的这种丑态，十分憎恶，很快就把这件事给抖搂出去。结果天下人无不耻笑郭霸的卑琐无耻。

人太滑，往往也得不到上级的信任。上级为树形象，往往将太滑的小人拿出来开刀。

武则天当政时期，曾下诏禁止天下屠杀生灵、捕捞鱼虾。弄得王公大臣在宴请宾客也只好吃素席，不敢带有一点荤腥。

有一天，朝中有个叫张德的人，官为左拾遗，一贯受到武皇的信任，在他儿子出生后的第三天，亲友、同僚纷纷前去祝贺。张德觉得席上都是素菜，心中实在过意不去，便偷偷地派人杀了一只羊，做了一些带肉的菜，并包了一些羊肉包子让大家吃。

也许是这些亲朋好友与同僚好久没有吃到荤腥味了，今见席上有肉，便来了兴致，把酒临风，猜拳行令，好不热闹。三个时辰过去，大家酒足饭饱，各自回去，张德心中自然也是十分高兴。不料，在他的同僚中有个叫杜肃的，官拜补阙，见席上有肉，以为违反了皇帝的诏旨，顿生恶意，在临散席时，悄悄将两个肉包子揣在怀中，散席之后，便去武皇那里告了黑状。

203

第二天早朝，武皇处理完政事之后，突然对左拾遗张德说："听说你生了个儿子，我特向你表示祝贺。"张德叩头拜谢。武皇又说："你那席上的肉是从哪里来的？"张德一听，吓得浑身哆嗦。他知道，违诏杀生，是要犯死罪的，故连连否认道："为臣不敢！为臣不敢！"武则天见状，微微笑道："你说不敢，看看这是什么？"说着，便命人将杜肃写的告状奏章和两个肉包子递给了张德。张德一见，面如蜡纸，不住地叩头点地说："臣下该死！臣下该死！"此时告状的杜肃，站在一旁洋洋得意，专等奖封。

武则天对这一切，早已看在眼中，稍稍一停，便对张德说："张德听旨：朕下诏禁止屠杀牲畜，红白喜事皆不准腥荤。今念你忠心耿耿，又是初犯，也就不治你罪了。"张德听后高声喊道："谢主隆恩！谢主隆恩！"杜肃却惊得瞪大了眼睛。只听武皇又道："不过，张德你要接受教训，今后如再请客，可要选择好客人，像杜肃这种好告黑状的人，可不要再请了！"一时间，张德感激得痛哭失声，诸大臣见武皇如此忠奸分明，不信谗言，用人不疑，便一起跪倒在地，高呼："我皇万岁！万岁！万万岁！"而那个告状的杜肃，在众人不屑一瞥的目光下，羞愧得无地自容，武皇"退朝"二字刚一落音，便赶紧溜掉了。

杜肃向武皇告状，本是为了显示自己对主子的忠诚，维护武皇的威严，按理应得到封赏；张德违抗圣旨杀生，按理应当处以死罪。这本是铁板钉钉的事实，正当二人静声屏息等待宣判的那一刻，谁知武皇却幽默了他们一把：告状者遭到痛斥，违旨杀生者得宽恕免死；一个被弄得灰溜溜的，一个被感动得痛哭流涕。于是一位忠奸分明，不信谗言，用人不疑的君主的高大形象便在众人心目中牢固地树立起来了。

成大事者认为，人是有骨头的，话是有原则的。人太滑，话太圆都不是件好事。

90 冲撞了别人，要表达歉意

成大事者认为，冲撞了别人，就应该表达歉意。表达歉意不但不会有损自身形象，反而会让自身形象更加光辉。

古时的伟大人物都善于通过表达歉意来让自己的形象更加光辉。

汤是商代的开国君王，在他当政期间，曾连续七年大旱。于是，他剪下自己的头发和指甲作为自我处罚，并跑到神社去向上天祈祷。他对上天说："你为何降灾于民众？难道是我施政有什么过错吗？或是使用民力太多？或是宫殿造得太多了？或者是有女人干预朝政？或者是我收受了别人的贿赂？或者是听信了别人的谗言？"

尽管天灾并没有因此而减少，但它能使老百姓认为"皇上圣明"的信任却更坚定了。有了对帝王的信赖，老百姓就不会因灾而制造动乱。

春秋战国时，秦穆公要派军队远征郑国。秦、郑之间还隔着一个强大的晋国。丞相蹇叔提醒穆公，这仗打不得。但秦穆公坚持要出兵。蹇叔的儿子白乙丙是出征的第三号将军。蹇叔送行时对儿子说："晋国人必然在崤谷设防，这是一带狭谷，你们必然死于这里，到时，我会到那儿去替你们收尸。"秦军由孟明视、西乞术、白乙丙统领出发，半途遇到郑国的牛贩子弦高。弦高假称是郑国使者赶来犒劳秦军的，这样能使孟明视等认为郑国已有了准备，所以顺手牵羊灭了滑国，返师回国。果然在返回的路上，在崤谷中了晋军的埋伏，孟明视等三位大将被俘。后经晋文公夫人文嬴说情，晋文公放了三位将军，让他们回到秦国。

秦穆公听说三位大将已被释放回来，赶忙穿着素服，远远地到郊外迎接败将。面对归来的三人，秦穆公哭着说："是我违背了丞相蹇叔的劝告，使你们受败蒙辱，这全是我的罪过，你们没有罪！"于是，仍让孟明视等统领军队。

秦穆公的罪己之术，不仅获得了秦国上下军政人员的崇敬，而且还使孟明视等三人为报答秦穆公的不杀之恩，更加死心塌地为他效力。

三国时，曹操为了讨得人民群众对自己的支持，曾立下一条军令，军队不许践踏农民的庄稼，士兵行军凡踩坏麦田者，罪当斩首。所以他的士兵每逢麦田，总是下马扶着麦子走。一次曹操自己的坐骑受惊，踩坏了一大片麦子，然后，他把主管军法条例的官叫来问道："按照规定应该给我定什么罪呢？"这位官员说："您是一军之首，还要统率全军，知道错就行了，不能定罪。"曹操一本正经地说说："军令是我制定的，我怎么能破坏呢？"他略沉思了一下又说："我犯了法，本应同等治罪，但念我是主帅，还要统兵征战，又不能处死，怎么办呢？"说着，他便拔出剑来，割下了自己的一把头发，传令全军："我犯了罪，理应斩首，但还要统兵，现在就以割发代首吧！"

"割发代首"和"罪己"之术用意，同出一辙。曹操运用此术，达到了一箭双雕的效果：一是使士兵知道，令行禁止，丞相的命令不能违抗；二是在士兵面前树起了以身作则的好形象，起到了凝聚人心的作用，极大地提高了部队的战斗力。

成大事者认为，一个能表达歉意的人，往往意味着他的责任感强。责任感强的人自然能够得到别人的爱戴。

91 要团结大多数，不要自我孤立

成大事者认为，言谈举止中，要善于团结大多数，不要自我孤立。

隋炀帝谋夺皇位的过程就是个团结大多数的过程。

隋文帝杨坚有五个儿子，都是独孤皇后所生。太子杨勇生性宽厚，但过于任性，不懂得如何讨人喜欢。杨坚素来节俭，见杨勇服用奢侈，心中不快。独孤氏是天底下第一妒妇，绝对不允许丈夫和后宫其他妃子有什么来往，甚至对儿子和大臣的事也不放过。杨勇有很多内宠，内中昭训云氏尤得欢心，而对嫡妃元氏十分冷淡。独孤氏为此愤愤不平。元妃不久病故，独孤氏怀疑是被云氏毒死的，派人专门调查杨勇有什么过失，想把他废掉。杨勇竟浑然不觉，倒是远在扬州的晋王杨广，对其父母的一举一动了如指掌。

杨广是杨坚次子，相貌俊美，生性聪慧，还在少年，就已有美名。后来南平吴会，北却匈奴，在兄弟之中，功名卓著。一次出外打猎，途中遇雨，侍从送上油衣，杨广却不愿穿："士兵都淋在雨中，我又怎么能例外呢？"说得颇动感情，令随从感激不已。当他侦察到太子杨勇失宠这一秘闻后，为了迎合父皇母后之意，意图取代太子，便极力"矫饰"起来。首先他针对杨勇多内宠引起皇宫内外议论这一点，极力抑制了自己的欲望，显示自己对女色不感兴趣。

他虽然合法地拥有众多姬妾，但只和正式配偶萧妃居处。凡是有人前去拜访他，无论贵贱，他必定和萧妃亲自迎送，招待周到。所以，一时间连宫中执役的下人也无不称赞他仁孝。他还为此专门收拾了一间房间，陈设朴素，服役的宫女既老又丑，并把故意弄坏的乐器放在角落里，不让人掸去灰尘，表示这类东西他是从来不碰的。文帝和皇后来看他，他就在这间屋子中和他们相见，使隋文帝觉得他不好声色。他和杨勇同样拜在好色的登徒子门下，但又兼习竖刁残忍的杀子之术，凡与姬妾生的孩子，从不留在世上，丢人现眼。独孤后还以为这个儿子不爱姬妾，对他的宠爱因此与日俱增。同时，杨广又在暗中笼络大臣，通过杨坚最信任的仆射杨素，设计诬陷杨勇，把他定罪后打入大牢。这样，杨广终于如愿以偿，迁居东宫。

杨坚病危时，杨广喜上眉梢，赶紧和杨索勾结，做登基准备，百忙中还不忘对其父亲宠爱的陈夫人施行非礼。杨坚知道后，方才醒悟，用手敲着床大骂："这个畜生哪配继位，独孤害了我大事！"派人立即召回杨勇。杨广先发制人入宫杀了父皇。第二天，杨广登基，这就是历史上著名的暴君隋炀帝。

就算是奸佞小人，也懂得大多数的力量，也懂得在言行举止中团结大多数。

清末太监李莲英在帝、后斗争中，始终站在慈禧一边，维护后党的利益。但在表面上，他假装同情光绪。光绪被囚禁在瀛台时，慈禧派人送给他的饭菜，几乎都是馊臭的。李莲英常常以请安之机，偷偷地在衣袖中藏些糕点带给光绪，使光绪感恩戴德。在八国联军打进北京，皇室避难于西安的路上，李莲英见光绪衣着单薄，马上当着众人的面脱下自己的外罩给光绪披上。一路上嘘寒问暖，照顾得尽心尽力。李莲英不仅对主子和大臣们很会恭维，对手下的奴才也善于"体恤"。

慈禧六十寿辰时在颐和园中游园，由于工程紧张，有些建筑的装修还没竣工，李莲英为了使慈禧不致发怒，就带路绕道走，躲过还没修好的建筑。如果发现地面的方砖还没铺好，李莲英就紧走几步，站在缺砖的地方，用长袍遮盖，挡住慈禧的视线。他这些为下人遮掩过失的举动，确能起到收买人心的作用。

成大事者认为，与人交谈的时候，一定要注意团结大多数，千万不要把自己孤立起来。

92 不唯唯诺诺，不战战兢兢

成大事者认为，在与人交谈的过程中，一定要有底气，有自信，不要唯唯诺诺，也不要战战兢兢，越是唯唯诺诺、战战兢兢的人越是无法取得谈话的最佳效果。

古今中外，成功的政治家无不把高超的当众讲话作为实现政治目标的首要手段。他们机敏睿智、伶牙俐齿、巧发奇中、一言九鼎。为维护国家、民族的利益，或游说、或劝谏、或答辩、或谈判、或演讲、或辩论，均以说话水平叱咤政治风云，左右形势变幻。

战国时，秦国吞并了韩、魏两个大国之后，接着企图染指小国安陵。安陵君派唐雎到秦国交涉，同专横、凶残、贪婪的秦王进行了一场殊死的唇枪舌剑之战。唐雎痛斥了秦王的无理要求，打击了秦王的嚣张气焰，维护了国家的领土和主权。汉末，诸葛亮对刘备的"隆中对"，一席话将天下三分，奠定了蜀汉的基业；后又巧言游说江东，劝说了孙权与刘备联手共同抗击强大的曹操。

孙子说："故善用兵者，屈人之兵而非战也，拔人之城而非攻也，毁人之国而非久也，必以全争于天下，敌兵不顿而利可全，此谋攻之法也。"他认为，不战而使敌人屈服，这是最高超的谋略。高超的说话水平可以不战而屈人之兵。正如刘勰所说："一人之辩，重于九鼎之宝；三寸之舌，强于百万之师。"

诸葛亮可谓中国历史上最擅于用"嘴"打仗的人物。《三国演义》中有许多关于他以口才制胜的故事。其中以第93回"武乡侯骂死王朗"最为典型。诸葛亮率师北伐，在渭河边与魏国大都督曹真的大军相遇。曹军中有一位素以舌辩著称的司徒王朗，他自请上前线做说客，劝降诸葛亮。在两军对峙的阵前，王朗摇唇鼓舌，引经据典，满以为诸葛亮听了这一席话，会"倒戈卸甲，以礼来降"。不想，诸葛亮不为所动，在言明自己北伐之因，分析了天下形势之后，话锋一转，直指王朗："吾素知汝所行；世居东海之滨，初举孝廉入仕；理合匡君辅国，安汉兴刘；何期反助逆贼，同谋篡位！罪恶深重，天地不容！天下之人，愿食汝肉！……皓首匹夫！苍髯老贼！汝即日将归于九泉之下，何面目见二十四帝乎？"

王朗听罢，气满胸膛，大叫一声，撞死于马下。曹军受挫，不战而屈。对此，后人有诗赞曰："兵马出西秦，雄才敌万人。轻摇三寸舌，骂死老奸臣。"

春秋时，强大的秦晋两国联合进攻弱小的郑国。在敌军兵临城下，郑国危在旦夕之时，郑大夫烛之武只身缒城而下，往见秦穆公。他以卓越的说话水平分析形势，陈说利害，终使其心动而撤兵，以一舌救一国，当众说话在战争中的作用据此可见一斑。

在谈话过程中，不唯唯诺诺，不战战兢兢，就有机会凭借高超的说话水平而战胜敌人。

公元前218年，位于现在北非突尼斯的迦太基奴隶主阶级的军事统帅汉尼拔，为防止罗马帝国的步步紧逼，先发制人，出兵罗马。势力强大的罗马根本不把汉尼拔放在眼里，集结数万大军准备一举歼灭之。汉尼拔却出其不意地远征，率领6000精兵绕过罗马军阵地，翻越阿尔卑斯山，突然出现在山南的波河平原上。汉尼拔指着眼前坚固的罗马城堡，慷慨激昂、义无反顾地对他的士兵发表了即兴演讲——《我们在这场战争中是主动者》。在这番演讲鼓舞下，迦太基士兵一鼓作气，一战破城。罗马执政官弗拉米尼闻讯率大军赶来援救，又遭士气大盛的迦太基军伏击，几乎全军覆没，弗拉米尼也阵亡，罗马全国震动，处于覆灭边缘。从此，15年之内不敢与迦太基作战。

二战初期，德军依靠"闪电战"，在占据了苏联大片领土后，为彻底打败苏联，于1941年10月下旬集中11个师的优势兵力，从西、北、南三面包围苏联首都莫斯科，扬言10日内攻克。临危不惧的莫斯科军民奋勇抵抗，在11月7日这天照例在红场隆重举行"十月革命"庆祝活动。苏军最高统帅斯大林以大无畏的雄伟气魄，在红场的列宁陵墓上，检阅红军队伍，并发表了气壮山河、振奋人心的演说，极大地鼓舞了军民的斗志，坚定了誓死保卫首都的决心。结果，历时月余，希特勒先后撤换了30多名高级指挥官，甚至自任总司令，不仅未能突破莫斯科防线，而且在损失50多万人后，后退300公里，德军"不可战胜"的神话从此打破。

成大事者认为，在说话中不唯唯诺诺，不战战兢兢并非一天可以成就的。而需要长期蓄养心中的浩然之气。我们要想通过说话来取得胜利，就应该不断地提高自己的能力和修养，不断地提高自己发挥的水平。唯唯诺诺、战战兢兢，只能表明我们心中缺少底气，说明我们个人水平和能力有限。

93 适当唱些反调，话语才有意义

成大事者认为，适当唱些反调，话语才有意义。如果一味地迎合，不但没有任何意义，而且容易失去机会。

安史之乱爆发，唐玄宗李隆基仓皇西逃，行至马嵬坡，发生了兵变，杨国忠被杀，杨贵妃也被迫自缢。此时，不仅天下大乱，李隆基身边也发生了一场大变乱。李隆基决意西行蜀地，而他的儿子、太子李亨却以"父老挽留"为由，与他分道扬镳，留在了关中。史学家们认为，太子不愿再随父西行，是故意制造出来的假象。因为，长期以来，太子与父皇之间有着尖锐的矛盾，李隆基并不赞赏李亨的个人才能，也不认为他是个理想的皇位继承者；自己也绝没有让位的打算。如果太子跟随父皇去到蜀郡，今后自己太子地位能否保住，是难以预料的。所以，马嵬坡事变之后，正是跟父皇分道扬镳的好时机，也正是争取权力的好时机。此时不走，更待何时？果然，在此分手后的两个月，李亨取代了他老子，登上了皇位。

其实，一个人无论做了什么，只要有人唱反调，都是说得过去的。

魏将乐羊奉文候之命去攻打中山国，而他的儿子在中山国，中山君就拿他的儿子做人质逼迫乐羊退兵，乐羊没有听从他的话，结果，中山君就烹调他的儿子做成肉汤给他送去。乐羊在军帐下将肉汤一饮而尽，然后，率兵攻打，一鼓作气就灭了中山国。文候接到捷报时对大臣堵师说："乐羊为了本王，竟忍痛吃了他儿子的肉，这是多么忠心啊！"堵师回答说："连儿子的肉都敢吃，这样的人将来对谁的性命他还会在乎呢？"

乐羊率军凯旋，文侯对他大肆犒赏，但对他怀有了戒心。

乐羊吃子肉，魏文候认为这是为主尽忠，大臣堵师却从另一个角度看问题，认为乐羊"连儿子的肉都敢吃，将来对谁的性命他还会在乎"。乐羊本是想博得君王的好感，却适得其反，以有功见疑。

有些时候，需要坚持反调，这样才能够让自己的意思落实。

齐国人孙武是我国古代伟大的军事家，兵学的鼻祖。他因内乱逃到吴国，把自己著的兵法敬献给吴王阖闾。阖闾说:"您写的兵法十三篇,我都细细读过了,您能当场演习一下阵法吗?"孙武回答说:"可以。"吴王又问:"可以用妇女进行试练吗?"孙武又答道:"可以。"于是吴王同意派出宫中美女一百八十人,让孙武演练阵法。

孙武把她们分成两队,叫吴王最宠爱的两个妃子担任队长,每人各拿一把戟。孙武发令问道:"你们知道你们的心、左右手和背的部位吗?"她们都回答说:"知道。"孙武说:"演习阵法时,我击鼓发令,让向前,你们就看着心所对的方向;让向左,就看着左手所对的方向;让向右,就看着右手所对的方向;让向后,就转向后背的方向。"她们都齐声说:"是。"规定宣布后,便陈设斧钺,并反复宣布军法。

然后便击鼓发令向右,宫女们却嬉笑不止。孙武说:"规定不明确,口令不熟悉,这是主将的责任。"于是他又重新申明号令,并击鼓发令向左。宫女们仍然嬉笑不止。孙武说;"规定不明确,口令不熟悉,这是主将的责任;现在既然已经明确了,你们仍然不服从命令,那就是队长和士兵的过错了。"说罢,就要斩左右队长。

吴王站在观操台上,看见孙武要杀他的两个爱妃,大为吃惊,急忙派人向孙武传令:"我已经知道将军善于用兵了。我没有这两个爱妃,连吃饭也没有味道,希望不要杀掉她们。"孙武回答说:"臣既然已经受命为将,将在军中,君主的命令有的可以不接受。"说完就杀了两个队长示众,并用下一名宫女担任队长。重新击鼓发令,宫女们按鼓声向左向右,向前向后,跪下起立,一举一动完全符合要求,没有一个人敢发出声音。

孙武派人报告吴王:"队伍已经操练整齐。大王可以下台观看,任凭大王想让她们干什么,哪怕是赴汤蹈火,也能做到。"吴王说:"请将军停止操练,回到客台休息去吧,我不想下去看了。"孙武说:"大王只不过是喜欢我书中的词句,但是并不想照着去做。"

吴王知道孙武善于用兵,任命他为将军。同伍子胥等人一起帮助自己经国治军。孙武在西破强楚,北威齐、晋,南服越人的战争中,充分显示了自己卓越的军事才能,屡立大功,使吴国扬名于各诸侯国中。他还给我们留下一部我国现存最早的兵书《孙子兵法》,并因此而成为我国古代伟大的军事家,兵学的鼻祖。

成大事者认为,一个人不会唱反调,总是迎合上级或者附和别人都容易让人产生轻视,他说的话就显得毫无意义。

94 人有观点，所以存在

成大事者认为，在与人谈话中，人必须有自己的观点，不要人云亦云。同时，更不要拘泥于说话的技巧，而要学会善于变通。人说话有观点，其本质就是人有主见。

人不要总是从常理出发，如果总是从常理出发，就容易猜测到自己的心思，自己所说的每一句话也就在别人的意料之中。说话时候，必须有自己的观点，这个观点哪怕遭到很多人反对，有些时候也是必须坚持的。

汉光武帝统治时期，大将高峻人强马壮占据高平，当地人民只知有高峻，而不知有刘秀。刘秀决心除此祸患，于是派寇恂率军讨伐高平。临行前寇恂请示光武帝："是要讨伐他，还是招降他？"

刘秀道："能招降最好，不然就剿灭他的全军。"

寇恂领了圣旨，率领大军日夜兼程赶到高平边界，驻扎下来。高峻得知寇恂领命来镇压自己，便派军师皇甫文出城拜见寇恂，以便探探朝廷的口风，与此同时，他让城门高度戒备，不允许任何人随意出入。

皇甫文来到寇恂军帐后，一副趾高气扬的样子。

寇恂见其态度傲慢，心中不禁暗暗生气，问道："见了本将军，为何不跪？"

皇甫文拍手大笑。"跪你？就是刘秀在此，我也不跪，何况你一个武夫！"

寇恂拍案大怒道："你们这群乱臣贼党，不为江山社稷立功，反而危害人民，抵触朝廷，罪大恶极。本应斩首示众，诛灭九族，念当今皇上仁慈，只要你们肯投降，朝廷定会从宽处理的！"

皇甫文还没听完，便已笑得蹲在地上。众武官皆被皇甫文的这种行为激怒了，都大声呵斥道："这成什么体统，像你们这种人，即使朝廷招降了你们又有什么用？"

皇甫文听到这里，立即止住了笑，站了起来，用手指着寇恂嘲讽道："你不敢攻城吧？刘秀小儿没给你命令，你这小官岂敢乱来？"

寇恂冷冷一笑，对皇甫文说道："本将军攻不攻城，我想你是看不到了！"

皇甫文惊了一下，故作镇定地问道："你说什么？"

"来人啊！"寇恂一声大喊："把这个狗头军师给我拖出去斩了！"

众武官们忙拦阻道："将军，两兵交战，不斩来使！"

皇甫文连声道："是啊，是啊！将军难道没听过吗？"

寇恂没有听取众人的劝告，命两个武士把浑身颤抖皇甫文拖了出去，并告诉皇甫文的副使道："回去告诉你的上司，皇甫文已被我斩了，若投降就赶快投降，若不降就等着我的军队攻城！"

副使忙跑回去告诉高峻，高峻害怕了，当日就大开城门投降了寇恂。

众将领向寇恂贺喜，顺便问他："当日来时，高峻严守城池，一点也不像投降的样子，为何杀了皇甫文他就这么快投降了呢？"

寇恂解释道："皇甫文是高峻的心腹，他让皇甫文来营中见我，言辞态度很傲慢，是想试试朝廷到底是招降还是剿灭。如果不杀皇甫文，高峻一定以为朝廷是来招降他们，这样他们就有恃无恐，杀了皇甫文，他才知道我们的决心，所以才这么快就投降了。"由于没有费一兵一卒，寇恂便降了高峻，光武帝知道后甚是高兴，赐寇恂黄金万两，并加官晋爵。

在这个故事中，"两军交战，不斩来使"是常理，大家都认为应该这样做。但是寇恂并没有遵循，他根据顽敌会因此变得更加顽固不化的判断出发，毅然地坚持自己的观点，最后达到了很好的效果。

古代的圣人在说话做决定的时候，都有自己的观点，很少因循守旧。有些事情，即使是看起来特别不合情理，对于他们来说，也丝毫没有损害他们的声誉，反而让他们更加光辉。

西周时候出现了一件怪事：有两个名望很高的人，一个叫狂裔，一个叫华士，他们上不臣天子，下不友诸侯，耕田而食，凿井而饮，在当时享有十分高的声望，人们都称他们为大贤人。姜太公被封到齐国，到了营丘以后便请两个人出来做官，然而这两个人不愿意出山，姜太公再三邀请，这两人就是不出。于是姜太公立即诛杀了这两个人。周公旦不明白，于是他立刻派遣使者前来责问此事："这两位都是天下难得的贤士，你为何要把他们杀掉呢？"姜太公的回答很有意思，他说："现在如果有一匹马，是一匹千里马，天下最好的。但是，用马鞭抽它，它不愿意前进，用上好的马料喂它，它又不肯吃——它是一匹无法控制的马。对于这匹马，即使是最笨的奴仆也不会将它作为脚力，这两个人就是这样的马匹。他俩宣称不愿臣服于天子，因此我没有办法让他们臣服；他们又不愿和诸侯交往，我也没有办法驱使他们；他们自己种粮食来吃，自己掘井求水来喝，完全不求于人，因此我也没有办法用赏罚来打动他们。他们不要名誉，不要禄位，虽然说是天下难得的贤哲，但对天下没有什么用处。因为他们既不能为国效力，也不能为国尽忠，因此留着他们也没有用处。先王统治臣民，所使用的不外乎爵、禄、刑、罚，现在这两个人居然对这四种手段都无动于衷。如果听任他们不服兵役，不缴捐税而扬名于国内，我对国人就无法交代了。如果所有的人都去学习模仿他们，国家就成为一盘散沙。只有杀掉他们，让大家都知道，我不需要那种不被好饲料诱惑，也不怕马鞭子抽打的名义上的千里马。我也要让大家知道，我将严惩那些自命清高、不把赏罚放在眼里的所谓贤士。这就是我杀掉他们的理由。"

少正卯和孔子是同一个时代的人，孔子的门人三盈三虚，都是少正卯在蛊惑。孔子当了大司寇以后，便立即诛杀了少正卯。子贡对孔子说："少正卯是鲁国十分有名的人物，先生却杀了他，先生不觉得有些不妥吗？"孔子说："没有什么不妥当的，人有五恶，只要得其一君子就要诛杀他，而少正卯是五恶兼而有之，是小人中的小人，所以不得不杀。"

华士兄弟和少正卯之所以被杀，最主要的原因是为人高调，但是不向政权低头，喜欢孤芳自赏，自命清高。姜太公和孔子杀了这三个人并不掩盖他们的光辉，反而使得他们的形象更高，后人称赞两人做事有魄力。而华士、狂矞和少正卯三个人逐渐被人遗忘，几乎没有人同情他们。

成大事者认为，人有观点，所以存在。人在与人谈话的时候，做事情的时候一定要学会坚持自己的观点。让这些观点成为自己谈话的本质，而不应该是那些谈话技巧。

95 有时，真话说出来别人也不会信的

成大事者认为，有些时候，真话说出来别人也不会相信的。

历史上的管仲是齐桓公最为信任的臣子。管仲在临终之际，曾向前来探望的齐桓公最后进谏说："巨愿君之远易牙、竖刁、堂巫、公子开方。"齐桓公虽然口头上称是，心里却不以为意。管仲死后，他把易牙等人疏远了一段时间，但没过多久，又重新宠信他们。

鲁僖公十七年的十月，齐桓公病入膏肓，眼看就要寿终正寝。原先一直在他面前献殷勤的易牙，这时非但不去救护，反而和竖刁等人假传桓公旨意，封锁王官，禁止任何人出入宫廷，撇下齐桓公一人孤卧病榻，苟延残喘了十几天。最后齐桓公在饥寒交迫中死去。临终前齐桓公又想起管仲的遗言，不由悔恨万分，他大声痛呼："吾何面目以见仲父于地下！"音落气绝。易牙得知桓公的死讯，立刻与竖刁等人拥兵入宫发动政变，"因内宠以杀群君"，强行拥立公子无亏，引起了齐国五公子争立之乱。齐桓公死后七十多天还不得下葬，尸体腐烂，臭气熏天，蛆虫乱爬，其状惨不忍睹。

齐桓公一向有知人善任的美誉，他为什么不听管仲的劝告，执迷不悟地重用易牙呢？易牙究竟用什么花招欺骗了这位一代明主呢？说起来还真难以置信：他是用自己亲生儿子的幼小生命来换取齐桓公的宠信的。

易牙原是主管齐王"割烹之事"的小官，他见齐桓公"好味"，便使出浑身解数，练就一手高超的烹调技术，每天都变着花样为齐桓公烹制各种美味佳肴，渐渐取得了齐桓公的欢心。有一天，齐桓公和易牙聊天，为了炫耀自己的口福之广，对易牙戏言道："所有鸟兽虫鱼的肉我没有没尝过的。唯一遗憾的是还没有尝过人肉是什么滋味。"这本来只是齐桓公信口而言，但正急于出人头地的易牙听者有心，暗地打定了主意。到了中午，易牙奉上一盘蒸肉，色如荷藕，嫩胜羔羊，桓公一尝，惊问道："这是什么肉，味道如此鲜美？"易牙回答道："供奉百味，是臣的职责，主公未尝过人肉，实在是臣的过失。臣有个儿子三岁了，今天杀了他并烹成一道菜，特地敬献给主公。"齐桓公闻知此事，深为易牙爱己胜过

爱子的忠心所感动，从此便对易牙另眼相看，成为齐桓公一天也离不开的宠臣。

管仲是临死之人，说了真话，有一种人之将死，其言也善的感觉，为此并没有为自己招致祸患。相比较而言，伍子胥说了真话就没有那么好的结局。

春秋末年，吴、越两国军队展开激战，结果越国被打得大败，越王勾践只带了五千残兵败将逃到会稽山。吴兵又层层围攻，勾践无奈，只得听从大夫范蠡的劝告向吴王夫差投降："勾践情愿为大王做臣子，而我的妻子也愿意为大王做妾。"吴王夫差尚心存一丝仁慈之心，缺乏斩草除根的决心，见越王提出如此谦卑的条件，就不顾大夫伍子胥的反对，答应了勾贱的请求。于是，勾践带着妻子来到吴国。想当初，吴王夫妇二人是何等尊贵，现在却是穿着打工的短衫布裙之类的衣服，干着养马除粪的粗活，而且一干就是三年，毫无怨恨之意。这一切，都被夫差看见了，吴王认为勾践表现得不错，能悔过自新，于是放松了对他的管制。

后来夫差得了一场重病，过了三个月还未痊愈。勾践听说了这件事后，认为这是一个极好的利用的机会。于是在夫差召见时，勾践跪在地上，请夫差让他"尝尝大王的粪便，以判断病情"。说着，勾践用手捞起夫差的粪便，津津有味地咀嚼着。过了好一会后，忽然满脸笑容，大声说道："囚臣勾践再次恭贺大王，大王的病马上就会好转。"夫差听了，将信将疑，问道："你怎么能知道呢？"勾践回答道："臣过去曾师从名医，对如何从粪便观察病情颇有研究。凡粪便的气味与节气相顺，就无大病。如今大王的粪便其味酸苦，顺应了春夏之气，由此可知大王的病很快就会好转。"夫差听后十分感动，情不自禁地称赞起勾践："你真是一个好人！"于是让勾践搬到宫中居住，勾践终于如愿以偿。范蠡又用重金买通夫差身边的侯臣，向吴王进献绝代佳人西施。夫差见了西施，顿时神魂颠倒，于是投桃报李，特赦勾践。

伍子胥听到这个消息，十分担心，于是跑去找夫差，希望他赶紧将勾践处死，但是吴王不肯。伍子胥十分悲愤。勾践顺利回国。伍子胥没过多久就被夫差赐死了。

成大事者认为，真话，即使是最信任的人说的真话，有些时候，人们还是不会相信。因为他们太相信自己。这也就是说，我们有些时候，有些真话是无论如何不该说的。

96 事以密成，语以泄败

成大事者认为，事以密成，语以泄败。一个人可能会处于十分危险的境地，要想让自己摆脱这种境地，在言语交谈上就要学会麻痹敌人，然后暗中策划自己的事情。

孙膑是战国时期的著名军事家，与庞涓是同窗，二人同师鬼谷子，但在才智方面超过庞涓。鬼谷子因孙膑单纯质朴，对他厚待一层，偷偷地将孙膑先人孙武所著兵书《十三篇》传授给他。

庞涓当了魏国大将，孙膑到他那里去做事，他才知道孙膑在老师那里另有所得，更加嫉恨他。他在魏惠王面前诬告孙膑里通外国，并请魏惠王对孙膑以刖刑，两块膝盖骨被剔去，使他无法逃跑。而后庞涓把孙膑关在一个秘密地方，表面上大献殷勤，好吃好喝地供养。孙膑不知就里，还对庞涓感激涕零。庞涓乘机索要《孙子兵法》这本书。孙膑因无抄录手本，只依稀记得一些。庞涓就弄来木简，让他抄录。准备在完成之后，断绝食物，把他饿死。但是，庞涓派来侍候孙膑的童仆偷偷把庞涓的阴谋诡计告诉了孙膑，孙膑才恍然大悟。

孙膑是一个有远大抱负的军事谋略家，立即想出了一条脱身之计。当天晚上，他就伪装成得了疯病的样子，一会儿号啕大哭，一会儿嬉皮笑脸，做出各种傻相，或唾沫横流，或颠三倒四，又把抄好的书简翻出来烧掉。庞涓怀疑他装疯卖傻，派人把他扔进粪坑里，弄得满身污秽。孙膑为了自己的远大志向，在粪坑里爬行，毫不在意的样子。庞涓又让人献上酒食，欺骗他说："吃吧，相国不知道。"孙膑怒目而视，骂不绝口，说："你们想毒死我吗？"随手把食物倒在地上。庞涓让拿来土块或污物，孙膑反而当成好东西抓来吃。庞涓由此相信孙膑确实是精神失常了，疑心稍有解除。

此时，墨翟的弟子禽滑厘把他在魏国见到孙膑的情况全部告诉了齐国相国邹忌，邹忌又转告了齐威王。齐威王命令辩士淳于髡到魏国去见魏惠王，暗中找到孙膑，秘密地把孙膑运回齐国。

公元239年1月，魏明帝曹睿病死了，他的儿子曹芳即位。明帝死前，由于

第六章 成大事者说话懂得自制

曹芳年仅八岁，不能理政，故下诏大将军司马懿和曹爽辅政。最初几年，两人之间还面和心不和地维持着，但从正始八年后，两人的权力之争日渐表面化。曹爽的资历、名望、军事才能虽不如司马懿，但他是曹操的侄孙，有宗室之亲，故被封为大将军，在权利争夺中始终占着主动。曹爽见司马懿权势日重，而且又手握兵权，很妒忌，伺机夺其兵权、控制朝政。果然不久，曹芳按照曹爽的意思任司马懿为太傅，明升暗降，命令他把将军权交给曹爽、曹真兄弟。

司马懿知道这是曹爽从中捣鬼的缘故，内心虽然有一千个不愿意，但是圣命难违，便从此称病不去上朝。曹爽知道司马懿诡计多端，心中怀疑是否有诈，便派荆州刺史李胜到司马懿府中探听虚实。司马懿知道李胜来的用意，故意装作大病在身，神志不清，语言错乱之状。不一会，他又以手指口，侍婢会意端上一碗粥来，又假装喝不进口，边喝边流，十分狼狈。李胜见状，心中暗喜。回来报告曹爽，曹爽听后也十分高兴，于是放松了对司马懿的戒备。

此时，司马懿正决定要除掉曹爽。他白日装病，夜间设谋准备，伺机而动。公元249年1月，魏帝曹芳祭扫高平陵，大将曹爽和他的兄弟们同行。司马懿得到这一消息，认为时机已到，决定发动政变。他首先以皇太后的名义下令关闭各个城门，尔后率军占据武库，又派军占领曹爽营地，解除其武装，接着，派人上书魏帝指责曹爽等人背弃先帝之命，败乱法纪，排斥旧臣，安插亲信且骄横日甚，怀有谋逆之心。为此，司马懿才得不采取兵谏办法，为国除害。但这封信落在曹爽手中，并未报告魏帝。司马懿又派人告诉曹爽，指出如其主动放弃军权，归降认罪，可保身家性命。曹爽兄弟见之慌张窘迫，不知所措。在走投无路之下，曹爽兄弟只好决定出降，上书魏帝，主动要求免除自己的官职，尔后侍帝回宫。此后不久，司马懿又以曹爽图谋叛乱，下令将曹爽兄弟及其心腹全部逮捕处死，诛灭三族。司马懿除掉曹爽之后，独掌了朝政，为以后司马氏篡权奠定了基础。

有许多人阴谋败露，功败垂成，留下了千古的骂名。司马懿成功了，探讨一下他成功的原因，也许可以窥出决定政变成败的诸多因素。

等待时机。当司马懿被曹爽排挤之初，他完全可以和曹爽进行一次较量，但是他没有那样做，等了长达九年的时间。在这九年中，曹爽倒行逆施、腐朽无能的本质得到充分暴露，天下人失望，人心怨愤，司马懿却声誉日隆，被看成国家的柱石，舆论倾向于他这一边。

成大事者认为，我们在进行大事的时候，需要有城府，需要有进行大事的一切准备。轻而易举地就将自己秘密泄露的人，很难成就大事。只有我们通过言语，不断地麻痹敌人，然后暗中进行着自己的计划，才有可能做大事业。

97 话不宜多，点到为止

成大事者认为，有些话不要说破，要做到点到为止。很多话一说破，就变成说理和说教，毫无意义可言。不说破是说话的艺术，我们要学会运用幽默和机智来增强自己说话的艺术。

不论是平时为人处世还是涉足各种社会斗争，不论是面对生活的尴尬和困窘还是面对各种斗争的磨砺和挑战，幽默都能使你赢得世人的钦服和景慕。它能表现你的坦荡胸怀，也能表现你的敏锐和机智，还可以把生活的难堪和斗争的困窘化解成人生的洒脱与大度。这就是幽默的语言所产生的巨大作用。

幽默是瞬间闪现的智慧火花，也是人的一种鲜明的个性特征。它不仅需要一种快速的反应能力，还需要一种对事物敏感、想象丰富的幽默气质。反应的敏捷和幽默的气质，来自广闻博见的知识联想和对生活的深刻体验与观察。

绵里藏针是外柔内刚的幽默之法，让人有刺痛之感，却又找不到痕迹。

英国首相丘吉尔是一位能言善辩、风趣幽默的政治家。

一位女议员对丘吉尔说："如果，我是你妻子的话，我会在咖啡里放毒药。"

丘吉尔答道："如果你是我的妻子，我会喝掉它。"

另有一次，在丘吉尔脱离保守党，加入自由党时，一位媚态十足的年轻妇人对他说："丘吉尔先生，你有两点我不喜欢。"

"哪两点？"

"你执行的新政策和你嘴上的胡须。"

丘吉尔彬彬有礼地回答道，"请不要在意，您没有机会接触到其中任何一点。"

在这里，丘吉尔便巧妙地运用幽默的语言艺术来摆脱尴尬的场面。尽管其外在形式是温和的，但这种温和之中蕴含着批判，使用了"绵里藏针"的技巧，让对方虽不免恼怒，却又不便发作，具有特殊的力量。

美国总统林肯的容貌很难看，常被人们嘲笑。一次，有人当面说他是两面派，他答道："我要是有两副面孔，就不会以这丑陋的面孔对着你了。"

巧借话题，略加发挥，幽默往往随之而来。还有一次，林肯正擦靴子，一位外国外交官看见了，惊讶地问："总统先生，您常擦自己的靴子吗？"林肯答道："是的，请问您是擦谁的靴子呢？"林肯是一位民主意识比较强的人，在他看来，自己虽为总统，擦擦皮鞋未尝不可。因此对外交官的诘问，既不解释，也不辩驳，而是借题发挥，巧堵言路，令人叫绝。南唐时期，税收繁重，民不聊生。时逢京都大旱，烈祖对群臣说："外地都下了雨，为什么京城不下？"一大臣回答说："因为雨怕抽税，所以不敢入京城。"烈祖听了大笑，决定减轻税收。

一次，当肯尼迪乘坐飞机时，有一位记者问他："如果这架飞机失事了，会发生什么事呢？"肯尼迪听后，微微一笑，不慌不忙地说："有一件事我可以肯定，你的名字会在第二天的报纸上出现，但字体极小。"恰到好处的幽默，不仅活跃了气氛，而且使领导者在笑声中解决了问题，避免了很多不应有的麻烦，是一种有益且有效的方法。肯尼迪正是很好地利用了这一点。

成大事者认为，幽默是有效地保证很多场合不被说破的方法，要善于运用幽默的力量来保证不会有任何尴尬。

98 实话也有巧方法

成大事者认为，我们固然要说实话，但是实话也有巧方法说出。

社会生活纷繁复杂，我们总会遇到一些不便直言的事情或场合，这就要求我们要掌握委婉含蓄的说话技巧。含蓄就是在交谈或论辩中，不把本意直接说出来，而是采取曲折隐晦的方式表达本意，带有哑谜特色的一种当众讲话方法。

第二次世界大战后，一位记者问萧伯纳："当今世界上你最崇敬的是什么人？"萧伯纳答道："要说我所崇敬的第一个人，首先应推斯大林，是他拯救了世界文明。"记者接着问："那么第二个人呢？"萧伯纳回答："我所崇敬的第二个人是爱因斯坦先生。因为他发现了相对论，把科学推向一个新的境界，为我们的将来开辟了无限广阔的前景，他对人类的贡献是无可估量的。"记者又问："世界上是不是还有阁下崇拜的第三个人呢？"萧伯纳微笑道："至于第三个人嘛，为了谦虚起见，请恕我不直接说出他的名字。"

细加揣摩便会明白萧伯纳的本意，记者们心领神会，对萧伯纳含蓄幽默的说话技巧钦佩不已，同时也得到了满意的答复。

在日常交际中，人们总会遇到一些不便说、不忍说，或者是由于语言环境的限制而不能直说的话，因此不得不"遁辞以隐意，谲譬以指事"，故意说些与本意相关或相似的事物，来烘托本来要直说的意思，使本来也许十分困难的交往，变得顺利起来。

在以下情形你可以试用委婉含蓄的方法表达自己的意见，往往会收到意想不到的后果。当你要表达难以启齿的事物、行为或要求时，含蓄的方法可帮你解围。

《贵阳晚报》曾介绍过一位卖夜壶的老大爷与一个顾客的对话：

冬天，一个顾客见有久违的夜壶上市，质量很好，造型别致，便去挑选。但他选来选去，总感到太大，便自言自语道："好是好，就是大了点。"

老大爷闻言，笑道："冬天——夜长啊！"

顾客一听，会心地笑了，于是买了一把。对话中，这位老大爷用"冬天——

夜长"一句话，含蓄地表达了"夜长尿多"的意思，幽默风趣。

对有些棘手的问题不便明言，但大家都能明白时，为照顾对方面子，维护自己的尊严，当众讲话时可含而不露，让听众去自己体会。

当你发现领导或长辈确实犯了错误，又不便直接指出时，借助含蓄语言可以起到劝导作用。

齐景公滥用酷刑，百姓怨声载道。晏婴一直想借机劝谏。一天，齐景公对晏婴说："先生的房子离集市太近，狭小潮湿，喧闹而多尘土，我想给你换一处好房。"晏婴推辞说："离集市近，也有好处，买什么东西出门就到，再说，怎么敢烦劳众乡里帮我盖房搬家呢？"景公笑了笑，道："你离集市近，了解市价行情吗？"晏婴点点头。景公说："那你说现在市场上什么东西贵，什么东西贱？"当时齐景公对百姓采用的酷刑是砍掉双腿，因此市场上卖假腿的很多。于是晏婴趁机说："踊贵履贱。"意思是说市场上假腿需求量增大而不断涨价，鞋却十分便宜。齐景公意识到自己的过错，从此免了砍腿的酷刑。

成大事者认为，有些时候，我们可以通过一些巧方法让实话更加生动，更加活泼，更加让人能够接受。说实话是一回事，怎么说是另一回事。说实话不代表一定要板着脸摆事实讲道理。

99 不要认死理，不要较死劲

成大事者认为，在与他人谈话的时候，我们千万不要认死理，较死劲。我们要想在话语中取得优势，就要善于发挥。

在与人交谈中，没有必要对出现的一些意外情况认死理，较死劲，要善于化解这种尴尬。

里根就任美国总统后，第一次出访加拿大，时值加拿大正举行反美示威游行。一次，里根总统的演说被反美示威游行的人群打断。只见里根总统面带笑容对陪同的加拿大总理特鲁多说："这种事情在美国时有发生，我想这些人一定是特意从美国来到贵国的，他们是想使我有一种宾至如归的感觉。"双眉紧锁的特鲁多眉开眼笑了。里根高超的说话水平，不仅解脱了主人的窘迫，还体现了一位大国总统的胸襟与气度。

语言是很有韧性的，很多时候为了改变语言环境，完全可以通过语言的歧义来改变，这样的话，就让语言变得生动起来，不会让场景变得过于严肃和针锋相对。

鲁迅在厦门大学任教期间，校方曾召开一次专门会议，无理削减一半经费，遭到了与会人员的反对。校长林文庆不但不予理睬，反而阴阳怪气地说："关于这件事，不能听你们的。学校的经费是有钱人付出来的，只有有钱人，才有发言权！"他刚说完，鲁迅立即从口袋里摸出两个银币，"叭"的一声"拍"到桌子上，铿锵有力地说："我有钱，我有发言权！"林文庆措手不及，狼狈不堪。鲁迅讲的"有钱"和林文庆说的"有钱"是两个概念，二者所包含的语意相差甚远，鲁迅正是巧妙利用交际环境造成的歧义，给林文庆当头棒喝，压下了他的气焰，打乱了他的阵脚，实现了当众讲话的特定目的。

不认死理，不较死劲，还要学会"正话反说"的说话技巧。

萧何以谋反罪诛杀韩信后，又召集群臣，设下油锅，要韩信的谋士蒯通当众供认和韩信谋反的罪行。在这种特殊环境的制约下，蒯通无法直陈其词，便用正意反说的方式先数了韩信的"十罪"，接着又列举了韩信的"三愚"：韩信收燕、赵,破三秦,有精兵四十万,恁时不反,如今乃反,是一愚也。汉王驾出成皋,韩信在修武,统大将二百余员,雄兵八十万,恁时不反,如今乃反,是二愚也。韩信九里山前大会战,兵权百万,皆归掌握,恁时不反,如今乃反,是三愚也。韩信负着十罪,又有此三愚,岂不自取其祸!蒯通明为数说韩信的罪状和愚蠢,实为韩信鸣冤叫屈,结果满朝文武为之动容,赢得了群臣的同情,迫使萧何难以下手烹杀。

在很多说话场合,都不要过于严肃,不要总是围着事实绕不开。

有这样一个故事:一位早年毕业于某高等院校中文系、勤勤恳恳工作了几十年的老教师退休了,为此,学校为他和另一位曾多次荣获过"先进"的退休老同志一并举行了一个欢送会。与会同志和领导对他们的工作和为人进行了非常得体的肯定和赞扬,但对那位曾多次荣获过"先进"的老同志的美誉则尤多。当轮到两位受欢迎的退休老同志致答谢辞的时候,他们对大家的赞誉作了深情的感谢。一时间,会场里充满了一种令人动情的温馨气氛。作为答谢,话本该说到这里为止。然而,那位老教师并未就此打住,却由人们对另一位"先进"的赞扬中引发了感触,并作了颇为欠妥的联想和发挥:"说到先进,很遗憾,我从来也没有得过一次……"话犹未尽,坐在他对面的、平日与他相处得不很融洽的一位青年教师突然抢了话头:"不,那是我们不好,不是你不配当先进,是怪我们没有提你的名。"话语中带着一种不肯饶人而又让人难堪的"刺",冷不防,老教师的眼角眉梢被"刺"出了一丝感伤的表情,一时间会场中出现了一种尴尬气氛。一位领导见势不对,马上接过话茬,想把气氛缓和一下。照理说,这时,他应避开"先进"这个敏感的话题,转而谈论其他。然而,他反反复复劝慰那位退休老教师,叫他对"先进"的问题不要在意,说没有评过先进,并不等于不够先进,先进不仅在名义,更要看事实。如此等等,一席话,等于是把本应避而不谈的话题重复和引申,使本已尴尬的局面显得更为尴尬。

成大事者认为,与人谈话不等于摆事实,讲道理。与人谈话在于运用艺术规避尴尬局面,让谈话轻松愉快,达到自己想达到的目的。认死理,较死劲的人最终都无法达成谈话的目的,反而会让局面更加糟糕。

100 有些谎言是必须的

成大事者认为，为了保全自己，说些谎言是必须的。

朱棣是明太祖朱元璋的第四个儿子，在朱元璋打天下的斗争中，他立功最多，颇为朱元璋所器重，被封为燕王，镇守北平。皇太子朱标死后，朱元璋曾有意立他为太子，但因他之上还有两位兄长，为免除兄弟相争，朱元璋只好以孙子朱允炆为帝位继承人。对此，燕王朱棣一直耿耿于怀。

明惠帝朱允炆即位时，各地藩王，都是父辈，割据要地，虎视眈眈。户部侍郎卓敬上书密奏："燕王智虑过人，又镇守北平这样的形胜之地，兵强马壮，不可不防。不如将他迁往南昌，万一有变，也容易控制。"朱允炆本就对他这位力智超人的皇叔很疑惧，见此密奏后，深以为是，便着手做了一系列的相应的部署，对朱棣严加防范和监督。

朱棣，也确实对这个软弱无能的朱允炆不大看得起。没当上皇帝，朱棣心中有怨，早有取而代之之意。于是，朱棣在王府内私制兵器，招兵买马，暗中操练作起事准备。不久，燕王朱棣的阴谋被人告发，遭到朱允炆严加训责。燕王朱棣颇感恐慌，马上起兵反抗朝廷吧，时机还未成熟，自然更不能束手待毙。他心生一计，决定以装疯来迷惑朝廷。

于是，他经常狂呼乱叫、奔走于燕京的长街闹市，或闯入酒楼饭铺之中，夺人酒食；或颠三倒四，胡言乱语；或昏睡于泥土污秽之上，终日不醒。

"燕王疯了！"这个消息传遍朝野。体格一向健壮的他突然会变成这模样，令许多人感到疑惑。北平布政使张昺和都指挥使谢贵决定亲去王府探个究竟。

当时已是夏历六月，正值盛夏，酷热难忍，只见朱棣围坐在火炉边，浑身发抖，连呼："太冷了，太冷了！"见有人来，甚至都站不起来，不得不拄着拐杖起身迎接。此情此景，使得张、谢二人不由不消除了怀疑。

虽然纸最终包不住火，但燕王的装疯为他发动的"靖难之役"赢得了时间。等一切准备就绪之后，便以"靖难"为名，公然与朝廷对抗。经过四年血肉相争，朱棣攻陷京城，登位称帝，史称明成祖。朱允炆下落不明，有的说在宫中自焚而死，有的说逃亡在外，出家为僧。

后晋时期，冯道奉命出使契丹，意外受到礼遇，契丹王还有意留用他。冯道内心不愿留在契丹，但又不敢拒绝。于是，他一面上奏契丹王，说："辽与后晋有父子关系，事子若事父，这样看来，我现在实际上等于出仕两朝。"博得契丹王的好感；另一方面，冯道命令部下购置薪炭，以备寒冬之用，表示他不敢逆旨而就此回国。使契丹王觉得他是难得的"忠义"之士，且有隐衷难言，因而心生怜悯，便允许冯道回国复命。

这时，冯道却故作姿态，滞留不走，经契丹王多次催促，才慢慢地收拾行李。出发后，他沿路停留，以示依依之情，一行人费时一个多月才越过国界。对此，随行人员都迷惑不解地问他："我们归心似箭，都恨不得插翅飞回，为什么你老是盘桓不走呢？"他说："这是我的以退为进之计。我何尝不希望早点回国呢？不论我们如何赶路，契丹只要快马加鞭，一日之内就可追上我们，因此我佯装对辽地有不舍之情，避免对方猜透我的心。"回国后，他又以不念异国之封而毅然归来的行动得到后晋皇帝的赏识和信任。

刘邦在江苏沛县泗水当亭长的时候，奉命押送一批劳工去骊山（埋葬秦始皇的地方）。途中，许多劳工不辞而别，逃之夭夭。刘邦怕到骊山交不了差，受责，索性决定把没逃走的也放了。他对劳工们说："他们都走了，你们也都逃命去吧，我也从此不干了。"当时，有十多名劳工见他宽宏大度，很有才干，必成大业，便跟随他一块逃走。有一天晚上，刘邦喝了几杯酒，乘着酒兴继续赶路。夜色茫茫，径荒多棘。忽然，走在前面的人惊叫一声退了回来，向刘邦报告说："前面有一条大蛇挡住了去路。"刘邦醉眼蒙眬，朗声大笑说："英雄豪气，所向披靡，何畏区区之蛇！"说着刘邦猛地前行几步，刷地一剑，把蛇斩为两段。即刻，中间闪出一条道来。刘邦率众继续前行。又行了数里，刘邦酒劲上来，醉卧道旁而睡。后来，有人行至斩蛇之处，见一老妇痛哭流涕。行人问道："你为什么哭？"老妇说："我的儿子被人杀死了。"行人又问："是谁杀死的？"

老妇人说："我儿本是白帝的儿子，化为蛇挡住赤帝之子的路，被赤帝的儿子杀死了（此处白帝被杀暗指秦朝当灭，赤帝斩蛇暗示汉朝当立）。"行人以为老妇人之言不实，欲打她，但老妇人转身不见了。行人来到刘邦面前，报告了他的所见所闻。刘邦听后大喜，随者对刘邦更加敬重。此后，刘邦参加了陈胜、吴广的起义，后又经过楚汉之争，最终除去项羽，称霸中原，建立了一统汉基。

成大事者认为，大行不顾细谨，大礼不辞小让。有些时候，说些谎言是必须的。

101 不说比说需要更大勇气

成大事者认为，在一些特定环境下，不说比说需要更大勇气。

秦始皇死后，赵高伙同李斯等篡改遗诏，把胡亥捧上皇帝宝座。由于胡亥荒淫无度，劳民伤财，赋税徭役特别繁重，老百姓怨声载道，不堪忍受。所以，胡亥上台不满一年，陈胜、吴广便揭竿而起，反抗暴秦。然而，秦二世仍然以自欺欺人的态度来对待现实的政治斗争。

赵高为了继续篡权，成天在家打主意。如今见有机可乘就去觐见秦二世，说："陛下公开上朝处理政事，难免有疏漏之处，这样，就将在臣属面前暴露自己的缺点，有损陛下的威严。不如深居宫中，凡事先同我们商量，这样，大臣们就不敢出难题，天下都将称颂皇上圣明。"从此以后，秦二世很少上朝，每天在宫中取乐，一切政事概由赵高处理。

此时，农民起义的声势日益壮大，剿不胜剿。许多大臣也感到单靠高压终非良策。于是，丞相李斯等人建议圣上减轻徭役、赋税，暂停阿房宫工程。秦二世认为这是大逆不道，把他们交付司法官审问治罪，打入大牢。这时，赵高认为，清除他篡权道路上最后一个障碍的机会来到了。于是，对秦二世说："沙丘之谋，丞相李斯是参与者。现陛下当了皇帝，李斯的官无法再升，因此，他想'裂地而王'，听说陈胜等人是他的同乡，李斯的大儿子李由当三川郡守，同陈胜等有文书来往。"秦二世听了，便派赵高去审问李斯，清查李斯父子"谋反"一案。在严刑逼供下，李斯只得招认。秦二世对此大为高兴，说："要是没有赵高，我差点被李斯骗了。"于是，将李斯施以五刑，夷灭三族，并擢升赵高为丞相，总揽宫中大权。

赵高当了丞相，怕有人不服，怕有人在秦二世面前讲真话，为了试验一下朝廷文武百官对他和皇帝到底怕哪个，于是决定来一个"官意测验"。

一次，秦二世上朝，接受了百官朝拜后，赵高派人牵上一头鹿。赵高对秦二世说："臣下谨将这匹马献给陛下！"秦二世笑了："丞相弄错了吧，这是一头鹿，怎么把鹿说成马啦！"赵高指着鹿说："陛下，这是一匹马！"秦二世不解，便问朝廷百官："这是鹿还是马？"众人中有的沉默不语，极个别人说是鹿，而大多数人说这是马。秦二世听到这些回答后，对自己完全失去了信心，以为自己精神迷乱了。他命人占卜，搬到上林苑去斋戒，这样，国政就完全落在了赵高手中。赵高借故把那些说了真话，直言为鹿的人加以严惩，而对于那些顺着他说假话的人，大加赏识。于是赵高发动第二次宫廷政变，逼秦二世自杀。

赵高所欣赏的也是那些指鹿为马、颠倒黑白的官员，顺我者倡，逆我者亡。沙丘政变，赵高篡改秦始皇遗诏，把秦二世胡亥扶上了皇帝位。当他和秦二世的矛盾十分尖锐的时候，他又一次制造政变，杀了秦二世，另立公子婴为秦王。子婴毕竟不是秦二世，设计杀死了赵高。赵高遭到应有的恶报。

人在时势不利的时候，学会沉默往往能保全自己，甚至能交上好运。

李忱是唐宪宗的第十三个儿子，他幼时显得十分呆痴，极为沉默寡言，仿佛哑巴一样，宫中人都将他看成傻子。唐文宗、唐武宗都是他侄子辈的人，可一点也不尊敬他，经常拿他开心，以诱使他开口说话来取乐。

当唐武宗病危之际，宦官们以为像李忱这样呆傻的人物，易于他们控制，便立他为皇太叔，接着将他推上了帝位，这就是唐宣宗。可当他一登基，召见百官，裁决政务，侃侃而谈，评判得失，全然合理，令所有的人都吃一惊。

他在位十四年，收复失地，礼待大臣睦如兄弟，约束亲属，明察慎断，用法无私，从谏如流，俭约律己，人们称之为"小太宗"，是唐朝后期一个难得的中兴之君。

伪装欺骗并不能一概而论都是坏事，在战场上，士兵的伪装欺骗是保护自己、消灭敌人的有效手段，问题在于针对谁。像李忱这样的皇族成员，身处嫌疑之地，明显的扬才露己，不可避免地会遭到皇帝的猜忌，结果是十分危险的。李忱的装傻，实在是一种出于不得已的自我保护。

成大事者认为，有些时候，不说比说需要更大勇气。